मेरी आत्मकथा

मेरी आत्मकथा

मेरी कहानी, मेरी जुबानी

डॉ. बी. आर. आंबेडकर

प्रकाशक

प्रभात प्रकाशन प्रा. लि.

4/19 आसफ अली रोड, नई दिल्ली–110002

फोन : 011–23289777 • हेल्पलाइन नं. : 7827007777

इ–मेल : prabhatbooks@gmail.com ❖ वेब ठिकाना : www.prabhatbooks.com

संस्करण

2026

पेपरबैक मूल्य

तीन सौ पचास रुपए

मुद्रक

श्री साई प्रिंटर्स, साहिबाबाद

★

MERI ATMAKATHA

by Dr. B.R. Ambedkar

Published by **PRABHAT PRAKASHAN PVT. LTD.**

4/19 Asaf Ali Road, New Delhi-110002

ISBN 978-93-5521-605-2

₹ 350.00 (PB)

प्रकाशकीय

डॉ. बी.आर. आंबेडकर की आत्मकथा भारत के महानतम समाज-सुधारकों और दूरदर्शियों में से एक के असाधारण जीवन और अदम्य भावपूर्ण एक स्मारकीय कृति है। डॉ. भीमराव रामजी आंबेडकर की जीवन-यात्रा अपार संघर्ष, दृढ़ता और उत्पीड़ितों के लिए न्याय और समानता की निरंतर खोज में से एक थी।

यह गहन आत्मकथा विपरीत परिस्थितियों पर मानवीय भावना की विजय के लिए एक अभिलेख के रूप में कार्य करती है, क्योंकि यह डॉ. आंबेडकर की चुनौतियों, आकांक्षाओं और उपलब्धियों का वर्णन करती है। उनकी कहानी सिर्फ एक व्यक्तिगत कहानी नहीं है, बल्कि भारत के सबसे परिवर्तनकारी अवधियों में से एक के दौरान सामाजिक, राजनीतिक और आर्थिक परिदृश्य को प्रतिबिंबित करने वाला एक दर्पण है।

एक हाशिए के समुदाय में जनमे डॉ. आंबेडकर ने कम उम्र से ही जातिगत भेदभाव की बेड़ियों को सहा। फिर भी, अपने अटूट दृढ़ संकल्प और ज्ञान की खोज के माध्यम से, वह एक शानदार विद्वान् तथा वंचितों और शोषितों के लिए आशा की किरण के रूप में उभरे। सहानुभूति की गहरी भावना के साथ उनके बौद्धिक कौशल ने उन्हें भारतीय समाज के ताने-बाने में निहित सामाजिक अन्याय के खिलाफ लड़ने के लिए प्रेरित किया।

इस आत्मकथा में डॉ. आंबेडकर हमें अपने प्रारंभिक जीवन, जातिगत भेदभाव के खिलाफ अपने संघर्ष, शिक्षा के अपने प्रयास तथा सामाजिक न्याय और मानवाधिकारों को सुरक्षित करने के अपने अथक प्रयासों के माध्यम से एक परिवर्तनकारी यात्रा पर ले जाते हैं। वे एक छात्र, एक वकील, एक विद्वान् और अंततः भारतीय संविधान के मुख्य वास्तुकार के रूप में अपने अनुभवों को साझा करते हैं।

अपनी गहन अंतर्दृष्टि के माध्यम से, डॉ. आंबेडकर सामाजिक मानदंडों को चुनौती देते हैं, हाशिए पर रहने वाले समुदायों के साथ होने वाले अन्याय को उजागर करते हैं और उनकी मुक्ति के लिए अनेक उपाय प्रस्तुत करते हैं। जातिगत भेदभाव की बेड़ियों से मुक्त एक न्यायपूर्ण और समान समाज के लिए उनका दृष्टिकोण आज भी शक्तिशाली रूप से प्रतिध्वनित होता है। उन्होंने स्वतंत्रता, समानता और बंधुत्व के सिद्धांतों पर आधारित एक ऐसे समाज की कल्पना की, जहाँ प्रत्येक व्यक्ति को फलने–फूलने और राष्ट्र की प्रगति में योगदान करने का समान अवसर मिले।

डॉ. बी.आर. आंबेडकर की आत्मकथा दमन की गहरी जड़ें जमा चुकी व्यवस्थाओं को चुनौती देने के साहस की याद दिलाती है। यह भारतीय इतिहास के कालक्रम को आकार देने में किए गए अपार व्यक्तिगत बलिदानों और डॉ. आंबेडकर के अमिट प्रभाव को दरशाती है। भारतीय संविधान की मसौदा समिति के अध्यक्ष के रूप में उनकी भूमिका, जहाँ उन्होंने प्रत्येक नागरिक के अधिकारों और सम्मान को सुनिश्चित करने के लिए अथक संघर्ष किया, सामाजिक न्याय के प्रति उनकी अटूट प्रतिबद्धता का प्रमाण है।

आत्मकथा के इस संस्करण को अत्यधिक श्रद्धा और सावधानी के साथ प्रस्तुत किया गया है, जिसका उद्देश्य डॉ. आंबेडकर के शक्तिशाली आख्यान को व्यापक दर्शकों तक पहुँचाना है। यह उनके आजीवन संघर्ष, उनकी उल्लेखनीय उपलब्धियों और उनकी स्थायी विरासत को श्रद्धांजलि है। इस पुस्तक के पन्नों के माध्यम से पाठक वंचित समुदायों के सामने आने वाली चुनौतियों, शिक्षा और सशक्तीकरण के महत्त्व तथा एक न्यायपूर्ण और समावेशी समाज की खोज में सामूहिक काररवाई की अनिवार्यता की गहरी समझ प्राप्त करेंगे।

जैसा कि हम डॉ. बी.आर. आंबेडकर के जीवन के माध्यम से इस गहन यात्रा की शुरुआत करते हैं, हम उनके लचीलेपन, उनकी बौद्धिक प्रतिभा और सामाजिक न्याय के सिद्धांतों के प्रति उनके अटूट समर्पण से प्रेरित हों। उनकी आत्मकथा एक मार्गदर्शक प्रकाश के रूप में काम करे, जो हमारे भीतर करुणा, सहानुभूति और समानता की निरंतर खोज की भावना को प्रज्वलित करे।

अनुक्रम

प्रकाशकीय *5*
1. क्या मैं वह नहीं हूँ 11
2. मैं मूल नक्षत्र में जनमा 12
3. पिता ने मुझे यह सिखाया 14
4. मैं अविश्वसनीय रूप से विशेष था 17
5. मेरे पिता 19
6. कटु अनुभव 22
7. यह सर्वविदित है 24
8. मैंने यह सीखा 25
9. पिताजी का स्वर्गवास 26
10. दृढ़ प्रकृति 27
11. आपकी स्थिति 30
12. महाराजा सयाजीराव गायकवाड़ के साथ बैठक 34
13. लॉ कॉलेज में प्रोफेसर 36
14. माँ, मैं आ गया हूँ! 38
15. शिक्षा की जीवंतता 39
16. पारिवारिक पत्र 40
17. डॉ. आंबेडकर का बड़प्पन 41
18. पति-पत्नी के बीच संवाद 42
19. पुस्तकें और घर 43
20. राजरत्न का देहावसान 44

21. महाड़ के चावदार जलाशय का जल–सत्याग्रह 45
22. महाड़ सत्याग्रह परिषद् 53
23. रमाबाई के स्वार्थ का बलिदान 65
24. सत्याग्रह क्यों ? 66
25. सत्याग्रह होना चाहिए 68
26. थैले में पत्थर 69
27. गोलमेज सम्मेलन 70
28. गांधी–आंबेडकर विचार–विमर्श 88
29. पूना समझौता 91
30. आँखें आँसुओं से भर गईं 94
31. मेरा मिशन 95
32. दयालु प्रकृति 96
33. महाराजा सयाजीराव का निधन : व्यक्तिगत क्षति 97
34. दूसरे विवाह को 'न' 98
35. श्रम मंत्री 99
36. समता सैनिक दल 102
37. वेद और गीता 106
38. अस्पृश्यों को संदेश 109
39. मेरे जीवन के तीन लक्ष्य 111
40. पुस्तक–प्रेम 112
41. प्राध्यापकों का शोधकार्य 113
42. संविधान सभा में प्रवेश 115
43. यशवंत का विवाह–पत्र 118
44. संविधान सभा में अंतिम भाषण 119
45. कानून मंत्री का इस्तीफा 125
46. बीमारी और दूसरी शादी 127
47. मेरा व्यक्तिगत दर्शन 129
48. शैक्षणिक कार्य 131

49.	डॉक्टरेट की उपाधि	137
50.	बंबई महाराष्ट्र से संबंधित है	138
51.	महाराष्ट्र में संतों के कार्य	140
52.	क्या आपको लगता है कि मैं साहित्यकार हूँ?	141
53.	कुत्ता और बाबासाहेब	144
54.	मेरा व्यक्तित्व इससे बना है	145
55.	सदाचार मायने रखता है	148
56.	विभिन्न धर्म	150
57.	बुद्ध और ईसा मसीह की शिक्षाओं में समानता	152
58.	बौद्ध धर्म का पुनरुद्धार	153
59.	बुद्ध और उनका धम्म	154
60.	बुद्ध जयंती	155
61.	बुद्ध शरणं गच्छामि	156
62.	साम्यवाद और बौद्ध धर्म	163
63.	अंतिम भाषण	169
64.	अंतिम संदेश	173
65.	उपसंहार	174

1

क्या मैं वह नहीं हूँ

मेरे दादाजी का नाम मालोजीराव था। उनका एक छोटा भाई था, जो 14–15 साल की उम्र में साधु मंडली के साथ घर छोड़कर लगभग 24 साल बाद वापस आया था। उस समय मेरे दादा और परदादी जीवित थीं। बेटे को वापस पाकर वे बहुत खुश हुए। उन्होंने बेटे से शादी कर घर बसाने का आग्रह किया। इसी तरह दादाजी ने भी उन्हें समझाने की बहुत कोशिश की, लेकिन साधु कुछ भी सुनने को तैयार नहीं था। वह दादाजी को एकांत में ले गया और बोला, "भाई, इतने वर्षों तक तपस्या करने के बाद भी मुझे संतोष नहीं हुआ, इसलिए मुझे फिर से जाने दो, मुझसे आग्रह मत करो।"

तब दादाजी ने कहा कि हमें भी कोई आपत्ति नहीं है, लेकिन माँ उनको छोड़ने को तैयार नहीं थीं। तब साधु ने बड़े भाई को एक युक्ति सुझाई। उसने कहा, "यह साधु इतने वर्षों ? आया है तो यह तुम्हारा पुत्र है, इसका क्या प्रमाण है? साधु और वैरागी भी जादू-टोना करते हैं। जादू-टोना करके घर और संपत्ति को धोखा दे सकता है यह साधु! इसलिए साधु जाए तो उसे जाने दो, जिद मत करो।" इतना सुनकर माँ ने साधु को जाने की इजाजत दे दी।

इसके ठीक 20 साल बाद साधु फिर घर आया, लेकिन तब तक माँ गुजर चुकी थीं और साधु भी बूढ़ा हो गया था। हालाँकि, दादाजी ने उनसे घर में बसने का अनुरोध किया, तब साधु ने कहा, "भाई, मेरी थोड़ी सी जिंदगी बची है। मैं आप लोगों से मिलने आया हूँ। हम भाई फिर से नहीं मिल पाएँगे। रहने के लिए जिद न करें। जाते समय मैं तुम्हें वचन दे रहा हूँ। तेरी तीसरी पीढ़ी में एक मुक्तिदाता जन्म लेगा और वह अपनी तीसरी पीढ़ी का उद्धार करेगा।" ऐसा शुभ संदेश देकर साधु हमेशा के लिए चला गया।

फिर कभी-कभी मेरे मन में यह विचार आता है कि मेरी बुद्धि बड़ी तीक्ष्ण है। तो उस ऋषि की भविष्यवाणी के अनुसार क्या मैं तीसरी पीढ़ी का रक्षक नहीं हूँ?

□

2

मैं मूल नक्षत्र में जनमा

बचपन आँखों के सामने आ जाता है, जब बीते जीवन की घटनाएँ याद आती हैं। मैं 60 साल का हो रहा हूँ, लेकिन मेरा जन्म कब हुआ था, यह मैं नहीं जानता, इसका कोई प्रमाण नहीं है। मेरी जन्मतिथि किसी ने नहीं रखी, मेरे माता-पिता ने इसे महत्त्वपूर्ण नहीं माना। बच्चे के जन्म के बारे में क्या खास है ? तारीख को ध्यान में क्यों रखें ? मेरे माता-पिता ने ऐसा सोचा होगा। मेरी पत्रिका नहीं बनाई। मेरे पिता ज्योतिष जानते थे। वे मेरे भविष्य के बारे में आशापूर्ण विचार व्यक्त करते थे। उनकी दिनचर्या नियमित थी। उनके द्वारा स्कूल में दी गई मेरी जन्मतिथि सही होनी चाहिए। जब मैं पैदा हुआ था, मेरे पिता 7वीं पायनियर पलटन में थे। मेरे माता-पिता मूल रूप से कोंकण के थे, लेकिन मेरे जन्म के समय वे मध्य भारत के महू में रह रहे थे। जो बातें मेरे बचपन में घटी थीं, उन्हीं से मालूम होता था कि मेरा जन्म रात के बारह बजे हुआ है। मेरा जन्म मूल नक्षत्र में हुआ था। ज्योतिषी ने बताया कि लड़के का जन्म मूल नक्षत्र में हुआ है, जिससे उसकी माँ की मृत्यु हो जाएगी। पापा को कुछ खास नहीं लगा, लेकिन मेरे भाई-बहन निश्चित रूप से मेरा तिरस्कार करने लगे। सब लोग मेरी यह कहकर आलोचना करते थे कि लड़का अशुभ है। बचपन की यादें जब याद आती हैं तो हैरानी होती है। 12 साल की उम्र तक मैं केवल लँगोटी ही पहनता था। मैं घर-घर जाकर लोगों की लकड़ी काटता था, जिसका मुझे शौक था।

मेरी माँ की मृत्यु के बाद मेरी चाची ने मुझे पाला। मैंने छह महीने तक माली का काम किया। मुझे बंदर की तरह पेड़ पर चढ़ने की आदत थी। वहीं कंबल को पेड़ पर टाँगकर और झूला लगाकर सो जाता था। वह पेड़ हमारे घर के सामने था। पेड़ के नीचे कचरे का ढेर लगा हुआ था। मैं पेड़ से नहीं उतरता था, बल्कि कूड़े

के ढेर पर कूद जाता था। मेरे शरीर पर बहुत सारी राख उड़ती थी। उस समय गाँव में प्लेग फैल गया था। लोग मुझ पर उँगली उठाते हैं और कहते हैं—प्लेग से इतने लोग मरते हैं, लेकिन यह एक क्यों नहीं मरता? मेरी चाची को बहुत बुरा लगता। वह सबसे कहतीं, "बच्चे को कुछ मत कहो!"

बचपन में जब मेरी माँ गुजर गईं तो मैंने उस आजादी का गलत इस्तेमाल किया। "इस लड़के के हाथ से कुछ नहीं होने वाला", सब कहते थे। मुझे खेद है कि उनमें से कोई भी आज जीवित नहीं है। उनकी भविष्यवाणी आज झूठी साबित होती।

मैंने पशुओं को चराने का काम भी किया है। शायद मैं भी चरवाहा बन जाता। लेकिन पिताजी को लगा कि मुझे पत्थर तोड़ने का काम नहीं करना चाहिए, बल्कि छाया में बैठकर काम करने की इतनी कुशलता आनी चाहिए। मैं आज इस मुकाम पर पहुँचा हूँ। इसका कारण कोई न समझे कि मुझमें कुछ सहज गुण थे। दरअसल, मैं यहाँ तक अपनी मेहनत से पहुँचा हूँ।

मेरे पिता कबीरपंथी साधु थे, शिक्षा-प्रेमी थे। उनके घर को धर्मासन या विद्यासन कहना होगा। जब मैं 12 वर्ष का था, तब तक मेरे पिताजी ने मुझसे रामायण, महाभारत आदि का पाठ कराया था। वे बड़े धर्मपरायण थे। एक बार मैंने अपनी मौसी से जिद की कि मैं स्कूल नहीं जाऊँगा। मैंने आगे कहा, "चाची, आप मुझे स्कूल जाने के लिए कहती हैं, लेकिन मैं स्कूल जाऊँगा तो क्या होगा? बेचारी चाची क्या जवाब देंगी? लेकिन मेरे पिता ने कहा, "द्रोण ब्राह्मण थे, फिर भी वे एक महान् योद्धा बने। हम गरीब हैं, फिर तुम विद्वान् क्यों नहीं हो सकते?" उनके इस कथन का मेरे मन पर बहुत गहरा प्रभाव पड़ा।

□

3
पिता ने मुझे यह सिखाया

मेरे पिता एक शिक्षक थे। ईस्ट इंडिया कंपनी सरकार का एक अच्छा नियम था। आगे इसका पालन नहीं हुआ, इसे हमारा दुर्भाग्य कहें। नियम यह था कि कंपनी सरकार की सेना में सैनिकों के लिए शिक्षा अनिवार्य थी। सैनिकों के लड़कों, लड़कियों के लिए एक दिन का स्कूल और वयस्कों के लिए एक रात का स्कूल था। प्रत्येक पलटन का एक स्वतंत्र स्कूल था। ऐसे ही एक स्कूल में मेरे पिता 14 साल तक हेडमास्टर रहे। सैनिकों के लिए अच्छे शिक्षक तैयार करने के लिए पुणे में एक सामान्य स्कूल था। उस स्कूल में पिता ने ट्रेनिंग ली और टीचर का डिप्लोमा हासिल किया। उनका पढ़ाने का तरीका बहुत अच्छा था। इसी वजह से मेरे सूबेदार पिता ने शिक्षा के प्रति जुनून और विश्वास विकसित किया। घर की औरतें और बच्चे अच्छे से पढ़ना-लिखना जानते थे। इतना ही नहीं, पिता की वजह से बहनों ने 'पांडव प्रताप' जैसी पुस्तकें पढ़ने की काबिलियत हासिल की थी। रामायण और उन पर टिप्पणी करना। स्वयं कबीरपंथी होने के नाते, उन्हें भजन और अभंग छंद याद थे।

वे चाहते थे कि मैं संस्कृत पढ़ूँ, लेकिन मेरी वह इच्छा पूरी नहीं हो सकी। इसका कारण यह था कि मेरा बड़ा भाई सतारा में चौथी कक्षा में था। वह संस्कृत पढ़कर एक अच्छा विद्वान् बनना चाहता था, लेकिन संस्कृत शिक्षक ने अछूत छात्रों को संस्कृत पढ़ाने से मना कर दिया। शिक्षक की कट्टरता के कारण भाई को फारसी भाषा लेने के लिए विवश होना पड़ा। वह शिक्षक कक्षा में हमारा तिरस्कार करता था, जो हमें हतोत्साहित करता था। जब मैं चौथी कक्षा में गया तो संस्कृत के शिक्षक की दुर्भावना से मैं अच्छी तरह वाकिफ था। परिणामस्वरूप, मुझे फारसी भाषा लेनी पड़ी। मुझे संस्कृत भाषा पर गर्व है। मेरी इच्छा आज भी है कि मैं उस भाषा को अच्छी तरह से जानूँ, आज मैं अपनी मेहनत से संस्कृत को पढ़ और समझ

सकूँ, लेकिन उसमें प्रवीणता प्राप्त कर सकूँ, यह मेरी हार्दिक इच्छा है। वह दिन कब आएगा?

मैंने फारसी भाषा का गहन अध्ययन किया। मुझे 100 में से 90-95 अंक मिलते थे। फिर भी यह स्वीकार करना होगा कि फारसी साहित्य संस्कृत साहित्य की तुलना में फीका है। संस्कृत साहित्य में काव्य चिंतन है, अलंकार है, नाटक है, रामायण-महाभारत जैसे महाकाव्य हैं। इसमें दर्शन, गणित, तर्क है। संस्कृत साहित्य में आधुनिक शिक्षा की दृष्टि से सबकुछ है, परंतु फारसी साहित्य में वह स्थिति नहीं है। मुझे संस्कृत भाषा पर गर्व है। उस भाषा को भली-भाँति जानने की मेरी तीव्र इच्छा थी, परंतु शिक्षक के संकीर्ण और रूढ़िवादी रवैये के कारण मुझे संस्कृत से विमुख होना पड़ा।

पिता के कारण घर का वातावरण अनुशासित रहता था। वह एक फौजी थे, उनका कठोर अनुशासन कभी-कभी झुँझलाहट का कारण भी बन जाता था। मुझे आज बुरा लग रहा है। यदि मैंने अपने पिता की इच्छा के अनुसार मेहनत की होती तो मेरे लिए बंबई विश्वविद्यालय की परीक्षा में द्वितीय श्रेणी प्राप्त करना असंभव नहीं था। उस समय मुझे पिता की चिंता का मतलब समझ नहीं आया। हम सोचते थे कि हमारे पापा बेवजह पढ़ाई के लिए हमारे पीछे-पीछे आते रहते हैं।

उन्हें गणित का बड़ा शौक था। उन्होंने गोखले के अंकगणित के सभी उदाहरणों को हल कर लिया था और उन्हें एक बड़ी कॉपी में सुंदर अक्षरों में लिखकर रख लिया था। वे चाहते थे कि मैं समय-समय पर उनका अध्ययन करूँ और गणित में निपुणता प्राप्त करूँ। इस हिसाब से मैं अच्छे अंकों से पास हो जाऊँगा। किसी को विश्वास नहीं होगा कि वे मेरी कितनी परवाह करते थे।

हम अंग्रेजी शिक्षा के लिए बंबई आए। मैंने मराठा हाई स्कूल में पढ़ना शुरू किया। पहले हमारे घर की हालत ठीक थी, लेकिन बाद में दयनीय हो गई। पिता को कम पेंशन मिलती थी। ऐसी हालत में बंबई में रह रहे थे, ऊपर से परिवार में कई सदस्य थे। इसके बावजूद मेरे पापा मेरी पसंद की पुस्तकें ले आते थे। यह सब पापा के दायरे से बाहर था। इतना सब सहने के बाद भी वे हमेशा मेरे आराम के लिए तैयार रहते थे। जब मैं इन बातों को याद करता हूँ तो मुझे अपने पिता पर बहुत गर्व महसूस होता है। मेरा दिल मुझसे कहता है कि बहुत कम बेटों के पास ऐसा दयालु पिता होगा। अपने निश्चिंत स्वभाव के कारण मैं उस समय अपने प्यारे पिता की कीमत नहीं समझ पाया।

मुझे अपनी पढ़ाई को नजरअंदाज करके दूसरी पुस्तकें पढ़ने का शौक पहले से ही था। पिता को यह बात अच्छी नहीं लगती थी। वह कहते थे कि पहले स्कूल

की पढ़ाई करो, फिर दूसरी पुस्तकें पढ़ो। उन्हें मराठी जैसे अंग्रेजी भाषा पर गर्व था। उन्हें अंग्रेजी पढ़ाने का बहुत शौक था। वे हमेशा मुझे हार्वर्ड की पुस्तक को आमने-सामने याद करने के लिए कहते थे।

इसी तरह मैंने तारखडकर के अनुवाद पाठ्यक्रम की तीन पुस्तकें कंठस्थ की थीं। मेरे पिता ने मुझे एक मराठी भाषा के शब्द के उचित अंग्रेजी समकक्ष को खोजने और उसे सही जगह पर उपयोग करने की कला सिखाई थी। मैं अच्छी अंग्रेजी बोलता और लिखता हूँ। ऐसी मेरी प्रतिष्ठा है, मुझे लगता है, लेकिन मेरे पिता ने मुझे सही शब्द का प्रयोग करना सिखाया है, किसी शिक्षक ने मुझे यह नहीं सिखाया। वह तारखडकर की पुस्तक से गलत शब्द पूछकर मेरे ज्ञान की परीक्षा लेते थे। इसी तरह, उन्होंने मुझे अंग्रेजी वाक्यों और उपयुक्त भाषा शैली का उपयोग करना सिखाया है।

□

4

मैं अविश्वसनीय रूप से विशेष था

अपनी खुद की पुस्तकें होने का मतलब है, खुद की संपत्ति होना, यही उस समय की महत्त्वाकांक्षा थी। इसी महत्त्वाकांक्षा के साथ वर्तमान में मेरा ग्रंथ संग्रहालय बनाया गया है। उस समय मैं नई पुस्तकें लाने के लिए अपने पिता के पास जाया करता था। मैंने पुस्तक माँगी और पिताजी शाम तक वह पुस्तक नहीं लाए, ऐसा कभी नहीं हुआ! हमारी आर्थिक स्थिति बहुत गंभीर थी। लेकिन तब मुझे इस बारे में कुछ भी पता नहीं था। मेरे पिता का दिल बहुत बड़ा था। मेरी जेब में पैसे हों या न हों, जब मैंने पुस्तक की माँग की तो ज्यादातर जेब में पैसे ही नहीं होते थे। वे अपना दुपट्टा लेकर बाहर आ जाते थे। उस वक्त मेरी दोनों शादीशुदा बहनें बंबई में ही रह रही थीं। पापा सीधे छोटी बहन के पास जाते थे। उसके पास तीन-चार रुपए भी कहाँ से होंगे? बेचारी उदास होकर बोलती, "मेरे पास इतने पैसे नहीं हैं।" वहाँ से वे बड़ी बहन के पास जाते। यदि उन्हें पैसे नहीं मिलते थे, तो वे अपने कुछ गहने (ये गहने उनकी बहन को शादी में दिए थे) गिरवी रख देते थे और पेंशन मिलने के बाद पिता मारवाड़ी के यहाँ जाते थे और बहन को गहने छुड़ाकर दे देते थे। नतीजा यह हुआ कि जब भी पिता ने गहना माँगा तो बहन ने मना नहीं किया।

मेरी माँ का देहांत तब हो गया था, जब मैं बहुत छोटा था। मुझे मेरी बुआ ने पाला था। मेरे पिता से बड़ी होने के कारण बुआ का परिवार पर नियंत्रण था। पापा भी उनका बहुत आदर करते थे, जिस कारण मैं भी बुआ का प्यारा था। नतीजतन परिवार के अन्य सदस्य भी मुझसे कुछ नहीं कहते थे। इस कारण मैं और भी प्रिय हो गया। मेरी सुख-शांति के लिए पिता कष्ट सहते थे, पर मुझे इसका आभास नहीं था। सिर में खूब तेल लगाता था और नई-नई पुस्तकों का तकिया बनाकर चैन की

नींद सोता था। उन पुस्तकों की क्या दुर्दशा होगी? आप इसकी कल्पना कर सकते हैं! पढ़ने का शौक मुझे बचपन से ही इतना था कि किस पुस्तक में, किस जगह पर, कौन सा महत्त्वपूर्ण विचार है मैं अभी भी बता सकता हूँ। इस आदत की वजह से मेरी याददाश्त तेज है।

□

5
मेरे पिता

हमारा परिवार गरीब होने के बावजूद एक प्रगतिशील, सुशिक्षित परिवार जैसा था। मेरे पिता हमेशा सतर्क रहते थे कि हमारा चरित्र शुद्ध हो और हममें शिक्षा के प्रति रुचि विकसित हो। सुबह भोजन करने से पहले हमें मंदिर ले जाते और भजन, दोहे, अभंग सुनाने लगते। मैं उन सभी में झिझकता था। किसी तरह दो-चार अभंग कहकर भोजन की थाली के पास बैठ जाता था। तब पिता पूछते थे—'भजन आज जल्दी क्यों खत्म हो गए?' मैं उनके सवाल का जवाब देने से पहले ही वहाँ से गायब हो जाता था। पर ये सुबह-शाम की बात पापा ने बिल्कुल भी नहीं चलने दी। रात आठ बजे मेरी दोनों बहनों, मेरे बड़े भाई और मुझे मंदिर में उपस्थित होना पड़ता था। ऐसा उनका कठोर नियम था। अनुपस्थित रहने पर पिता उसे माफ नहीं करते थे। उस समय, संतों के अभंग और कबीर के दोहे बड़ी श्रद्धा से सुना करते थे। इससे एक पवित्र और भावपूर्ण माहौल बनता था। हमारे पिता ने यह सब दिल से किया था। हम बहुत आश्चर्य करते थे। बहनें भी मधुर स्वर में अभंग का पाठ करती थीं। उस समय मैं सोचता था कि मानव जीवन के लिए धर्म और धर्म की शिक्षा आवश्यक है।

बहुत से लोग सोचते हैं कि मैं धार्मिक हूँ। पर यह सच नहीं है। उनकी यह सोच ठीक नहीं है। जो मेरे सान्निध्य में आए हैं, वे मेरी भक्ति और धर्मप्रेम को जानते हैं। मुझे दिखावा बिल्कुल पसंद नहीं है। "जिस धर्म की शिक्षा मनुष्य को पशु प्रवृत्ति से दूर नहीं करती, वह धर्म व्यर्थ है," ऐसा मेरा मत है, मेरे विचार प्रगतिशील हैं। इसका श्रेय मेरे पिता के धार्मिक स्वभाव को जाता है। उन्होंने बचपन में ही मेरे मन में भक्ति मार्ग का बीज बो दिया था। पिता ने हमें बचपन में ही रामायण, महाभारत आदि पुस्तकें पढ़वाई थीं। हमें रामायण-महाभारत पढ़ने को क्यों मजबूर किया जाता

है? यह पूछने की किसी की हिम्मत नहीं होती थी। उन पुराण–पुरुषों की जीवनियों को पुराणों में पढ़ने की क्या आवश्यकता है, जिनमें पग–पग पर शूद्रों और अस्पृश्यों की उपेक्षा हो रही है।

मेरे जैसा धार्मिक कोई दूसरा नहीं है। मैंने अपने पिता से पूछा, "इन शास्त्रों को पढ़ने की क्या आवश्यकता है?" यह बात ठीक से समझ में नहीं आई, परंतु भक्ति मार्ग से मनुष्य शक्तिपूजक और मूर्तिपूजक बन जाता है, यह बहुत बड़ा दोष है, इसलिए भक्ति का यह मार्ग राष्ट्र के लिए खतरनाक है। यह मेरा प्रामाणिक मत है। शायद मेरे विचार लोगों को स्वीकार्य नहीं होंगे, लेकिन लोगों को निष्पक्ष दिमाग से मेरे बयान के साथ–साथ उसकी ऐतिहासिक भूमिका पर भी विचार करना चाहिए। एक बुद्धिजीवी को मेरी बात उचित लगेगी। मनुष्य को बुद्धिवाद के साथ–साथ मानवीय दृष्टिकोण से सोचना सीखना चाहिए। पिता के कारण मुझे तुकाराम, मुक्तेश्वर आदि कवियों की रचनाएँ कंठस्थ हो गईं। इतना ही नहीं, मैं मन–ही–मन उन कविताओं के बारे में सोचने लगा। मेरे इतने सारे मराठी संत कवियों पर अध्ययन करने वाले बहुत कम लोग होंगे। मुझे भाषा से प्यार है। मैं अंग्रेजी अच्छी तरह से जानता हूँ, लेकिन अंग्रेजी इतनी है कि मुझे मराठी पर गर्व है। कई वर्षों तक मैं 'मूकनायक', 'बहिष्कृत भारत', 'जनता पाक्षिक' का संपादक रहा। मैंने मराठी में काफी लिखा है। मैंने जर्मन भाषा का भी अच्छे से अध्ययन किया है। मैं अब कुछ भूल गया हूँ, लेकिन कुछ दिनों के प्रयास के बाद मुझे उम्मीद है कि मैं इसे फिर से पढ़ सकता हूँ। आप जानते हैं कि परसों मैंने अहमदाबाद में गुजराती में भाषण दिया था। पहले तो मैं मराठी में व्याख्यान देने से डरता था, लेकिन बाद में मुझे एहसास हुआ कि मैं मराठी बहुत अच्छी बोल सकता हूँ। मैं फ्रेंच भाषा भी जानता हूँ।

मैं आपको अपने पिता के बारे में कुछ और महत्त्वपूर्ण बातें बताता हूँ। पापा के मन में आया कि मुझे बी.ए. करना चाहिए। मैं रात के दो बजे उठकर पढ़ाई करता था। उस समय मन शांत रहता है, प्रसन्न रहता है, जिससे पढ़ाई अच्छी होती है, यह मेरी सोच है। परीक्षा के समय मुझे रात के दो बजे उठना पड़ता था, इसलिए पिताजी रात के दो बजे तक नहीं सोते थे। जब मेरे पिता मुझे उठाते तो मैं क्रोध से कुड़कुड़ाता था। सिरहाने एक दीया रखा रहता था, कितना प्रकाश देता और कितना पढ़ता? किसी तरह सुबह पाँच बजे तक उस तरफ लेटे–लेटे पढ़ाई या पढ़ाई का नाटक करता था। मुझे पाँच बजे के बाद बिस्तर पर लेटने की अनुमति नहीं थी। मैं अकसर पापा से कहा करता, "मैं कभी फेल नहीं होता, हर साल पास हो जाता हूँ, फिर भी आप मुझे पढ़ने के लिए क्यों कहते रहते हैं?"

हमारे एलफिंस्टन कॉलेज में प्रो. ओस्वाल्ड मुलर, प्रिंसिपल कैवर्टन, प्रो. जॉर्ज एंडरसन जैसे अच्छे प्रोफेसर थे, लेकिन उन्होंने मेरे मन में कोई उत्साह पैदा नहीं किया। मुलर मुझसे बहुत प्रेम करते थे। वे मुझे अपनी शर्ट, पुस्तकें देते थे। फिर भी उनकी शिक्षा के कारण मेरे मन में नई चेतना का निर्माण नहीं हो सका, यह बात भी उतनी ही सत्य है। मैं कॉलेज में पास होता रहा, लेकिन सेकंड रैंक नहीं ला सका। बी.ए. में कुछ अंकों से दूसरा रैंक नहीं ला सका। उस समय पढ़ाई की प्रगति को देखते हुए मैंने बाद में जो डिग्रियाँ प्राप्त कीं और कई पुस्तकें लिखीं, क्या कोई भविष्यवाणी कर सकता था कि मैं यह सब कर सकूँगा?

□

6

कटु अनुभव

मेरा जन्म महू (इंदौर) में हुआ था, जब मेरे पिता सेना में कार्यरत थे। वे सेना में सूबेदार थे। सेना की छावनी में रहने के कारण हमारा बाहरी दुनिया से कोई संपर्क नहीं था, जिसके कारण मुझे छुआछूत का जरा भी अंदाजा नहीं था, लेकिन जब मेरे पिता सेवानिवृत्त हुए तो हम सब सतारा में रहने लगे। जब मैं पाँच साल का था, तब मेरी माँ का देहांत हो गया। सतारा जिले के गोरेगाँव में अकाल पड़ा तो सरकार ने राहत कार्य शुरू किए। वहाँ तालाब निर्माण का कार्य शुरू किया गया। पिता को तालाब पर मजदूरों को मजदूरी देने के लिए नियुक्त किया गया। वे गोरेगाँव गए और हमें सतारा में रखा। यहाँ आकर हमें सही मायनों में छुआछूत का एहसास होने लगा। पहले तो दाढ़ी बनाने के लिए कोई नाई उपलब्ध नहीं था। हमें कई मुश्किलों का सामना करना पड़ा। तब मेरी बड़ी बहन हम चारों भाइयों का मुंडन किया करती थी। सतारा में इतने सारे नाई होने के बाद भी वे हमारी दाढ़ी क्यों नहीं बनाते? यह बात मुझे पहली बार समझ में आई।

पिता गोरेगाँव में रहते थे। वे हमें पत्र भेजा करते थे। एक बार उन्होंने पत्र भेजा कि तुम लोग गोरेगाँव आ जाओ। मैं बहुत खुश था कि हम ट्रेन से गोरेगाँव जाएँगे। तब तक मैंने ट्रेन नहीं देखी थी। पापा के भेजे पैसों से हमने अच्छे कपड़े खरीदे और मैं, मेरे भाई-बहन मिलकर पापा से मिलने गोरेगाँव गए। इससे पहले हमने उन्हें एक पत्र भेजा था, लेकिन नौकर की लापरवाही के कारण व' पत्र प्राप्त नहीं कर सके। हम ट्रेन से उतरे और नौकर को ढूँढ़ने लगे, पर हमें निराशा ही हाथ लगी। मेरा वेश ब्राह्मण जैसा लग रहा था। ट्रेन छूट चुकी थी। आधे घंटे से ज्यादा समय तक हम स्टेशन पर इंतजार करते रहे। स्टेशन पर हमारे अलावा कोई नहीं था। उसी समय, हम बच्चों को देखकर, स्टेशन मास्टर हमारे पास आया और बोला, 'हम कहाँ जा

रहे हैं? आप कौन हैं?' हमारे महार कहते ही स्टेशन मास्टर सहम गया। वह दस कदम पीछे हट गया, लेकिन हमारी वेश भूषा को देखकर उसने सोचा कि ये किसी धनी महार के बच्चे हैं। उसने हमें बैलगाड़ी कराने का आश्वासन दिया, लेकिन शाम सात बजे तक महारों के बच्चों को ले जाने के लिए बैलगाड़ी वाले तैयार नहीं हुए। अंत में एक कोचवान तैयार हुआ, लेकिन उसने एक शर्त रखी कि वह बैलगाड़ी नहीं चलाएगा। मैंने सेना की छावनी में कई दिन बिताए थे, इसलिए मुझे बैलगाड़ी चलाने में कोई दिक्कत नहीं हुई।

जैसे ही हमने अपनी सहमति दी, कोचवान बैलगाड़ी ले आया और हम गोरेगाँव के लिए निकल पड़े। गाँव से कुछ दूर एक नाला मिला। कोचवान ने कहा, 'तुम लोग यहाँ रोटी खा लो, आगे पानी नहीं मिलेगा।' हमने उतरकर रोटियाँ खाईं, नाले का पानी बहुत गंदा था, उस पानी में गाय का गोबर मिला हुआ था। कोचवान दूसरी जगह चला गया और खाना खाकर वापस आ गया। बैलगाड़ी फिर चल पड़ी। रात काफी हो चुकी थी। रास्ते में न तो दीया दिखाई दे रहा था और न ही कोई आदमी। हम बहुत रोए। किसी तरह रात के बारह बजे। मेरे मन में कई विचार आ रहे थे। हमने सोचा था कि हम गोरेगाँव नहीं पहुँच पाएँगे। इस बीच जैसे ही हम टोल नाका पहुँचे, हम बैलगाड़ी से उतर गए। मैंने टोल नाके के आदमी से रोटी खाने को पूछा। मैं रूसी भाषा जानता था, इसलिए उससे बात करने में कोई दिक्कत नहीं हुई। पर उसने बेपरवाही से कहा, "सामने पहाड़ पर पानी मिलेगा।" किसी तरह हमने टोल नाके पर रात बिताई और अगले दिन माँदे दोपहर में बैलगाड़ी से गोरेगाँव पहुँचे।

□

7

यह सर्वविदित है

पिता कबीरपंथी होने के कारण मांस, मछली, शराब आदि का सेवन नहीं करते थे। वे शुद्ध शाकाहारी थे और शराब को हाथ तक नहीं लगाते थे, लेकिन हमारे गाँव में जब भी समाज का जातिगत भोजन होता था तो पिता सभी को मिठाई और मांसाहारी भोजन कराने का बीड़ा उठाते थे। हमारे घर में खानदानी परंपरा से बड़े-बड़े बरतन थे, उनका उपयोग गाँव के सार्वजनिक भोजन में किया जाता था। पिता स्वयं गाँव में जाकर पेड़ के नीचे बड़े-बड़े पत्थर जमा करते थे और खाना पकाने के लिए बड़े-बड़े चूल्हे तैयार करते थे। मछली, मुरगी और बकरी के मांस का स्वादिष्ट भोजन तैयार किया जाता था। खाना बनाने का बीड़ा पापा ही उठाते थे। पिताजी को इस नेतृत्व में कुछ भी गलत नजर नहीं आता था। वे कहा करते थे कि 'जो बना सो हमने नहीं खाया।' इस प्रकार उनका उदारवादी दर्शन था। इतना ही नहीं, वे शराब लाकर सबको थोड़ी-थोड़ी करके देते थे। उन्होंने अपने जीवन में शराब की एक बूँद भी नहीं ली थी। मैंने इस परंपरा का पालन किया है। जब मैं वायसरॉय के कार्यकारी बोर्ड में था, मैंने अपने दोस्तों को स्वादिष्ट खाना तथा व्हिस्की और शैंपेन दी। पिता की भाँति मैंने भी शराब की एक बूँद को हाथ तक नहीं लगाया है, यह सर्वविदित है।

□

8

मैंने यह सीखा

मैं पहले ही बता चुका हूँ कि बी.ए. तक मैं एक सामान्य छात्र था। मैंने खुद अपने हाथों किसी सुधार की उम्मीद नहीं की थी और न ही दूसरों ने। ऐसा नहीं है कि मेरी बुद्धि मंद थी या मेरी पढ़ाई में रुचि नहीं थी, लेकिन संशोधन के लिए एक विशेष प्रकार के दृष्टिकोण की आवश्यकता होती है या प्रोफेसर से आवश्यक मार्गदर्शन न होने के कारण मेरी मनोगत शक्ति को आगे नहीं बढ़ने दिया गया। मनुष्य में जन्मजात गुण होते हुए भी उन्हें विकसित करना होता है। जब तक मैं अमेरिका गया, मेरे गुण सुप्त अवस्था में थे, वे प्रोफेसर सेलिगमैन और अन्य विद्वानों के कारण विकसित हुए थे। मुझे स्वीकार है। इन विद्वान् प्राध्यापकों के सान्निध्य में रहकर मैंने अनुभव किया कि मैं स्वतंत्र रूप से विचार करने में समर्थ हो गया हूँ। एक बार मैंने प्रोफेसर सेलिगमैन से कहा था कि मुझे रिवीजन कैसे करना चाहिए? उन्होंने कहा, "आप अपना काम जारी रखें। तब आप स्वत: ही समझ जाएँगे कि रिवीजन कैसे किया जाना चाहिए।"

पुस्तक लिखते समय समय कैसे बीतता है? और एक के बाद एक दिन कैसे कटते हैं? इस पर ध्यान नहीं रहता। लिखते समय मेरी सारी ऊर्जा एकाग्र हो जाती है। मुझे खाने की परवाह नहीं रहती। कभी-कभी मैं पूरी रात पढ़ता-लिखता रहता हूँ। उस समय मुझे न तो थकान होती है और न ही आलस्य, लेकिन जब काम खत्म हो जाता है तो मैं निराश और असंतुष्ट महसूस करता हूँ। चार मुसीबतें मिलीं, लेकिन उतनी खुशी नहीं मिली, जितनी अपनी पुस्तक के छपने पर मिली।

□

9

पिताजी का स्वर्गवास

बी. ए. पास करने के बाद मेरे पिता चाहते थे कि मैं बंबई में ही रहूँ और बड़ौदा न जाऊँ। मेरे पिता ने पहले ही कल्पना कर ली थी कि जब मैं बड़ौदा जाऊँगा तो मुझे किस अपमान का सामना करना पड़ेगा। उन्होंने मुझे तरह-तरह से समझाने की कोशिश की कि मैं नौकरी के लिए बड़ौदा न जाऊँ। लेकिन मैंने अपनी जिद नहीं छोड़ी। मैं बड़ौदा गया। अचानक मुझे बड़ौदा में उनकी बीमारी के बारे में एक टेलीग्राम मिला। मैं बड़ौदा से तुरंत बंबई के लिए रवाना हो गया। रास्ते में अपने पिता के लिए आइसक्रीम लेने के लिए सूरत रेलवे स्टेशन पर उतरा, लेकिन आइसक्रीम लेने के चक्कर में ट्रेन छूट गई। ऐसे में दूसरी ट्रेन का इंतजार करने के अलावा कोई चारा नहीं था, जिसके कारण मैं दूसरे दिन देर से बंबई पहुँचा। जब मैं घर आया तो मैंने देखा कि मेरे पिता मृत्यु के कगार पर थे। सभी लोग उनके बिस्तर के पास चिंता में बैठे थे। उस दृश्य को देखकर मेरा दिल पसीज गया। पिता ने मेरे सिर पर ममता का हाथ फिराया, आँखों में आँसू भरकर देखा और फिर प्राण त्याग दिए। मुझे देखने के लिए ही उनकी जान अटकी थी। सूरत में उतरने के कारण मैं अपने पिता से पहले नहीं मिल सका, इसका मुझे बहुत खेद है।

□

10

दृढ़ प्रकृति

मेरा स्वभाव पहले जिद्दी था। वह अब वही है या नहीं, यह पक्के तौर पर नहीं बता पाऊँगा। मैं अपने बचपन के बारे में बताता हूँ। मैं कक्षा दूसरी में अंग्रेजी पढ़ रहा था। हमारा स्कूल सतारा कैंप में था। पेंडसे गुरुजी हमें पढ़ाते थे। वे मुझसे बहुत प्यार करते थे। मेरा स्वभाव बहुत जिद्दी था। यह मेरे सहपाठियों को पता था। वे जानते थे कि जब कुछ नहीं करने के लिए कहा जाता है तो मैं निश्चित रूप से करता हूँ। एक बार बहुत बारिश हुई, उस समय हमारे स्कूल जाने का समय हो गया था। मेरे दोस्तों ने कहा, 'देखो बारिश बहुत हो रही है, मत जाओ, नहीं तो भीग जाओगे।' मुझे यही चाहिए था। मेरा बड़ा भाई छाता लेकर बाहर आया। मैंने उससे कहा, 'तुम अकेले छाता लेकर जाओ, मैं भीगता हुआ आऊँगा।'

भाई ने मुझे बहुत समझाया, पर मैं नहीं माना। मैं बिना छाते के निकल गया। मैं उस समय बेलबूटेवाली टोपी पहनता था। मैंने वह टोपी अपने भाई को सौंप दी और मैं बारिश में उसके पीछे-पीछे स्कूल की ओर चल पड़ा। जब मैं स्कूल पहुँचा तो पूरी तरह से भीगा हुआ था। गुरुजी ने मुझे इस हालत में देखा। उन्हें बहुत बुरा लगा। मुझसे पूछा, 'अरे, बारिश में छाता लेकर क्यों नहीं आए?' मैंने जवाब दिया, "एक ही छाता था। दोनों भाइयों के पास एक ही छाता है इसलिए मैं भीगता हुआ आया।" दरअसल मैंने झूठ कहा था। यह बात गुरुजी के ध्यान में नहीं आई। उन्होंने मेरे बड़े भाई को बुलाया, जो चौथी कक्षा में पढ़ता था। गुरुजी ने भाई से पूछा, 'बताओ तुमने कितनी कमीज पहनी हैं?' भाई ने कहा, 'मैंने तो एक ही कमीज पहनी है।' फिर गुरुजी ने मुझे उनके बेटे समेत उनके घर भेज दिया और बेटे से कहा, 'इसे घर ले जाओ और गरम पानी से नहलाओ। इसे पहनने के लिए एक लँगोटी दे देना और कपड़े सुखा देना, ताकि शाम को वह उन कपड़ों को पहनकर घर चला जाए।'

तदनुसार, गुरुजी के पुत्र ने घर ले जाकर गरम पानी से नहलवाया और पहनने के लिए एक लँगोटी दी। मैं बहुत खुश हुआ, चलो, शाम तक स्कूल से फ्री। मैं शाला के बाहर सीटी बजाता फिरता रहा। मैं कक्षा में क्यों नहीं आया? तभी गुरुजी ने एक शिष्य को भेजा। मुझे कक्षा में लँगोटी में बैठने में शर्म आती थी। तब गुरुजी ने कहा, 'अरे, यहाँ तो सभी विद्यार्थी हैं, फिर तुम्हें इसमें शरमाने की कोई बात नहीं है।' मैं रोते हुए कक्षा में बैठ गया—उस समय बहुत शरमिंदा हुआ। तब मैंने इस जिद्दी स्वभाव को छोड़ने का फैसला किया। मैं किस हद तक इस दृढ़ संकल्प को प्राप्त करने में सक्षम था, यह दूसरों को बताना चाहिए।

हमारा उपनाम आंबेडकर नहीं था। हमारा सही उपनाम आंबेवडेकर है। खेड़ तहसील में दापोली के पास पाँच मील दूर आंबेवड़े नाम का एक गाँव है, इसलिए लोग हमें आंबेवडेकर नाम से ही पहचानते थे। आंबेवडेकर नाम आंबेडकर कैसे पड़ा? इसका भी एक इतिहास है। मेरे एक आंबेडकर नाम के ब्राह्मण शिक्षक थे। उन्होंने हमें ज्यादा कुछ नहीं सिखाया। पर उनका मुझ पर बड़ा स्नेह था। मध्याह्न अवकाश में मुझे भोजन करने के लिए अपने घर बहुत दूर जाना पड़ता था। गुरुजी को यह अच्छा नहीं लगता था, लेकिन मेरे पास मौज-मस्ती करने के लिए केवल इतना ही समय था। इस समय घर जाकर बहुत अच्छा लगता था, लेकिन गुरुजी ने एक युक्ति सोची। अपने साथ रोटी-सब्जी लाने लगे और छुट्टी में मुझे बुलाकर अपने खाने में से रोटी-सब्जी दे देते थे। मैं छू न जाऊँ, इसके लिए वे मेरे हाथों पर रोटी और सब्जी गिराते थे। मुझे गर्व होता है कहते हुए कि प्यार से दी गई उस रोटी-सब्जी का स्वाद ही कुछ और था। उस बात को याद करके मेरा गला भर आता है। दरअसल आंबेडकर गुरुजी को मुझसे बहुत प्रेम था।

एक दिन गुरुजी ने मुझसे कहा, "आंबेवडेकर नाम का उच्चारण करना मुश्किल है, इसके बजाय आंबेडकर अच्छा नाम है।" तू अपने नाम में वही नाम जोड़।" और उन्होंने स्कूल के रजिस्टर में वही नाम दर्ज किया। जब मैं गोलमेज परिषद् के लिए लंदन जा रहा था, तब उन्होंने मुझे एक बहुत ही स्नेह भरा पत्र भेजा था। वह पत्र अभी भी मेरे संग्रह में है। यदि भविष्य में मैं अपना आत्म-कथन (चरित्र) लिखूँगा, तो मैं उस पत्र को प्रकाशित करूँगा। आंबेडकर गुरुजी की प्रकृति में कुछ अलग रचा-बसा था। स्कूल की घंटी बजते ही वे क्लास में आ जाते थे।

हमारी क्लास में रहीमतुल्लाह नाम का एक बड़ा स्टूडेंट था। गुरुजी सारी जिम्मेदारी उस पर छोड़कर बाहर चले जाते थे। रहीमतुल्लाह और कक्षा के छात्रों के बीच बहुत अंतर था। हमारी उम्र 10-12 साल तो रहीमतुल्लाह की 25-30 साल।

शाम को स्कूल बंद होने से पहले गुरुजी कक्षा में आते और रहीमतुल्लाह से पूछते, "कैसे हो? बच्चों ने गड़बड़ तो नहीं कर दी?" रहीमतुल्लाह न कहकर जवाब देता। तब गुरुजी निश्चिंत होकर घर चले जाते थे। आप पूछेंगे कि गुरुजी दिन भर कहाँ जाया करते थे? हमारे स्कूल के सामने पिपरमेंट, सिगरेट आदि की एक छोटी सी दुकान थी। चौकीदार और छात्र उस दुकान से सामान खरीदते थे, जिससे दुकान अच्छी चलती थी। गुरुजी स्कूल छोड़कर दुकान में हिसाब-पुस्तक लिखने का काम करते थे। वे इससे 20-25 रुपए प्रति माह कमा लेते थे।

गुरुजी की परेशानी तब बढ़ जाती, जब अधिकारी वार्षिक परीक्षा लेने आते। अधिकारी गणित के प्रश्न पूछते तो गुरुजी स्लेट पर उत्तर लिखकर बगल के कमरे से चुपके से हमें दिखाते थे। हम सभी छात्रों के उत्तर सही होते थे और अधिकारी गुरुजी को उनकी उत्कृष्ट शिक्षा के लिए गौरवान्वित किया करते थे। परीक्षा के अंत में गुरुजी को विजिट बुक में उत्कृष्ट टिप्पणियाँ मिलती थीं। अधिकारी को नाश्ता, चाय, चिरूट नजराना मिलता था। एक अच्छी टिप्पणी मिलने के बाद गुरुजी पूरे वर्ष का लेखा-जोखा लिखने के लिए स्वतंत्र हो जाते।

□

11
आपकी स्थिति

पेशवा काल में कौन क्या वस्त्र पहने, इसके लिए नियम बनाए गए थे। मेरी माँ कहा करती थीं कि अगर महार कपड़े खरीदने जाते तो उन्हें कपड़े दिखाए जाते थे। दुकानदार दुकान से ही कपड़े दिखा देता था, कीमत दूर से पूछनी पड़ती थी, कपड़ा खरीदकर उस पर पानी डाला जाता था, फिर कपड़े को मिट्टी में घिसा जाता था क्योंकि अछूतों को नए कपड़े नहीं पहनने चाहिए। फटे हुए कपड़े ही पहनने चाहिए। मैली साड़ी को दो हिस्सों में बाँटना पड़ता। अंत में महार को पैसे रखकर कपड़ा ले जाना पड़ता था। हम जो लँगोटी पहनते हैं, वह पेशवा का आदेश था। ब्राह्मण पीछे की ओर दोनों ओर से धोती पहनते थे, जबकि गैर-ब्राह्मण एक ओर से धोती पहनते थे। भंडारी लोग कमर में दुपट्टा बाँधते थे और उसका एक बड़ा भाग कमर पर लपेटते थे, ऐसा नियम था।

जब ब्रिटिश सरकार आई तो बंबई अंग्रेजों के अधिकार क्षेत्र में चली गई। सुनारों पर पेशवा की पैनी नजर थी। सुनार कहते थे, हम ब्राह्मण हैं और पेशवा कहते थे, हम ब्राह्मण हैं। सुनार ब्राह्मणों की भाँति धोती पहनते थे। पेशवा चाहते थे कि उन्हें इस तरह धोती नहीं पहननी चाहिए। अंग्रेजों ने धर्म को डुबोया, पेशवा ऐसा कहकर ललकारने लगे। गोरे लोग नाराज हो गए। गोरे साहब ने पेशवा की फरियाद सुनी। पेशवा ने कहा, 'हमारा लोगों पर प्रतिबंध था। वे लोग अब आपके राज्य में पीछे से धोती पहनते है।' ईस्ट इंडिया कंपनी यहाँ नई थी। बल्केश्वर में साहूकार थे। मुख्य अधिकारी ने शिकायत पर साहूकारों को बुलाकर पूछताछ की।

सुनार पीछे करके धोती पहनते थे। आदेश दिया गया कि सुनार अब पीछे करके धोती नहीं पहनेंगे। पंचों ने उन पर पचास रुपए का जुरमाना लगाया। अब लोग कोट और पैंट पहनते हैं।

तब महार क्या करते थे ? वे रात में जागकर पहरा देते थे। सवेरे जो कुछ रोटी का बचा टुकड़ा मिलता, उसे खा लेते। फलटन गाँव में एक महार थे, उनके पास 24 बीघा जमीन थी। एक मंदिर था। वहाँ पर एक लंगर हुआ करता था। उनके एक मंत्री थे। इस लंगर को एक गाड़ी रोटी, लड्डू और जलेबी मिलती थी। महार मंदिर के पास बैठकर अन्न ग्रहण करते थे। इतना पाकर महारों को जमीन की क्या जरूरत ? कुछ दिनों तक भोजन बंद रहने के बाद महार कहते, "मराठों ने हमारी इतनी जमीन ले ली है।" जलगाँव से श्राद्ध करने के बाद महार भिखारियों की तरह कूड़े के ढेर पर बैठ जाते थे। यदि वह ईसाई बन जाता है तो यह उसके लिए कैसे अच्छा होगा ? लोग ऐसा कहा करते थे।

हजारों वर्षों से परसों तक उनके समाज का एक भी व्यक्ति स्नातक या विद्वान् नहीं बन सका। मुझे बताने में कोई बुराई नहीं है। मेरे स्कूल में एक सफाई करने वाली महिला थी। वह जाति से मराठा थी। वह मुझे छूती नहीं थी। मेरी माँ मुझसे कहती थी, "बड़े आदमी को मामा कहा कर।" मैं पोस्टमैन को मामा कहकर बुलाता था। एक बच्चे के रूप में मुझे स्कूल में प्यास लगी। मैंने शिक्षक से कहा। शिक्षक ने चपरासी को बुलाया और कहा, "इसे नल के पास ले जाओ।" हम नल पर गए। चपरासी ने नल चालू किया, तब मैंने पानी पिया। मुझे स्कूल में 6-6 दिन तक पानी पीने को नहीं मिला।

हर किसी को अपनी जन्मभूमि पर गर्व नहीं हो सकता है, लेकिन प्यार जरूर होता है। पेंशन लेने के बाद पिता स्थायी रूप से दापोली में रहने लगे। मैंने दापोली में पहली की पढ़ाई की। परंतु परिस्थितियों के कारण 5-6 वर्ष की आयु में ही पहाड़ की तलहटी को छोड़कर मेरा जीवन आज तक घाट@पहाड़ पर ही बीता है। मैं 25 साल बाद घाट के नीचे उतरा हूँ। अपनी खूबसूरती से सराबोर राज्य में कदम रखकर कोई भी खुश हो जाएगा। जो इस राज्य को अपनी मातृभूमि मानता है, उसका सुख दोगुना हो जाता है। एक समय ऐसी स्थिति थी कि यह क्षेत्र अस्पृश्य जाति की दृष्टि से प्रगति के पथ पर अग्रसर था, यह कहना अतिशयोक्ति नहीं होगा। उस समय यह राज्य अछूत जाति के अधिकारियों से भरा हुआ था। इसी प्रकार बहिष्कृत वर्ग अन्य की तुलना में शिक्षा में बहुत आगे था।

जिससे यह उन्नति हुई, सेना में नौकरी एक महत्त्वपूर्ण कारण था। अंग्रेजों के शासन से पहले अस्पृश्य कितने सुखी हो सकते थे ? इस बारे में आज पक्के तौर पर कुछ नहीं कहा जा सकता, लेकिन उस समय अस्पृश्यता की भावना इतनी प्रबल थी कि चलते समय अछूतों की छाया सवर्णों पर नहीं पड़नी चाहिए, इसलिए उन्हें दूर

से चक्कर लगाना पड़ता था। वही काला धागा अछूत की पहचान के लिए हाथ में बाँधना पड़ता था। उस समय नगण्य मौके मिलते थे। इस देश में जहाँ-जहाँ अंग्रेजों ने कदम रखा, वहाँ-वहाँ अछूतों को सिर उठाने का अवसर मिला। इस अवसर का लाभ उठाकर उसके शरीर में कितनी वीरता है ? कितना तेज है ? बुद्धि कितनी तेज है ? यह बात सिद्ध हो चुकी है कि उस समय के प्रगतिशील ब्राह्मण या समान जातियाँ ही आज हमें अछूत कहकर कोसती हैं, लेकिन हमारे वर्ग को छोड़कर अन्य बहुत प्रगतिशील थे।

इसलिए हम कोंकण के दापोली क्षेत्र में अधिकार और सत्ता का आनंद ले रहे थे। सेना में नौकरी के कारण हमें जीवन स्तर सुधारने का अवसर मिला। फलतः हम सब्र, मेधा, चतुराई आदि में रत्ती भर भी कम नहीं हैं। हमारे गुणों के कारण ही हमारी सेना में अधिकारियों के पदों पर नियुक्तियाँ होती थीं। इस काल में सेना के छावनी विद्यालयों में अछूत प्रधानाध्यापक नियुक्त किए गए। चूँकि सेना छावनी में प्राथमिक शिक्षा अनिवार्य कर दी गई थी, इसलिए इसका हमारे जीवन पर सापेक्षिक प्रभाव पड़ा। लेकिन ब्रिटिश सरकार ने महार जाति के लिए सेना के दरवाजे बंद करके हमारे साथ विश्वासघात किया है।

मैंने भी महार माता की कोख से जन्म लिया है। गरीबी की दृष्टि से देखा जाए तो ऐसा नहीं है कि मेरे पास आज के गरीब छात्रों से बेहतर सुविधाएँ थीं।

बंबई की डी.डी. चॉल के 10 फीट के कमरे में अपने माता-पिता, भाई-बहनों के साथ रहकर मैंने एक पैसे की राखील (मिट्टी के तेल) में पढ़ाई की है। इतना ही नहीं, बहुत सी मुश्किलों और परेशानियों का सामना करने के बाद अगर मैं यह सब कर पाता तो कोई भी व्यक्ति मेहनत करके बुद्धिमान बन सकता था। जन्म से कोई बुद्धिमान नहीं होता। एक छात्र के रूप में इंग्लैंड में रहते हुए, जो कोर्स 8 साल का होता है, मैंने केवल 2 साल 3 महीने में सफलतापूर्वक पूरा किया है। इसके लिए मुझे 24 घंटे में से 21 घंटे पढ़ाई करनी पड़ी। आज मेरी उम्र 40 साल है, फिर भी मैं 24 घंटे में से 18 घंटे लगातार बैठकर काम करता हूँ। वर्तमान में युवाओं को आधे घंटे तक लगातार बैठने के बाद टपकीर (नस) सूँघनी पड़ती है या सिगरेट पीनी पड़ती है। मुझे इस उम्र में भी कुछ नहीं चाहिए।

सेना की इस नौकरी से हिंदू समाज में क्रांति आ गई, यह कहना गलत नहीं है। जिन महार-चर्मकारों को गाँव में मराठों द्वारा छुआ नहीं जाता था, मराठों ने वंदन या राम-राम न करने को अपना अपमान समझा। उसी सेना के मराठा सैनिक, सेना के महार और चर्मकार सूबेदारों को झुककर नमस्कार करते थे। अगर इन सूबेदारों

ने 'क्यों बे' कहा, तब जवानों में सिर ऊँचा करके देखने की हिम्मत नहीं थी। अछूत जाति के इन लोगों को इतने अधिकार प्राप्त थे, जो देश के किसी प्रांत में नहीं थे। इसमें 10 प्रतिशत लोग साक्षर थे। यह ध्यान देने योग्य है कि शिक्षा का प्रसार केवल पुरुषों में ही नहीं था, बल्कि महिलाएँ भी शिक्षित थीं। कुछ स्त्रियाँ विद्या में इतनी निपुण थीं कि वे पुरुषों की सभा में पुराणों पर टीका-टिप्पणी किया करती थीं।

जब तक शिक्षा जारी रही, तब तक अस्पृश्य वर्ग को बहुत लाभ मिला। उन्होंने इस शिक्षा का इस तरह उपयोग किया कि उन्हें उस पर बहुत गर्व है। ज्ञान के इस प्रसार के कारण अस्पृश्यों के बीच पुस्तकों का संग्रह संख्या की दृष्टि से बहुत अधिक था। यह कथन अतिशयोक्ति नहीं होगा। श्रीधर स्वामी की पुस्तक की हस्तलिखित प्रतियाँ वाहनों में मिल जाएँगी। लेकिन मैंने कई अछूतों के साथ महाराष्ट्र के प्राचीन और महान् कवियों, जैसे—मुकुंदराज, ज्ञानेश्वर और मुक्तेश्वर आदि की हस्तलिखित प्रतियाँ देखी हैं। इतना ही नहीं, मेरा मानना है कि आज भी अछूतों के घरों में कुछ दुर्लभ ग्रंथ मिल सकते हैं।

ज्ञानेश्वर महाराज ने 'पंचीकरण' नामक ग्रंथ की रचना की। यह बहुत कम लोगों को पता है, लेकिन यह पुस्तक मैंने अपने स्मृतिशेष मित्र के घर पर देखी है। "श्री पंगारकरजी, कुछ वर्ष पूर्व यदि किसी के पास राघवचिंतन धन कवि द्वारा लिखित 'ज्ञान-सुधा' नामक पुस्तक हो तो कृपया सुझाव दें।" ऐसा एक विज्ञापन 'केसरी' में प्रकाशित हुआ था। यदि उन्हें इस पुस्तक की हस्तलिखित प्रति नहीं मिली है तो वह प्रति मेरे अस्पृश्य मित्र के संग्रह में मिल सकती है। अस्पृश्य जाति के जो लोग उस समय शिक्षा के मोहताज थे, उन्हें उस समय बहुत कुछ सहना पड़ा होगा और ऐसी पुस्तक एकत्र करने में कितना धन खर्च करना पड़ा होगा, यह भी बहुत विचारणीय है। ज्ञान की यह लालसा उस समय के समाज को गौरवान्वित करती है।

□

12

महाराजा सयाजीराव गायकवाड़ के साथ बैठक

गुरुवर्य केलुस्कर गुरुजी के साथ बंबई के राजमहल में बड़ौदा नरेश सयाजीराव गायकवाड़ से मेरी भेंट उच्च शिक्षा के लिए हुई।

महाराज : आप किस विषय में पढ़ना चाहते हैं?

भीमराव : महाराज, समाजशास्त्र, अर्थशास्त्र और लोक-वित्त में।

महाराज : इन विषयों को पढ़ने के बाद आगे क्या करेंगे?

भीमराव : इन विषयों को पढ़कर मैं अपने समाज की दशा कैसे सुधार सकता हूँ, मैं इसका रास्ता निकालूँगा और उस रास्ते से समाज सुधार का काम करूँगा।

महाराज : लेकिन आप तो हमारा काम करने वाले हैं। फिर आपके लिए पढ़ना, नौकरी करना और समाजसेवा करना कैसे संभव होगा?

भीमराव : यदि महाराज मुझे ऐसा अवसर देंगे तो मैं इन सब कार्यों का आयोजन करूँगा।

महाराज : भीमराव, मैं तुम्हें अमेरिका भेजने की सोच रहा हूँ, क्या तुम जाने के लिए तैयार हो?

भीमराव : जी, महाराज!

महाराज : फिर शिक्षा अधिकारी के पास जाओ और विदेश में पढ़ने के लिए छात्रवृत्ति के लिए आवेदन करो और मुझे बताओ।

बड़ौदा सरकार से छात्रवृत्ति मिलने के बाद मैं अमेरिका चला गया और उच्च शिक्षा प्राप्त की। वहाँ से वापस आने के बाद छात्रवृत्ति के अनुबंध के अनुसार मुझे बड़ौदा रियासत में नौकरी मिल गई, लेकिन मुझे बड़ौदा में रहने के लिए कोई घर

नहीं मिला। हिंदू या मुसलमान कोई जगह देने को तैयार नहीं थे। आखिर मैंने पारसी धर्मशाला में पारसी बनकर रहने का मन बना लिया। आखिरकार, मैंने 'एडलजी सोराबजी' का पारसी नाम अपनाया।

इधर लोगों में यह बात फैल गई थी कि महाराज एक शिक्षित महार युवक को बड़ौदा ले आए हैं। लोगों को शक था कि मैं पारसी बनकर धर्मशाला में चोरी-छिपे रह रहा हूँ। मेरी गोपनीयता का भंडाफोड़ हुआ। पारसियों को पता चला कि मैं धर्मशाला में रहने वाला महार हूँ। अगले दिन मैं लंच करने के बाद ऑफिस के लिए निकल गया। इसी बीच 15-20 पारसी हाथ में लाठियाँ लेकर आए और पूछा, "तुम कौन हो?" मैंने कहा, "मैं हिंदू हूँ।" इस जवाब से वे संतुष्ट नहीं हुए। उस वक्त मेरा दिमाग बहुत तेज सोच रहा था। मैंने निडर होकर उनसे आठ घंटे का समय माँगा। दिन भर दूसरी जगह कोशिश की, लेकिन कहीं जगह नहीं मिली। कई दोस्तों के पास गया, लेकिन उन्होंने कई कारण बताकर मुँह फेर लिया। आखिर मैं इतना परेशान हो गया था कि मुझे कुछ समझ नहीं आ रहा था। अंत में मैं एक पेड़ के पास बैठ गया। मेरी आँखों से आँसू बह निकले। आखिरकार, मुझे बड़ौदा में अपनी नौकरी छोड़कर रात की ट्रेन से बंबई जाने के लिए मजबूर होना पड़ा।

□

13
लॉ कॉलेज में प्रोफेसर

मैं 1918 से 1920 तक बंबई के सिडेनहोम कॉलेज में प्रोफेसर था। मैं लॉ कॉलेज में प्रोफेसर और प्रिंसिपल भी था। 1937 से मैंने छात्रों से अपना नाता तोड़ लिया। परिणामस्वरूप, मैंने प्रोफेसर का पेशा छोड़ दिया और राजनीति में पदार्पण किया। केवल प्रोफेसर या विद्वान् होने से काम नहीं चलेगा, उसे बहुआयामी होना चाहिए। उसकी वाणी शुद्ध होनी चाहिए। उसे स्वयं उत्साही होना चाहिए। उसमें अपने विषय को मनोरंजक ढंग से प्रस्तुत करने का गुण होना चाहिए, तभी विद्यार्थियों में भी उत्साह रहेगा। कुछ गुण उसमें जन्मजात होते हैं, जबकि कुछ गुण अनुभव और अध्ययन से प्राप्त करने पड़ते हैं।

विद्यार्थियों की उत्तर पुस्तिकाओं की जाँच के लिए मैंने स्वयं कुछ नियम बनाए थे। मैंने उत्तर के समग्र सार पर 50 प्रतिशत अंक और शैली पर 50 प्रतिशत अंक रखे थे, जिसमें भाषा लेखन, उत्तर लेखन की शैली आदि शामिल थे। मेरा सिद्धांत प्रत्येक छात्र को उत्तीर्ण करना था। मैं पहले 33 प्रतिशत अंक देता था, लेकिन जब मेरे पास हजारों उत्तर पुस्तिकाएँ जाँच के लिए आईं तो कितने अंक दिए जाएँ, यह तय करता था। ऐसे में पहले मैं पूरी बुकलेट पढ़ता था, फिर अंक देता था। मैं 45 से ज्यादा मार्क्स की कॉपी को गहनता से चेक करता था।

तो फिर हिंदू छात्र को 45 प्रतिशत से ज्यादा अंक नहीं मिले?

मैंने कुछ छात्रों को 60 प्रतिशत अंक दिए हैं, लेकिन ऐसे छात्र बहुत कम हैं। 60 प्रतिशत अंक देते समय मैं गहराई से जाँच करता था।

क्या किसी छात्र को 60 प्रतिशत से अधिक अंक मिले हैं?

जो 60 प्रतिशत से अधिक अंक प्राप्त करने के पात्र हैं, मैंने उन्हें वे अंक दिए हैं। उनके पास वह अधिकार है। ऐसे समय की एक घटना याद आती है। मैंने एक

छात्र को 150 में से 144 अंक दिए। वास्तव में उनकी पुस्तिका इसके लायक थी। उसने बहुत अच्छे और समझदार जवाब दिए। मुझे लगा कि उसे 150 अंक दिए जाने चाहिए, लेकिन 6 अंक कम दिए गए क्योंकि यह गणितीय उत्तर नहीं था। उसके बाद मैंने वह पुस्तिका डिग्री कॉलेज के अधिकारी को भेज दी। उस अधिकारी ने देखा कि दूसरे कॉलेज का छात्र पहले स्थान पर आ रहा है और उस कॉलेज को मेडल मिलेगा। तो उस अधिकारी ने वह पुस्तिका मेरे पास दोबारा जाँच के लिए भेज दी, लेकिन मैंने कोई बदलाव नहीं किया। वह पुस्तिका कई परीक्षकों को भेजी गई थी। किसी ने 144 से कम अंक दिए तो किसी ने 144 से अधिक अंक दिए। अंततः मेरा आकलन मान्य था।

क्या मैंने किसी छात्र को अनुत्तीर्ण किया है?

यह बताना असंभव है कि मैंने किसी छात्र को हानि पहुँचाई है या नहीं।

क्या मैंने किसी छात्र की सिफारिश की है? तब मेरा व्यवहार कैसा था?

एक बार एक अछूत छात्र के अभिभावक को पता चला कि मैं बंबई विश्वविद्यालय का परीक्षक हूँ। तो वह मेरी ओर आया और उस छात्र की सिफारिश करने लगा। उसे लगा कि अछूत होने से मैं उस छात्र की मदद कर पाऊँगा, लेकिन मेरे लिए यह असंभव था। मैं ऐसी सिफारिशों को तिरस्कार की दृष्टि से देखता हूँ। मैंने उनसे कहा, "मैं ऐसा कर सकता हूँ, लेकिन यह मुझे शोभा नहीं देगा। एक शिक्षित अछूत युवा अपने को दूसरे शिक्षित युवक की तुलना में तुच्छ, हीन और छोटा क्यों समझे? मेरी इच्छा है कि अछूत छात्र अपने आपको अन्य छात्रों की तुलना में बेहतर छात्र साबित करे।" मेरा जवाब सुनकर सज्जन चुपचाप चले गए।

□

14

माँ, मैं आ गया हूँ!

डॉ. आंबेडकर सतारा मैदान में रुके। उस स्थान पर रुककर उन्होंने कहा, "माँ, मैं आ गया।" और रोने लगे। कुछ देर बाद उन्होंने पास खड़े अपने मित्र दत्तोबा पवार से कहा, "यहाँ मेरी माँ की अस्थियाँ हैं। माँ ने हम भाई–बहनों के लिए बहुत कुछ सहा है। उस तरफ जो जर्जर मकान दिख रहा है, उस मकान में हम कुछ दिन रहे हैं। मेरी माँ और भाई काम करते थे। बचपन के दिनों में मैं जंगल में खूब खेलता था। आज मेरे माता–पिता मुझे देखने के लिए जीवित नहीं हैं, यह मेरे लिए बहुत दुःख की बात है।"

□

15

शिक्षा की जीवंतता

रमाबाई : आपको 450 रुपए की नौकरी मिल गई है। वह अपने लिए काफी है। आगे की पढ़ाई के लिए अनुरोध छोड़ दें। आप घर-गृहस्थी पर ध्यान दें, अच्छा रहेगा।

डॉ. आंबेडकर : यदि तुम मेरी पढ़ाई में बाधा डालने लगीं तो मैं दूसरी शादी कर लूँगा। तुम जैसी अनपढ़ महिला को शिक्षा का महत्त्व कैसे पता चलेगा?

रमाबाई : जाओ, जितनी मरजी शादियाँ करो, लेकिन मैं अपने घर में किसी को कदम नहीं रखने दूँगी।

डॉ. आंबेडकर और रमाबाई दोनों हँसने लगे।

रमा, हमारे समुदाय के बच्चे अपने माता-पिता को छोड़कर छात्रावास में रहते हैं। उन्हें वहाँ मीठे व्यंजन मिलते हैं, लेकिन मटन नहीं मिलता। तो श्राद्ध में मटन का भोजन कराएँगे। अगर तुम खाना नहीं बनाओगी तो मैं बच्चों को होटल में ले जाकर खिलाऊँगा।

मेरी पूरन रोटी की इच्छा थी, लेकिन पति के हठ से हारकर 50-60 बच्चों को मटन खिलाया।

☐

16

पारिवारिक पत्र

नमस्कार प्रिय रामू,

तुम्हारा पत्र मिला। गंगाधर बीमार हैं, यह पढ़कर बहुत दुःख हुआ। सबकुछ समय की बात है। चिंता करने से कोई लाभ नहीं होगा।

तुम्हारी पढ़ाई अच्छी चल रही है, बड़े हर्ष की बात है। मैं यहाँ तंगी में हूँ। तुम्हें भेजने के लिए कुछ भी नहीं है, फिर भी मैं तुम्हारे लिए व्यवस्था में लगा हूँ। इसमें समय लग रहा है। पैसे खत्म हो गए तो फिर गहने बेच दो। जब मैं आऊँगा तो तुम्हारे गहने बनवा दूँगा।

यशवंत और मुकुंद की पढ़ाई कैसी चल रही है? पत्र में कुछ नहीं लिखा है। मेरा स्वास्थ्य ठीक है, चिंता मत करो। मेरी पढ़ाई अभी जारी है। मैं जून तक नहीं आ पाऊँगा। इसके बारे में आगे बताऊँगा।

सखू और मंजुला के बारे में कोई खबर नहीं है। जब पैसे मिल जाएँ तो मंजुला और लक्ष्मी की माँ के लिए एक-एक साड़ी खरीद लेना। शंकर की खबर क्या है? गजरा कैसी है?

सबका भला हो,

भीमराव

□

17

डॉ. आंबेडकर का बड़प्पन

लंदन में डॉ. आंबेडकर को डी.एस.सी. की उपाधि से सम्मानित किया जाने वाला था। इसी सिलसिले में बंबई में उनका अभिनंदन समारोह आयोजित किया गया था। समारोह के हैंडबिल तैयार किए गए, जिनमें लिखा था, 'सर, विलायत से डी.एस.सी. की उपाधि के साथ आने वाले हैं।'

डॉ. आंबेडकर ने उस हैंडबिल को देखा और गुस्से में लोगों से कहा कि मुझे अभी तक टाइटल नहीं मिला है, टाइटल का नतीजा 2-3 महीने बाद आएगा। बिना तथ्यों को जाने आपने जो काम हाथ में लिया है, वह उचित नहीं है। दरअसल, पहले मुझसे अपनी सहमति लेनी चाहिए थी। आपने मेरी सहमति के बिना बैठक आयोजित की है और पर्चियाँ भी निकाली हैं। लोगों को क्या संदेश जाएगा? वे सोचेंगे कि मैंने तुमसे यह सब करने को कहा है। मैं सर्टिफिकेट पाने के लिए बेताब हूँ। उच्च वर्ग के लोग भी कहेंगे कि "देखो, महार इंग्लैंड गए हैं, वहाँ से उच्च शिक्षा लेकर आए हैं और अपनों से आरती करवा रहे हैं!"

मैंने शिक्षा ग्रहण की है। इसका मतलब यह नहीं है कि मैंने बहुत बड़ा गौरव प्राप्त किया है। समाज से सम्मान-पत्र प्राप्त करने के लिए मेरे हाथों से समाज के लिए क्या कार्य किया गया है? मैं जब भी समाज के लिए कोई ठोस काम करूँगा, फिर आप मुझे सम्मान-पत्र दें। मैं इसे सहर्ष स्वीकार करूँगा। वर्तमान में मैं इस उद्धरण को स्वीकार करने में असमर्थ हूँ।

□

18

पति-पत्नी के बीच संवाद

डॉ. बाबासाहेब आंबेडकर को केस जीतने पर फीस मिली थी। उन्होंने घर आकर वह रकम रमाबाई के सामने रख दी और कहा, "लो यह पैसे! मैं संसार की ओर नहीं देखता, मैं अपनी पत्नी की ओर नहीं देखता। तुम हमेशा मेरा नाम जपती रहती हो। यह राशि कितनी है, इसे गिनो और बताओ।"

रमाबाई ने बीस रुपए की ग्यारह गड्डी बनाई और बोलीं, "ये ग्यारह हैं।"

बाबासाहेब थोड़ा नाराज हुए और बोले, "कुल कितने पैसे हैं?"

रमाबाई ने हँसकर कहा, "कितने हैं? आप यह जानते हैं। आप हजारों रुपए गिनते हैं, लेकिन मुझे गिनना नहीं आता। क्या मैं एक शिक्षित महिला हूँ?"

दोनों हँसने लगे।

उसके बाद बाबासाहेब ने कहा, "तुम ऐसे ही अनपढ़ हो तो ठीक है, नहीं तो तुम मुझे बहुत हैरान करतीं!"

□

19
पुस्तकें और घर

(डॉ. बाबासाहेब आंबेडकर ने 500 रुपए में 'लॉस ऑफ इंग्लैंड' पुस्तक के पाँच भाग खरीदे और घर पर ही मन लगाकर पढ़ने लगे।)

रमाबाई ने भोजन परोसा। साहब पढ़ने में मग्न थे। यह देखकर रमाबाई ने 6-7 बार भोजन के लिए टोका।

बाबासाहेब : यह तुम्हारी क्या रट है? मैंने ये पुस्तकें 500 रुपए में खरीदी हैं। मुझे इस पृष्ठ को पढ़ने दो, फिर मैं खाऊँगा।

"क्या उस पन्ने पर लिखा है कि पति को अपनी पत्नी, बच्चों और गृहस्थी पर ध्यान देना चाहिए? इतना बताओ, फिर भोजन करो।" साहब मुसकराए और फिर खाने लगे।

"तुम हमेशा कहती हो कि मैं दुनिया को तवज्जो नहीं देता। तो मुझे क्या करना चाहिए?"

"घर में सब्जी, तेल, नमक का उपयोग किया जाता है। पति को उधर ध्यान देना चाहिए। बच्चों को प्यार से स्वीकार करना चाहिए। पत्नी से चार शब्द बोलने चाहिए। आपकी पुस्तकें और आप आते हैं और जाते हैं! पुस्तकों के लिए 500 रुपए खर्च करने की क्या जरूरत थी? कुछ ही दिनों में आपके घर कोई नया मेहमान (संतान) आने वाला है। क्या यह कल्पना है?"

दूसरे दिन बाबासाहेब छह-सात बोरियों में सब्जियाँ और 100-125 सूखी मछली (बॉम्बिल) लेकर आए। यह देखकर रमाबाई बोलीं, "देवाजी, यह सब्जी तो कल-परसों में सूख जाएगी। आज ही हम इसे पूरी नहीं पका सकते।"

□

20

राजरत्न का देहावसान

प्रिय दत्तोबा,

आज अचानक आपका पत्र प्राप्त हुआ। शिवतरकर ने बहुत दिनों के बाद मेरे बेटे की मृत्यु के बारे में लिखा था, लेकिन आपकी तरफ से कोई जवाब नहीं आया। मुझे लगा कि आपने मेरे बारे में सोचना बंद कर दिया है, लेकिन ऐसा कुछ नहीं है। आपने मुझे मेरे दुःख और दर्द में जो दिलासा दिया है, वह इस बात का गवाह है कि ज्योति अभी बुझी नहीं है।

यह कहना कोरा पाखंड होगा कि बेटे की मौत से मुझे और मेरी पत्नी को जो सदमा लगा है, हम उससे बाहर आ जाएँगे। अब तक मैंने तीन बेटे और एक बेटी, ऐसे चार प्यारे बच्चों को समाधि दी है। उनकी याद आती है तो मन उदास हो जाता है। अगर वे जीवित होते तो उनकी दुनिया कुछ और होती। हमने जो कल्पना की थी, वह नष्ट हो गई है। हमारे जीवन में दुःख के बादल बह रहे हैं। बच्चों की मौत से हमारा जीवन अब बेस्वाद हो गया है, जब जीवन में स्वाद लाने वाला नमक खत्म हो गया है। बाइबल में कहा गया है—"तुम धरती के नमक हो। यदि नमक का स्वाद ही खो गया तो खारापन कहाँ से आएगा?"

मेरे खाली जीवन में इन शब्दों की सच्चाई दिखाई देती है। मेरा आखिरी बेटा असामान्य था। मैंने उसके जैसा बच्चा शायद ही देखा हो। उसके जाने के बाद मेरा जीवन एक वीरान बगीचे जैसा हो गया है। इस दुःख की घड़ी में इससे ज्यादा लिखना संभव नहीं है।

आपका उदास दोस्त

बी.आर. आंबेडकर

□

21
महाड़ के चावदार जलाशय का जल-सत्याग्रह

कोलाबा जिला बहिष्कृत परिषद्

प्रथम अधिवेशन—महाड़

19–20 मार्च, 1927

इस परिषद् का आयोजन महाड़ में शनिवार 19 मार्च व रविवार 20 मार्च को किया गया था। परिषद् में तीन हजार से अधिक अछूत लोगों ने भाग लिया था, जिसमें गंगाधर नीलकंठ सहस्रबुद्धे, अनंत विनायक चित्रे, सीताराम नामदेव शिवतरकर, बलराम आंबेडकर, पांडुरंग राजभोज, शांताराम उपशाम, मोरे, रामचंद्र शिंदे, धोंडीराम गायकवाड़, शिवराम जाधव आदि मौजूद रहे।

19 मार्च, 1927 को शाम 5 बजे कारवाई शुरू हुई। प्रारंभ में परिषद् के स्वागत प्रमुख संभाजी तुकाराम गायकवाड़ ने अतिथियों का स्वागत किया तथा परिषद् का परिचय रखा। सूचना एवं नियमानुसार अनुमोदन प्राप्त करने के पश्चात् परिषद् के अध्यक्ष डॉ. भीमराव रामजी आंबेडकर, एम.ए., पी-एच.डी.; डी.एस. सी.; बार एट लॉ ने भाषण की शुरुआत की—

सज्जनो, आज आपने मुझे जो सम्मान दिया है, उसके लिए मैं आपका आभारी हूँ। मुझसे इस परिषद् की अध्यक्षता स्वीकार करने का अनुरोध किया गया था। जैसा कि मेरा स्वभाव है, मैं पद छोड़ने के पक्ष में था, लेकिन मैं इससे बच नहीं सका। क्योंकि अगर मैंने ऐसा किया होता तो यहाँ मौजूद लोग काफी नाराज होते तो मैंने बिना किसी हिचकिचाहट के इस जिम्मेदारी को स्वीकार किया और आज मैं आपके सामने खड़ा हूँ।

मैं आज यहाँ आकर बहुत खुश हूँ। किसी को अपने जन्मस्थान के प्रति अभिमान न हो तो भी प्रेम अवश्य होता है। मेरे पिता को पेंशन मिलने के बाद वे स्थायी रूप से रहने के लिए दापोली आ गए। मेरी पढ़ाई दापोली के स्कूल से ही शुरू हुई थी। पाँच साल से कल तक मेरा जीवन पहाड़ी अंचल में बीता। आज पच्चीस साल बाद मैं पहाड़ से नीचे आया हूँ। प्राकृतिक सौंदर्य की दृष्टि से यह क्षेत्र अत्यंत समृद्ध है। इस अवस्था में आकर मैं क्या, कोई भी सुखी होगा। यहाँ आकर मेरी खुशी दोगुनी हो गई है, लेकिन आज इस मौके पर मुझे दुःख भी हो रहा है और खुशी भी हो रही है। मुझे ऐसा कहने में कोई हिचकिचाहट नहीं है। एक समय था, जब इस क्षेत्र के लोग बहुत प्रगतिशील थे। ऐसा कहना अतिशयोक्ति नहीं होगी। उस समय यह क्षेत्र अछूत जाति के अधिकारियों से भरा हुआ था। कुछ सफेदपोश लोगों को छोड़कर अछूत समुदाय शिक्षा के क्षेत्र में दूसरों की तुलना में बहुत आगे बढ़ चुका था।

अस्पृश्य समाज जिस प्रगति के पथ पर था, उसका मुख्य कारण सेना में उनका रोजगार था। भारत में अंग्रेजों के आने से पहले अछूतों का जीवन नरक के समान था, अस्पृश्यता अपने चरम पर थी। अस्पृश्यों की छाया सवर्णों पर न पड़ जाए, इसलिए उन्हें दूर-दूर का भ्रमण करना पड़ता था। थूकने से सड़क दूषित हो जाती थी, इसलिए गले में मटका लटकाना पड़ता था। अछूतों को अपनी पहचान बताने के लिए अपनी कलाई पर काला धागा बाँधना पड़ता था।

अंग्रेजों ने जब इस देश की धरती पर कदम रखा तो इस राज्य के अछूतों को सिर ऊँचा करके देखने का मौका मिला। मौके का फायदा उठाकर इस क्षेत्र के लोगों ने अपनी वीरता, कुशाग्रता और बुद्धिमत्ता का लोहा मनवाया। अगर किसी को इसका सबूत चाहिए तो उसे सेना के रजिस्टरों को पढ़ना चाहिए। इस राज्य से अस्पृश्य वर्ग से अनेक सूबेदार, जमादार और हवलदार आए। कई सामान्य स्कूल से पास होने के बाद प्रधानाध्यापक बन गए। कइयों ने एकाउंट क्लर्क व क्वार्टर मास्टर, क्लर्क बनकर अपनी जिम्मेदारी साबित की। यदि मैं ऐसा ही कहता चला जाऊँगा तो मेरी वाणी आवश्यकता से अधिक लंबी हो जाएगी। जो कुछ मैंने तुमसे कहा है, अभी के लिए उसे पर्याप्त समझो।

जिस अछूत वर्ग को एक समय तक केवल समाज का सेवक समझा जाता था, वही अस्पृश्य वर्ग सेना में सेवा के कारण सशक्त हुआ और दूसरे समाज पर अपना वर्चस्व स्थापित किया। सेना की नौकरी के फलस्वरूप हिंदू सामाजिक ढाँचे में एक अभूतपूर्व क्रांति हुई, इसमें कोई संदेह नहीं। जिन महारों और चमारों को

गाँव में मराठों ने छुआ तक नहीं था, जिनको अछूत राम-राम या वंदन नहीं करते थे, मराठों ने इसे अपना अपमान समझा; उन्हीं मराठों ने हवलदार महार या सूबेदार चमार को झुककर प्रणाम किया। अगर वह 'क्यों बे' कहता तो भी किसी की आँख उठाने की हिम्मत नहीं होती।

देश के अन्य राज्यों में अछूत वर्ग को इतना बड़ा अधिकार नहीं मिल सका, लेकिन इस राज्य के अछूतों ने अपना रुतबा बढ़ाया। यही नहीं, उन्होंने शिक्षा के क्षेत्र में आश्चर्यजनक प्रगति की।

अछूत समाज में 90 प्रतिशत लोग साक्षर थे, इतना ही नहीं, 50 प्रतिशत लोग उच्च शिक्षित थे। गौरतलब है कि शिक्षा का प्रसार पुरुषों में ही नहीं, बल्कि स्त्रियों में भी था। कुछ महिलाओं ने शिक्षा में इतनी दक्षता प्राप्त कर ली थी कि वे सभाओं में पांडित्य से पुराणों (धार्मिक ग्रंथों) पर टीका-टिप्पणी करती थीं। शिक्षा के क्षेत्र में हुई प्रगति का श्रेय उन्हें सेना में मिली नौकरी को जाता है।

जो लोग इतनी तरक्की कर चुके थे, उनका आज पतन क्यों हो रहा है? सतही तौर पर देखा जाए तो इस क्षेत्र में अस्पृश्यों की स्थिति बहुत ही गंभीर हो गई है। ऐसी गरीबी, अशिक्षा और मूर्खता अन्य राज्यों के अस्पृश्यों में नहीं पाई जाती। इस राज्य के अछूत ऐसे कैसे हो गए? यह एक गूढ़ प्रश्न है। इसका एक ही उत्तर दिया जाता है कि यह आपदा इसलिए हुई, क्योंकि ब्रिटिश सरकार ने अछूतों की सेना में भरती पर रोक लगा दी है। इस कथन में बहुत सच्चाई है, इसमें कोई संदेह नहीं है।

किसी भी व्यक्ति को राजनीतिक, नैतिक या आर्थिक दृष्टि से सरकारी नौकरी से प्रतिबंधित करना अन्याय है। अछूत समुदाय के लोगों को सेना की नौकरी से रोकना न केवल पक्षपात का प्रतीक है, बल्कि यह विश्वासघात और देशद्रोह का भी प्रतीक है, ऐसा कहा जाएगा।

अस्पृश्यों की सहायता के बिना ब्रिटिश सरकार इस देश में प्रवेश भी नहीं कर सकती थी। अंग्रेजों द्वारा मराठा साम्राज्य को कैसे नष्ट किया गया, इसके इतिहासकार कई कारण बताते हैं। कुछ कहते हैं, मराठा साम्राज्य में जातिगत भेदभाव अधिक बढ़ गया था। कोई कहता है, मराठे आपस में लड़ रहे थे। पर यह सच नहीं है। मेरे विचार से यदि मराठे जातिगत भेद और आपसी लड़ाई-झगड़े से कमजोर हो गए थे तो क्या अंग्रेज इतने सक्षम थे? सच तो यह है कि जिस समय अंग्रेजों ने देश पर अपना आधिपत्य स्थापित कर लिया था, उस समय नेपोलियन ने इंग्लैंड को चकित कर दिया था। स्थिति इतनी गंभीर हो गई थी कि ब्रिटिश सरकार भारत पर शासन करने वाली ईस्ट इंडिया कंपनी को वित्तीय सहायता देने की स्थिति

में नहीं थी; इसके विपरीत नेपोलियन के चंगुल से छूटने के लिए ब्रिटिश सरकार ने ईस्ट इंडिया कंपनी से आर्थिक और सैन्य सहायता माँगी थी।

भारत में अंग्रेजों की इतनी कमजोर स्थिति होने के बावजूद उन्होंने इस देश पर अपना वर्चस्व कैसे स्थापित किया? इसका उत्तर यह नहीं हो सकता कि मराठे आपसी कलह के शिकार थे। मेरे विचार से इसका वास्तविक उत्तर कुछ और ही है। यदि अंग्रेजों ने यह सेना तैयार न की होती तो उन्हें इस देश पर शासन करने का अवसर कभी नहीं मिलता। इसलिए मैं दयालु और न्यायप्रिय ब्रिटिश सरकार से अनुरोध करता हूँ कि वह स्वयं से यह प्रश्न करे कि उस समय सेना के निर्माण में उनकी सहायता किसने की थी? उन्हें अपनी सेना का पुराना रिकॉर्ड जरूर देखना चाहिए। तब उन्हें पता चलेगा कि उस समय सेना में केवल अछूत ही भरती होते थे। इनके अलावा सेना में और कोई नहीं था। इससे स्पष्ट है कि यदि अछूतों की शक्ति अंग्रेजों के पीछे न होती तो वे कभी भी इस देश के शासक नहीं बन सकते थे।

अंग्रेज कितने अवसरवादी हैं, इसका एक और उदाहरण दिया जा सकता है। 1914 में जब प्रथम विश्वयुद्ध शुरू हुआ, तब ब्रिटिश सरकार को हमारी याद आई। हमारे अछूत भाइयों में भी सेना में भरती होने का बड़ा उत्साह है। सेना में भरती के लिए सरकार को एक पलटन की जरूरत थी, लेकिन यहाँ दो पलटन के लोग स्वेच्छा से तैयार हो गए। सरकार ने अछूतों पर लगाई गई सैन्य भरती पर प्रतिबंध हटा दिया, जिसका सभी ने आनंद लिया। इस राज्य के अछूतों को लगने लगा था कि अच्छे दिन फिर से आने वाले हैं, लेकिन युद्ध समाप्त हो गया, कमखर्ची के नाम पर पलटन को फिर से बरखास्त कर दिया गया। सरकार के इस तुगलकी व्यवहार को क्या कहा जा सकता है?

सज्जनो, मेरी राय है कि हम सरकार के प्रति मित्रवत् रहते हैं, क्या यह इसलिए तो नहीं है कि सरकार हमारी उपेक्षा करती है? सरकार ने हमें जो दिया है, वही लेना; सरकार ने जो कहा है, वही करना; जैसा कहा है, वैसा ही रहना; हमारा स्वभाव गुलामों जैसा हो गया है। सरकार द्वारा हमारी उपेक्षा का यह मुख्य कारण है। अपने साथ हुए अन्याय को हम चुपचाप सहते हैं, पर प्रतिकार करने के लिए हमारा हाथ नहीं उठता। आसमान भी हम पर गिरे तो हम उसे नियति मानकर चुपचाप सह लेंगे। हम जितनी जल्दी इस प्रवृत्ति को त्याग दें, उतना ही हमारे हित में होगा। इसलिए मैं आपको बताना चाहता हूँ कि जितनी जल्दी हो सके, हमें फौजी भरती खुलवाने की कोशिश करते रहना चाहिए।

लेकिन मैं आपके सामने एक सवाल रखना चाहता हूँ। क्या सेना में भरती शुरू

होने पर हमारी सारी परेशानियाँ अपने आप खत्म हो जाएँगी? दरअसल हमारे बहुत से लोग सोचते हैं कि एक बार सेना में भरती शुरू हो गई तो फिर हमारे पास करने को कुछ नहीं बचता। मुझे इस बात का एहसास है कि यह सच नहीं है। यह निश्चित है कि सभी लोगों को सेना में भरती करना असंभव है। जब दूसरे वर्ग के लोग सेना में भरती होने के लिए बिल्कुल भी तैयार नहीं थे, उस समय हमारे लोगों के लिए अवसर बहुत थे, लेकिन आज स्थिति ऐसी नहीं है। अब हमें भी वही मिलेगा, जो औरों को मिलेगा। अब इससे ज्यादा की उम्मीद करना बेमानी है। वास्तव में हमारी प्रगति के लिए सेना के अलावा और क्या किया जा सकता है, हमें इस बारे में सोचना चाहिए।

अस्पृश्य समाज में व्यवसाय करने वाले बहुत कम लोग हैं। चमार धंधा करते हैं, लेकिन अब ये धंधा भी छोड़ रहे हैं। देखा जाए तो हमारे बीच बहुसंख्यक लोग बिना उद्योग और व्यवसाय के हैं। इस देश में किसी एक व्यवसाय पर जाति विशेष का एकाधिकार है। अगर हम कहें कि आप वह बिजनेस करें तो यह कहना भी बेमानी होगी। जो लोग कुछ करना चाहते हैं, उन्हें ऐसा व्यवसाय चुनना चाहिए, जो सभी जातियों के लिए खुला हो। मैं दो ही प्रोफेशन देखता हूँ, जिसमें एक नौकरी और दूसरा खेती।

उच्च जाति के लोगों को ऐसा उपदेश पसंद नहीं है कि अछूतों को नौकरी करनी चाहिए। यह मुझे अच्छी तरह पता है। उन्हें लगता है कि अछूतों को बढ़ई, लोहार आदि का काम करना चाहिए, लेकिन उन्हें कोई अच्छी नौकरी नहीं करनी चाहिए। उनकी यह सलाह हमारे लिए फायदेमंद नहीं है। यह मैं आपको साफ शब्दों में बताना चाहता हूँ। मेरा मानना है कि अछूत समाज के सुधार के लिए दो चीजें बहुत जरूरी हैं। सबसे पहली बात तो यह कि मन पर अपना अधिकार बना चुके बुरे विचारों से छुटकारा पाना बहुत जरूरी है।

जब तक विचार, वाणी और आचरण में पवित्रता नहीं होगी, तब तक अस्पृश्य समाज में जागृति और उन्नति का बीज नहीं बोया जा सकेगा। वर्तमान स्थिति में हमारे पथरीले मन पर एक नए पौधे का पनपना मुश्किल है। हमें सभ्य होने के लिए नौकरी की आवश्यकता है। एक और कारण है कि क्यों अछूतों को नौकरी करनी चाहिए। सरकार जो सोचेगी, उसी के अनुसार अमल किया जाएगा, लेकिन यह नहीं भूलना चाहिए कि सरकार जो भी करना चाहेगी, वह उसके कर्मचारियों द्वारा ही किया जाएगा। सरकार की राय का अर्थ है उसके कर्मचारियों की राय। इससे इतना स्पष्ट हो जाता है कि यदि हमें सरकार से ही अपना हित प्राप्त करना है तो हमें

नौकरी प्राप्त करनी ही होगी। दूसरे, जो उपेक्षा आज हमारी हो रही है, वह हमेशा वैसी ही रहेगी।

यदि हमें अपना कल्याण करना है तो अछूत समुदाय को अधिक-से-अधिक सरकारी नौकरी मिलनी चाहिए। इन नौकरियों से ही हमारी तरक्की संभव होगी। इस बात के महत्त्व को मुसलिम और मराठा समुदाय अच्छी तरह से समझ चुका है और इस दिशा में उनका प्रयास जारी है। हमें भी समय रहते जागना चाहिए और अधिक-से-अधिक रोजगार पाने का प्रयास करना चाहिए। ब्राह्मण इसकी निंदा करते हैं और कहते हैं कि सरकारी नौकरी बेकार है, लेकिन उनके बयान में कोई सच्चाई नहीं है। इस राज्य में सरकारी नौकरियों का अधिकार ब्राह्मणों के हाथ में है। अगर ऐसा नहीं होता तो यहाँ के ब्राह्मण दूसरे राज्यों की तरह रसोइए होते। यदि यहाँ के ब्राह्मणों का वर्चस्व पुराणों पर आधारित होता तो यह कब का ढह गया होता, लेकिन उन्हें सरकारी नौकरी मिली है, इसलिए उनका आधार मजबूत है। ब्राह्मणों ने सरकारी नौकरी की चाहत नहीं छोड़ी, इसके विपरीत, वे इससे बहुत जुड़े हुए हैं। इसलिए आप लोगों को ब्राह्मणों के असत्य और असत्यापित कथनों के जाल में नहीं फँसना चाहिए।

सज्जनो, इस मोड़ पर मुझे एक दुःखद तथ्य याद आता है। मैं पहले ही बता चुका हूँ कि एक समय यह क्षेत्र सेना के सूबेदारों से भरा हुआ था। इन लोगों ने बहुत अच्छी बातें कीं, परंतु एक काम न कर सके। अगर उन्होंने वह काम किया होता तो आज वह काम आता। खास बात यह है कि उन्होंने अपने बच्चों को शिक्षित नहीं किया। ये लोग गरीब नहीं थे। उन दिनों उन्हें अच्छी-खासी पेंशन मिलती थी। यदि उस समय शिक्षा की बात उनके मन में आती तो वे अपने बच्चों को बी.ए., एम.ए. तक पढ़ा सकते थे, इसका परिणाम क्या होता ? आप यह भी सोच सकते हैं। ये पढ़े-लिखे बच्चे आज तहसीलदार, कलैक्टर और मजिस्ट्रेट बन जाते और यह अछूत समाज इस गड्ढे में न पड़ा होता। हम उनकी छत्रच्छाया में विकसित होते। लेकिन ऐसा न कर पाने के कारण आज हम धूप में सूखकर काँटा हुए जा रहे हैं।

मेरा दृढ़ विश्वास है कि इस तरह के प्रयास किए बिना हमारा विकास संभव नहीं है। सरकारी नौकरी मिलने से ही हमारा विकास संभव होगा। इसलिए मैं आप सभी को सूचित करता हूँ कि आप अपने बच्चों को उच्च शिक्षा प्रदान करें। एक लड़के के बी.ए. होने से अस्पृश्य समाज को जितना समर्थन मिलेगा, उतना तो 1000 लड़कों के चौथी कक्षा पास करने से भी नहीं होगा।

मैं यह कभी नहीं कहूँगा कि प्राथमिक शिक्षा की उपेक्षा की जानी चाहिए।

मेरा कहना है कि उच्च शिक्षा प्राप्त करने वाले बच्चों को जल्द-से-जल्द उच्च नौकरियों में लगना चाहिए इसलिए इस इलाके में हमारे लड़कों के लिए हॉस्टल होना बहुत जरूरी है। ठाणे और कोलाबा जिले के छात्रों की सुविधा के लिए मेरा इरादा पनवेल में एक छात्रावास शुरू करने का है। मेरी कामना है कि आप सभी इस कार्य में आर्थिक सहयोग करेंगे।

दूसरा व्यवसाय जो मैंने आपको सुझाया है, वह है खेती। इस व्यवसाय का सुझाव देने से मेरा तात्पर्य यह है कि हमारा अस्पृश्य समाज स्वतंत्र रूप से अपना जीवनयापन करे। आज के अस्पृश्य समाज में जितनी भी जातियाँ मौजूद हैं, महार जाति की स्थिति भिखारियों जैसी है। मुझे यह कहने में कोई झिझक नहीं है। इस जाति को प्रतिदिन घर-घर जाकर भीख माँगकर बासी भोजन करने और उसी पर जीवनयापन करने की आदत पड़ गई है। इस वजह से गाँव में जाति का कोई सम्मान नहीं है। इस प्रथा के फलस्वरूप उनका स्वाभिमान नष्ट हो गया है। कुछ भी कहो, उसे जूतों के पास बैठने दो, लेकिन रोटी के टुकड़े दो···यही इस जाति का चलन हो गया है।

इस प्रथा के कारण इस जाति के लिए स्वतंत्र रूप से अपनी प्रगति का स्रोत खोजना कठिन है। अगर वे आज मंदिर में प्रवेश करने का प्रयास करेंगे तो उन्हें गाँव से बासी रोटियाँ भी मिलनी बंद हो जाएँगी, इसलिए नकली और बासी रोटी के लिए अपनी इनसानियत को बेचना बड़े शर्म की बात है। क्या खेती करना रोटी के टुकड़े माँगने से ज्यादा मुश्किल काम है? अस्पृश्यों के लिए कृषि भूमि खरीदना मुश्किल हो सकता है, लेकिन वन विभाग के पास बहुत सी परती जमीन है। यदि अस्पृश्य उस भूमि की माँग करते हैं तो उनके लिए भूमि प्राप्त करना कठिन नहीं होगा।

लेकिन यह सब कैसे संभव होगा? मेरा मानना है कि जब तक हमें खाने के लिए रोटियाँ मिलती रहेंगी, तब तक हमारी हालत वैसी ही रहेगी, जब तक पुराना रास्ता चलता रहेगा, कोई भी नए रास्ते से नहीं जाएगा। पुराने रास्ते के कारण आज हम मनुष्यता से कोसों दूर हो गए हैं। आखिर कब तक ऐसे ही चलता रहेगा? आपको इस बारे में जरूर सोचना चाहिए।

सज्जनो, नए सुधारों को करते समय पुरानी वंश-परंपरा का आह्वान किया जाता है। नई चीज अच्छी हो तो पुराने की तारीफ···कितनी भी बुरी हो, क्या सही है? इसका तात्पर्य यह है कि यदि पूर्वजों ने अज्ञानता में कोई परंपरा स्थापित की है तो उनके वंशज कितने दिनों तक उस गलत परंपरा को कायम रखेंगे? हर समय पुराना ही सोना होता है, इस रट से चिपके रहने से कोई नया सुधार नहीं होगा।

क्या हर माता–पिता नहीं चाहते कि उनके बच्चों की स्थिति उनसे बेहतर हो? जिन माता–पिता में यह इच्छा नहीं होती···तो ऐसे माता–पिता और पशु–पक्षी के जोड़े में क्या अंतर रह जाता है? जो कुछ मैं कह रहा हूँ, उस पर तुम्हें ध्यान देना चाहिए, अपने लिए नहीं, बल्कि अपने बच्चों के लिए। आज हमें जो रोटी मिल रही है, वह काफी है, ज्यादा के लिए परेशान क्यों हों? आधी रोटी छोड़कर पूरी के पीछे कौन भागें? आप लोग ऐसा प्रश्न अवश्य पूछेंगे। लेकिन मैं आप लोगों को आगाह करना चाहता हूँ कि अगर आप मेरे बताए रास्ते पर नहीं चलेंगे तो आपको आज की बासी रोटी भी नहीं मिल पाएगी।

मैंने यह बात आप लोगों के सामने ही कही है, ऐसा नहीं है। मुझे जहाँ भी बोलने का अवसर मिला है, मैंने वहाँ ही यही विचार व्यक्त किए हैं। महत्त्वपूर्ण बात यह है कि आप सभी जागरण का कार्य उत्साह के साथ करें। जब से इस राज्य के लोगों की सेना में भरती बंद हुई है, तभी से इस राज्य के लोगों की मौत हो चुकी है। सारी गतिविधियाँ ठप पड़ी हैं। लंबे अंतराल के बाद इस परिषद् का आयोजन हो रहा है। जागरण की लौ कभी बुझनी नहीं चाहिए। इस काम के लिए कुछ स्थानीय नेताओं की जरूरत होगी। मार्गदर्शन के बिना कोई भी कार्य कठिन लगता है। यहाँ के सभी पेंशनभोगी इस ओर अवश्य ध्यान दें, यह उनका कर्तव्य है। वे सामाजिक उत्थान, आत्म उत्थान के इस महान् कार्य का नेतृत्व करें···ऐसी आशा व्यक्त करते हुए मैं अपने भाषण को विराम देता हूँ।

□

22

महाड़ सत्याग्रह परिषद्

यह परिषद् 25, 26, 27 दिसंबर, 1927 को महाड़ में हुई थी। परिषद् की पूर्व तैयारी अनंत विनायक चित्रे ने की थी। वे महाड़ सत्याग्रह के प्रमुख नायक थे। इस परिषद् की सफलता का श्रेय चित्रे को जाता है। वे इस कार्यक्रम के लिए पंद्रह दिन पहले ही महाड़ पहुँच गए थे।

कुछ युवकों को छोड़कर महाड़ के सभी उच्च जाति के लोग इस सत्याग्रह के खिलाफ थे। इन्होंने ऐसा षड्यंत्र रचा था कि परिषद् के सदस्यों को किसी प्रकार की सामग्री न मिल पाए और परिषद् के कार्य में अस्त-व्यस्त हो जाएँ।

ऐसे में परिषद् के आयोजकों ने कायस्थ जाति के कुछ युवकों के सहयोग से परिषद् को सफल बनाने का संकल्प लिया। उन्हें शांताराम पोटनिस, केशवराव देशपांडे, वामनराव पतकी, कमलाकर टिपणीस आदि लोगों से काफी मदद मिली। इसमें वामनराव पतकी का भरपूर सहयोग मिला। अगर उनकी मदद नहीं मिली होती तो परिषद् को जरूरत की सामग्री नहीं मिल पाती। महाड़ की प्रतिकूल स्थिति के कारण प्रत्येक वस्तु खरीदनी पड़ती थी, जिससे परिषद् महँगी हो जाती थी। ऐसी स्थिति में भी परिषद् में चित्रे और पतकी ने बेहतरीन व्यवस्था की, जिसके लिए वे धन्यवाद के पात्र हैं।

उनका समर्थन करने के लिए पुणे से सूबेदार घाटगे, भानगर से थोराट और भांगरकर जमादार 24 दिसंबर को महाड़ आए। सूबेदार घाटगे को उपस्थित प्रतिनिधियों को अनुशासन में रखने और विशाल सभा के भोजन की अच्छी व्यवस्था करने का काम सौंपा गया था। दूसरी ओर, महाड़ के उच्च जाति के लोगों ने अछूतों को चावदार तालाब में जाने से रोकने के लिए डॉ. आंबेडकर और चार अछूतों के खिलाफ अदालत में मुकदमा दायर किया था। वैसे बैठक की महत्ता को देखते हुए

कलैक्टर, पुलिस अधीक्षक सहित अन्य अधिकारी 19 दिसंबर से ही महाड़ पहुँच चुके थे।

डॉ. आंबेडकर लगभग 250 लोगों के साथ पद्मावती नाव से 24 दिसंबर की सुबह 9 बजे बंबई से रवाना हुए। उनके साथ शिवतरकर, ढोंडी गायकवाड़, कांबले, गंगावणे, वनमाली, पुणे के राजभोज, नासिक के भाऊराव गायकवाड़ आदि थे। इसी तरह समाज सेवा लीग के सहस्रबुद्धे और समता संघ के प्रधान बंधु उच्च जाति के गृहस्थों में शामिल थे। 'ब्राह्मण-ब्राह्मणेतर' के संपादक देवराव नाइक खराब स्वास्थ्य के कारण नहीं आ सके। नाव शाम साढ़े पाँच बजे हरेश्वर बंदरगाह पहुँची। जनता पहले से ही सत्याग्रहियों के स्वागत के लिए पुष्पवर्षा कर रही थी।

डॉ. आंबेडकर ने धर्मतार के बजाय दसगाँव होते हुए महाड़ जाने का फैसला किया था। इसकी जानकारी कोलमंद के लोगों को हो गई थी, इसलिए उन्होंने बंबई से आने वाले सत्याग्रहियों के स्वागत के लिए एक समिति का गठन किया। पांडुरंग मंडलेकर स्वागत समिति के अध्यक्ष थे। गाँव के लोगों ने बेहतरीन इंतजाम किए थे। सत्याग्रहियों ने वहीं आराम से रात बिताई। दूसरे दिन आठ बजे नाश्ते के बाद आंबे नाव में सत्याग्रही दसगाँव के लिए रवाना हुए। नाव दोपहर 12.30 बजे दसगाँव पहुँची। महाड़ दसगाँव से पाँच मील दूर था। करीब तीन हजार सत्याग्रही पहले से ही डॉ. आंबेडकर के महाड़ जाने का इंतजार कर रहे थे।

कोलाबा जिले के पुलिस अधीक्षक श्री फॅरेंट, पुलिस इंस्पेक्टर, फौजदार आदि पुलिस अधिकारी पहले से ही मौजूद थे। पुलिस अधीक्षक ने डॉ. आंबेडकर से चर्चा कर कलैक्टर श्री हूड का पत्र उन्हें दिया। इसके बाद डॉ. आंबेडकर और सहस्रबुद्धे श्री फॅरेंट की मोटर में बैठकर महाड़ पहुँचे। दसगाँव छोड़ने से पहले डॉ. आंबेडकर ने सभी सत्याग्रहियों को अनुशासन और शांति से महाड़ आने की सूचना दी।

सीताराम नामदेव शिवतरकर और प्रधान बंधुओं ने उपस्थित सत्याग्रहियों को डॉ. आंबेडकर की बात का स्मरण कराया। सत्याग्रही कतारों में पैदल ही निकल पड़े। 'हर-हर महादेव' और 'महाड़ सत्याग्रह की जय' का घोष जारी रहा। जुलूस में झंडे थे और कुछ लोगों के हाथों में प्रेरक शब्द की तख्तियाँ। बहिष्कृत हितकारिणी सभा के स्वयंसेवी समूह के बैंड के साथ चल रहे थे। सत्याग्रह गीत गाता यह 7-8 हजार का सत्याग्रही समूह विशाल असेंबली हॉल में पहुँचा, जो लताओं और मेहराबों से सजाया गया था।

बंबई सत्याग्रहियों के समय पर महाड़ न पहुँचने के कारण परिषद् के कार्यक्रम में बदलाव करना पड़ा। लिहाजा शाम चार बजे से परिषद् का कार्यक्रम शुरू हुआ।

सबसे पहले बच्चों ने भगवान् की वंदना की। उसके बाद सत्याग्रह समिति के सचिव सी.एन. शिवतरकर ने श्रीधर बलवंत तिलक और डॉ. पुरुषोत्तम सोलंकी के टेलीग्राम और अन्य गण्यमान्य व्यक्तियों के पत्र (सत्याग्रह परिषद् की सफलता के लिए सहानुभूति पत्र) पढ़े। बाद में तालियों की गड़गड़ाहट के बीच सत्याग्रह समिति के अध्यक्ष ने अपना भाषण पढ़ा—

सज्जनो,

आप यहाँ सत्याग्रह समिति के निमंत्रण का सम्मान करते हुए आए हैं, इसलिए मैं आप सभी का सत्याग्रह समिति के अध्यक्ष के रूप में स्वागत करता हूँ।

यहाँ उपस्थित अधिकांश मित्रों को याद होगा कि 19 मार्च को हम सब मिलकर चवदार तालाब गए थे। महाड़ के चवदार तालाब पर सवर्णों ने हमारा विरोध नहीं किया, लेकिन बाद में उन्होंने हम पर हमला किया। इससे साफ है कि वे लोग हमारे इस काम का विरोध करते हैं। इस लड़ाई की परिणति यह हुई कि अछूतों को चार-चार महीने की कैद हुई और वे आज जेल में हैं। अगर हमने 19, 27 मार्च को विरोध न किया होता तो यह सर्वविदित हो जाता कि तालाब पर पानी भरने का हमारा अधिकार सवर्णों को मंजूर है और आज हमें यह कार्यक्रम नहीं करना पड़ता।

लेकिन दुःख के साथ कहना पड़ रहा है कि ऐसा कुछ नहीं हो सका। महाड़ के सवर्ण इतने समझदार हैं कि खुद ही तालाब से पानी ढोते हैं और दूसरे धर्म के लोगों को भी पानी भरने देते हैं। नतीजतन, मुसलिम धर्म के लोग तालाब से पानी भरकर लाते हैं। इनसानों को जाने दो, वे जानवरों और पक्षियों को भी पानी पीने से मना नहीं करते। इतना ही क्यों, अछूतों द्वारा पाले गए पशुओं को भी तालाब का पानी पीने दिया जाता है।

सवर्ण हिंदू दयालु हैं। वे कभी किसी के साथ हिंसा नहीं करते और न ही किसी को धोखा देते हैं। सवर्ण वर्ग कंजूस और स्वार्थी नहीं होता। असंख्य ऋषि-मुनि उनकी दानशीलता के ज्वलंत प्रमाण हैं। वे दान को पुण्य और दुःख को पाप मानते हैं।

इतना ही नहीं, दूसरे के दुःख को अपना समझना उनका स्वभाव होता है। वे गाय के समान एक निरीह जीव के साथ दया का व्यवहार करते हैं। वे साँप जैसे उपद्रवी जानवरों की भी रक्षा करते हैं इसलिए सबमें एक ही आत्मा का वास है, ऐसा उनका सदाचार है। ऐसे दयालु सवर्ण लोग अपने धर्म के कुछ लोगों को चवदार तालाब से पानी लेने से क्यों रोकते हैं? वे क्यों गिरफ्तार कराते हैं? यह सवाल किसी के मन में उठे बिना नहीं रहेगा।

इस सवाल का जवाब क्या है? यह बहुत जरूरी है कि हर कोई इसे अच्छी तरह से समझे। तब तक आज की सभा का महत्त्व हमारे संज्ञान में नहीं आएगा। शास्त्रों के अनुसार हिंदुओं के चार वर्ण हैं, लेकिन रीति और परंपरा के अनुसार पाँच वर्ण हैं। (ब्राह्मण, क्षत्रिय, वैश्य, शूद्र और अतिशूद्र)। यह हिंदू धर्म का पहला नियम है। दूसरा नियम वर्णों की असमानता है। एक वर्ण दूसरे से हलका है, ऐसा अवरोही क्रम है।

जाति व्यवस्था में नियमों के अनुसार श्रेणियाँ निश्चित की गई हैं। इतना ही नहीं, फिर कौन किस हैसियत का है? इसलिए वर्ण की सीमा तय की गई है। हिंदू धर्म में बेटीबंदी, रोटीबंदी, लोटाबंदी और उपहारबंदी की मर्यादा निर्धारित की गई है, यह आम सोच है, लेकिन यह सोच अधूरी है। इन चार प्रकार के बंधनों या व्यवहार की एक सीमा होती है, लेकिन वे असमान स्थिति वाले लोगों की स्थिति निर्धारित करने के लिए निर्धारित किए गए हैं, अर्थात् गैर-सहवास की यह सीमा-रेखा असमानता को प्रकट करती है।

जैसे सिर पर मुकुट धारण करने वाला राजा कहलाता है, वैसे ही हाथ में धनुष-बाण धारण करने वाला क्षत्रिय कहलाता है। इसी प्रकार जो उपर्युक्त चारों बंधनों से मुक्त है, वही श्रेष्ठ माना गया है। इसके विपरीत, जिस पर चारों प्रतिबंध लगाए गए हैं, इसका मतलब है कि वह सबसे नीच होगा। इस चतुर्भुज को बनाए रखने की पराकाष्ठा इसलिए की जाती है कि धर्म द्वारा निर्धारित की गई असमानता में समानता बिल्कुल भी स्थापित न हो सके।

महाड़ के सवर्ण लोग चवदार तालाब का पानी अछूतों को नहीं पीने देना चाहते। इसका कारण यह नहीं है कि यदि अछूतों द्वारा पानी को छुआ जाएगा तो वह प्रदूषित हो जाएगा या वाष्पित हो जाएगा। अछूतों को पानी पीने से रोकने का एकमात्र कारण यह है कि वे यह स्वीकार करने की अनिच्छा रखते हैं कि वे हमारे बराबर हैं, जिन जातियों को शास्त्रों ने नीचा बताया है, उन्हें तालाब का पानी भरने की अनुमति देकर।

सज्जनो, विवाद हमने शुरू किया है। उस विवाद का अर्थ क्या है आप उसे जानते होंगे। सत्याग्रह समिति ने आपको महाड़ में बुलाया है। आप सभी को महाड़ के तालाब का स्वादिष्ट पानी पीने के लिए बुलाया गया है, यह कदापि नहीं समझना चाहिए।

ऐसी कोई बात नहीं है कि चवदार तालाब का पानी पीकर हम अमर हो जाएँगे। चवदार तालाब का पानी हमने आज तक नहीं पिया तो क्या हम मर गए?

हमें सिर्फ पानी पीने के लिए चवदार तालाब नहीं जाना पड़ता, बल्कि औरों की तरह हम भी इनसान हैं, इसलिए तालाब जाना पड़ता है। इसलिए हमने यह सभा समानता स्थापित करने के लिए बुलाई है, यह बहुत स्पष्ट है।

अगर इस नजरिए से बैठक पर विचार करें तो पता चलेगा कि यह बैठक काफी महत्त्वपूर्ण है। इस संबंध में किसी को कोई संदेह नहीं होगा, ऐसा मेरा विश्वास है। आज एक अभूतपूर्व दिन है। मेरा विश्वास है कि भारत के इतिहास में ऐसा उदाहरण नहीं मिलेगा।

हमारे कुछ भाइयों को लगता होगा कि हम अछूत हैं। तो हमारे बीच की बेटीबंदी और लोटाबंदी खत्म हो गई, बस इतना ही काफी है। और हमें व्यवस्था से क्या सरोकार है? अगर वह है भी तो हमें क्या आपत्ति है? लेकिन मेरे हिसाब से यह सोच बिल्कुल गलत है। वर्णाश्रम व्यवस्था को अक्षुण्ण रखकर अस्पृश्यता को समाप्त करने का विचार अवास्तविक है…लोग यही कहेंगे। मानव कल्याण के लिए जिस प्रकार बाह्य प्रयत्नों की आवश्यकता होती है, उसी प्रकार इच्छा की भी आवश्यकता होती है। दृढ़ इच्छाशक्ति के बिना मनुष्य के हाथ से पुरुषार्थ संभव होगा या नहीं, इसमें संशय बना रहता है। कोई बड़ा काम करना हो तो उसी के अनुसार करना होता है। बड़ी प्रबल इच्छा रखनी होती है। कोई इच्छा पूरी होगी या नहीं, इसके लिए लज्जित होने और डरने का कोई कारण नहीं है। हमें छोटी-छोटी इच्छाएँ रखने पर शर्म आनी चाहिए।

जब अस्पृश्यता दूर होगी, तब हम अतिशूद्र से भी अधिक शुद्ध रहेंगे, लेकिन अतिशूद्र से शूद्र बनने का अर्थ अस्पृश्यता का पूर्ण उत्थान नहीं है। अस्पृश्यता निवारण प्रस्ताव है—यदि मैं जाति-प्रथा को समाप्त करने जैसी छोटी सी इच्छा से अपना कार्य पूरा कर लेता, अर्थात् अस्पृश्यता समाप्त हो जाती, तो मैं आपसे जाति-प्रथा को समाप्त करने के लिए नहीं कहता। आप जानते हैं कि साँप को मारने के लिए उसकी पूँछ पर मारने से कुछ नहीं होगा, बल्कि हमें उसका मुँह कुचलना पड़ेगा। एक उपद्रवी को नष्ट करने के लिए उसके मूल में घाव करना होगा। दुष्ट व्यक्ति की मृत्यु कहाँ होती है, इसे पहचानने के बाद ही आपको उस जगह पर वार करना है। भीम द्वारा दुर्योधन की जाँघ पर गदे से प्रहार करने से वह मारा गया। यदि गदा उसके सिर पर लगता तो उसकी मृत्यु न होती। दुर्योधन के मरने का कारण जाँघ में था, न कि सिर में।

इस संबंध में एक बात ध्यान देने योग्य है कि केवल प्रतिबंध लगाने और दर्शन करने से अस्पृश्यता को पूरी तरह से नष्ट नहीं किया जा सकता। इन दोनों के

परिणामस्वरूप इतना ही हो सकता है कि घर से बाहर की छुआछूत खत्म हो जाए, लेकिन घर के अंदर की छुआछूत जस-की-तस बनी रहेगी। घर के बाहर छुआछूत के साथ-साथ घर के अंदर की छुआछूत का उत्थान करना है तो हमें बेटीबंदी को खत्म करना होगा। समानता स्थापित करने का यही एकमात्र तरीका है। इसे कोई भी स्वीकार करेगा। मुख्य तना (जड़) नष्ट होने पर उपभेद स्वतः मर जाएँगे। रोटीबंदी, लोटाबंदी और भेटबंदी की ये सारी समस्याएँ बेटीबंदी के कारण ही पैदा हुई हैं। बेटीबंदी समाप्त होते ही अन्य समस्याओं को हल करने की आवश्यकता नहीं रहेगी, वे स्वतः ही समाप्त हो जाएँगी। मेरे नजरिए से, बेटीबंदी का बाँध तोड़ना छुआछूत को दूर करने का सही कार्य है और इसी से सच्ची समानता स्थापित होगी। यदि हमें अस्पृश्यता का नाश करना है तो हमें यह मानना होगा कि अस्पृश्यता का मूल कारण बेटीबंदी है। आज अगर हमारा प्रहार लोटाबंदी पर है तो हमारा अंतिम लक्ष्य बेटीबंदी पर होना चाहिए। इसके बिना अस्पृश्यता का संपूर्ण उत्थान संभव नहीं होगा। यह काम कौन कर सकता है? यह बताने की जरूरत नहीं है कि यह काम ब्राह्मण वर्ग नहीं करेगा। अस्पृश्यता का पूर्ण उत्थान संभव नहीं होगा।

जब तक जाति व्यवस्था बनी रहती है, तब तक ब्राह्मण वर्ग का वर्चस्व बरकरार रहता है। कोई भी स्वेच्छा से सत्ता अपने हाथों में देने को तैयार नहीं होगा। ब्राह्मण वर्ग ने कई शताब्दियों तक अन्य वर्गों पर अपनी संप्रभुता स्थापित की है, सिवाय इसके कि वह दूसरों के साथ समान व्यवहार करने के लिए कभी तैयार नहीं होगा। जापान के समुराई वर्ग की देशभक्ति ब्राह्मण वर्ग में नहीं है। समुराई वर्ग ने राष्ट्रीय एकता के लिए अपने विशेष सामाजिक अधिकारों का त्याग कर दिया था। समानता के आधार पर राष्ट्रीय एकता के लिए उन्होंने जो आत्म-त्याग किया है, वह आत्म-बलिदान ब्राह्मण वर्ग से संभव नहीं है और उससे ऐसी अपेक्षा करना व्यर्थ है। गैर-ब्राह्मणों का वर्ग यानी मराठा और इसी तरह की जातियाँ, यह अधिकारों वाले और बिना अधिकारों वाले ऐसे वर्गों के बीच का वर्ग है।

सामर्थ्यवान वर्ग थोड़ा सा स्वार्थ त्यागकर उदारता दिखा सकता है, पर अनधिकृत वर्ग आदर्शवादी होता है और उसे सामाजिक क्रांति करनी होती है। इसलिए उसमें स्वार्थ के स्थान पर सिद्धांतवाद का गुण निहित है। इन दोनों के बीच में गैर-ब्राह्मण वर्ग होने के कारण उसमें उदारता और सिद्धांतवाद का अभाव है। इसी कारण यह वर्ग ब्राह्मणों के सम्मुख न रहकर अस्पृश्यों से अपना विशेष अधिकार बनाए रखने के प्रति सचेत रहता है।

सामाजिक क्रांति की दृष्टि से यह वर्ग पंगु है। यदि हम इस वर्ग से वस्तुओं

की अपेक्षा करेंगे तो वह व्यर्थ सिद्ध होगी। छुआछूत मिटाने और समानता स्थापित करने का भार हमने अपने ऊपर ले लिया है, हमें उसे पूरा करना चाहिए। यह कार्य आपके सिवा किसी और के हाथों से संभव नहीं है। हमें यह सोचकर यह काम करना चाहिए कि हम इस काम के लिए पैदा हुए हैं। यही हमारे जीवन का अर्थ है। हमें जो पुण्य मिल रहा है, उसे हमें स्वीकार करना चाहिए।

यह काम भी आत्मज्ञान का है। यह कार्य हमारी उन्नति के मार्ग में आने वाली बाधाओं को दूर करेगा। हम सभी को यह महसूस करना चाहिए कि अस्पृश्यता ने हमारे भोजन में गंदगी मिला दी है। यह तो सभी जानते हैं कि एक समय हम सेना में बहुतायत में थे, सेना की सेवा में हमारा एकाधिकार था, इसलिए रोजी-रोटी की चिंता नहीं करनी पड़ती थी। आज सेना, पुलिस, कोर्ट, कचहरी में हमारे बराबर के दूसरे लोग नौकरी में नजर आते हैं, लेकिन हममें से एक भी व्यक्ति आज इन विभागों में नौकरी पर नहीं है।

ऐसा इसलिए नहीं है, क्योंकि यह कानून द्वारा प्रतिबंधित है। कानूनी दृष्टिकोण से सबकुछ खुला है। दरअसल हिंदू हमें अछूत मानते हैं और हमें हीन समझते हैं। इसलिए सरकार भी हमारी उपेक्षा करती है और इसलिए हमें सरकारी नौकरियों में प्रवेश नहीं दिया जाता है। सिर ऊँचा करके हम कोई काम नहीं कर सकते। पैसे के अभाव में हम व्यापार नहीं कर सकते। यह बात भी कुछ हद तक सही है, लेकिन छुआछूत के कारण लोग कोई भी चीज हमारे हाथ से लेने को तैयार नहीं हैं। यह हमारे व्यापार में मुख्य बाधा है।

कुल मिलाकर अस्पृश्यता कोई साधारण मामला नहीं है, यह गरीबी और हीनता की जननी है, इसलिए आज हम घोर संकट में हैं। यदि हमें इस हीन भावना से ऊपर उठना है तो हमें यह कार्य अपने हाथों में लेना होगा। इसके बिना हमारी तरक्की संभव नहीं है। यह कार्य स्वहित के साथ-साथ राष्ट्रहित में भी है।

चातुर्वर्ण्य व्यवस्था में अस्पृश्यता के विनाश के बिना हिंदू समाज का भला नहीं हो सकता। आपसी जीवन संबंधों में कलह दूर करने के लिए समाज जिस साधन का प्रयोग करता है, उसमें सामाजिक नैतिकता एक बहुत ही महत्त्वपूर्ण साधन है। इस तथ्य को स्वीकार करना ही होगा। जो वस्तुएँ समाज की एकता के लिए हानिकारक हैं, वे योग्य मानी जाती हैं और जो वस्तुएँ समाज को एक सूत्र में बाँधे रखती हैं, वे तिरस्कृत हैं। ऐसे समाज को आंतरिक कलह में हार माननी पड़ती है। इसके विपरीत जिस समाज की नैतिकता ऐसी होती है कि जहाँ सामाजिक एकता की प्रशंसा की जाती है और जिन कारणों से समाज का विघटन होता है, उन कारणों

की निंदा की जाती है। फिर ऐसे समाज में जीवन में कलह होने पर भी यश पाए बिना नहीं रहता।

हिंदू सामाजिक व्यवस्था पर भी यही न्याय लागू होता है। चातुर्वर्ण्य व्यवस्था एक सार्वजनिक विचलित करने वाली प्रणाली है, जबकि एकवर्ण प्रणाली एक सार्वजनिक संग्रह प्रणाली है। हम इसे नंगी आँखों से देखते हुए भी यदि विघटनकारी व्यवस्था की प्रशंसा ही करते रहें और कदम-कदम पर हिंदू समाज को भोगना पड़े तो इसमें आश्चर्य क्यों? अगर इस तसवीर को बदलना है तो चार स्वर वाली व्यवस्था को खत्म कर एक स्वर वाली व्यवस्था को स्थापित करना होगा।

केवल इसी पर यह काम पूरा नहीं होगा, बल्कि चातुर्वर्ण्य व्यवस्था के तहत असमानता को भी दूर करना होगा। कई लोग समानता का मजाक उड़ाते हैं। स्वाभाविक रूप से कोई भी इनसान समान नहीं है। कुछ शारीरिक रूप से मजबूत होते हैं, जबकि अन्य कमजोर होते हैं। किसी की बुद्धि तीक्ष्ण होती है तो किसी की मंद।

समतावादी लोगों का यह कहना कि जन्म से असमान होने पर उन्हें समान माना जाना चाहिए, उचित नहीं है। वास्तव में इन शैतानों ने समता का अर्थ ही नहीं समझा है, यह कहना पड़ेगा।

अधिकार की प्राप्ति किसी के जन्म या संपत्ति के आधार पर नहीं, बल्कि उसके गुणों के आधार पर होनी चाहिए, यदि समानता का यही अर्थ है तो जो व्यक्ति गुणहीन, मलिन और गलत है तो सदाचारी, स्वच्छ और सही व्यक्ति समान व्यवहार करता है।

ऐसी उम्मीद कैसे की जा सकती है? ऐसा उलटा सवाल पूछा जाता है। गुण में समान व्यक्ति के साथ समान व्यवहार किया जाना चाहिए, ऐसी समानता की व्याख्या करते हुए कहा गया है।

यद्यपि किसी व्यक्ति में गुण विकसित होने के बाद सत्ता के पद पर आने से पहले वे इतने असमान क्यों हों? समान व्यवहार उचित है। समाजशास्त्र के अनुसार व्यक्ति के गुणों के पूर्ण विकास में सामाजिक व्यवस्था महत्त्वपूर्ण भूमिका निभाती है। यदि एक गुलाम के साथ हमेशा असमानता का व्यवहार किया जाता है तो उसके पास गुलामी के अलावा कोई अन्य गुण नहीं हो पाएगा। यह दास किसी अन्य योग्यता और अधिकार के योग्य नहीं होगा। इसी प्रकार यदि शुद्ध व्यक्ति अशुद्ध व्यक्ति का तिरस्कार करे और आपसी मेल-मिलाप बंद हो जाए तो अशुद्ध व्यक्ति में शुद्ध होने की इच्छा कभी उत्पन्न ही नहीं होगी। एक अनैतिक व्यक्ति में नैतिकता

की शुरुआत कभी नहीं हो सकती, यदि नैतिक मूल्यों वाले व्यक्ति या समाज उसे आश्रय नहीं देता है।

उपर्युक्त उदाहरण से यह निश्चित रूप से सिद्ध होता है कि समानता का व्यवहार करने से भले ही एक व्यक्ति के गुण दूसरे व्यक्ति में उत्पन्न न हों, फिर भी यह सत्य है कि समानता के व्यवहार के बिना प्राकृतिक गुणों का विकास नहीं हो सकता। इसी प्रकार समता के व्यवहार के बिना व्यक्ति के गुणों की कद्र नहीं होती।

एक ओर हिंदू समाज की असमानता व्यक्ति के विकास को बौना कर देती है, दूसरी ओर यह असमानता व्यक्ति के संचित गुणों और शक्ति का समाज के लिए उपयोग नहीं होने देती। चातुर्वर्ण्य व्यवस्था विभाजित हिंदू समाज को और कमजोर कर रही है।

यदि हिंदू समाज को शक्तिशाली बनाना है तो चातुर्वर्ण्य और असमानता को जड़ से उखाड़ना होगा और हिंदू समाज को समता और एकवर्ण व्यवस्था के आधार पर बनाना होगा। अस्पृश्यता उन्मूलन का कार्य हिंदू समाज को मजबूत करेगा। इसलिए मैं कहता हूँ कि हमारा कार्य स्वहित के साथ-साथ राष्ट्रहित में भी है।

यह काम हमने सामाजिक क्रांति के लिए शुरू किया है। कोई यह न समझे कि मीठे बोल बोलकर मन को बहलाने के लिए ऐसा किया जा रहा है। हमारा यह काम भावना पर आधारित है। यही भावना हमारे कार्य को बल दे रही है, इसलिए इस कार्य की गति को रोक पाना किसी के लिए भी संभव नहीं है। आज यहाँ जिस सामाजिक क्रांति का लोकार्पण होने जा रहा है, वह सामाजिक क्रांति तेजी से संपन्न हो, यही मेरी कामना है।

हम अपने विरोधियों से कहना चाहते हैं कि आप हमारा विरोध न करें। शास्त्रों को एक तरफ रखकर न्याय का सम्मान करें। हम आपको विश्वास दिलाते हैं कि हम इस कार्यक्रम को शांतिपूर्वक संपन्न कराएँगे।

महाड़ परिषद् में बाबासाहेब आंबेडकर द्वारा रखे गए प्रस्ताव

सामाजिक अन्याय, धार्मिक बदनामी, राजनीतिक पतन और आर्थिक गुलामी के कारण राष्ट्र का पतन होता है। इसका जीता-जागता उदाहरण यह है कि हिंदू संस्कृति है, मेरा स्पष्ट मत है। हिंदू समाज की दुर्दशा का मुख्य कारण यह है कि जन्मसिद्ध अधिकार क्या हैं? बहुजन समाज ने अपनी आवश्यकता और जागरूकता को महसूस नहीं किया है और न ही स्वार्थी तत्त्वों की प्रगति पर अंकुश लगाया है। समाज के प्रत्येक नागरिक का यह परम कर्तव्य है कि वह अपने जन्मसिद्ध

अधिकार को जाने, उसका प्रयोग करे और आपसी व्यवहार में उसका हनन न होने दे। हिंदू समाज के जन्मसिद्ध अधिकार कौन से हैं? यह हमेशा हर हिंदू की आँखों के सामने होना चाहिए, इसलिए इस बैठक में निम्नलिखित घोषणा-पत्र को सभी की जानकारी के लिए जारी किया जा रहा है—

पहला प्रस्ताव

1. सभी मनुष्य जन्म से समान स्थिति के हैं और मृत्यु तक समान रहेंगे। जनोपयोगिता की दृष्टि से उनकी स्थिति में भिन्नता हो सकती है, फिर भी उनकी समान स्थिति बनी रहनी चाहिए। समानता के सिद्धांत के व्यवहार में बाधा नहीं आनी चाहिए और ऐसी कोई काररवाई नहीं होनी चाहिए, ऐसा सभा का मत है।

2. उपर्युक्त जन्मसिद्ध मानव अधिकार अक्षुण्ण रहें, यही राज्य व्यवस्था और सामाजिक व्यवस्था का अंतिम लक्ष्य होना चाहिए, इसलिए सभा हिंदू समाज के असमान सामाजिक ढाँचे और उसका समर्थन करने वाले प्राचीन और आधुनिक शब्दों की घोर निंदा करती है।

3. अखिल प्रजा सभी प्रकार की सत्ता और शक्ति का प्रवर्तक है। किसी भी व्यक्ति, समुदाय या वर्ण के विशेष अधिकार, यदि बहुजन ने ऐसे अधिकार नहीं दिए हों, चाहे वह राजनीतिक हों या धार्मिक, मान्य नहीं होंगे। इसी प्रकार सामाजिक व्यवस्था के संदर्भ में सभा श्रुति, स्मृति, पुराण आदि ग्रंथों के प्रमाणों को मानने को तैयार नहीं है।

4. किसी भी व्यक्ति को अपने जन्मसिद्ध अधिकार के अनुसार आचरण करने की स्वतंत्रता है। यदि उस पर बंदिशें लगाई जाती हैं तो दूसरे को भी उसी तरह जन्मसिद्ध अधिकार भोगने का अवसर मिलना चाहिए। बंधन यहीं तक सीमित रहेंगे। ये बंधन लोगों द्वारा बनाए गए नियमों द्वारा शासित होने चाहिए। इनका निर्धारण शास्त्रों या अन्य किसी आधार पर नहीं करना चाहिए। सभा अष्टाधिकार जैसी जाति या जाति में निर्धारित असमान व्यवस्था का निषेध करती है।

5. जो चीजें समाज के लिए खतरनाक हैं, वही काम न करने पर कानून द्वारा प्रतिबंधित किया जाना चाहिए। कानून द्वारा निषिद्ध नहीं होने पर कोई और मना नहीं कर सकता। रास्ते, सार्वजनिक स्थान, सार्वजनिक कुएँ, तालाब और मंदिर के इस्तेमाल से कोई मना नहीं कर सकता। अगर कोई ऐसा करता है तो ये लोग सुव्यवस्थित समाज और न्याय के दुश्मन हैं, यह सभा ऐसा समझती है।

6. कानून का मतलब किसी एक वर्ग द्वारा थोपा गया बंधन नहीं है। कानून

कैसा है, इसे तय करने का अधिकार संपूर्ण जनता या उसके प्रतिनिधियों के पास है। यह कानून सुरक्षात्मक हो या प्रशासनिक, सभी पर समान रूप से लागू होगा। समानता सामाजिक गठन का आधार होने के कारण सम्मान, अधिकार और व्यवसाय में जाति बाधक न बने। भेदभाव व्यक्ति के गुणों के आधार पर होना चाहिए, न कि जन्म के आधार पर, इसलिए, सभा जातिगत भेदभाव और असमानता की कड़ी निंदा करती है।

दूसरा प्रस्ताव

मनुस्मृति के शब्दों को ध्यान में रखते हुए, जो शूद्र जाति का अपमान करते हैं, उसकी प्रगति को रोकते हैं, उसके आत्मविश्वास को नष्ट करते हैं और सामाजिक, राजनीतिक और आर्थिक गुलामी पैदा करते हैं, हिंदुओं के जन्मसिद्ध अधिकार की घोषणा के तत्त्वों की तुलना उपर्युक्त ग्रंथों (मनुस्मृति) से करते हैं, वे किसी शास्त्र के पवित्र नाम को धारण करने योग्य नहीं हैं। इस सभा का ऐसा मत है और अपने मत को प्रकट करने के लिए वह जनविरोधी इस पुस्तक को जलाती हैं और मानवता का नाश करती है।

तीसरा प्रस्ताव

सभी हिंदू धर्मावलंबियों को एक जाति माना जाना चाहिए, इस संज्ञा 'हिंदू' से पूरे समाज को पहचाना जाना चाहिए। ब्राह्मण, क्षत्रिय, वैश्य, शूद्र आदि जाति से संबंधित संज्ञाओं को संबोधित करने पर कानूनी प्रतिबंध होना चाहिए। ऐसा सभा का मत है। व्यवसाय के आधार पर दर्जी, सुनार, माली तथा प्रांत के आधार पर मराठा, कोकनस्थ, देशस्थ आदि के कथन पर कोई आपत्ति नहीं है।

चौथा प्रस्ताव

इस परिषद् की राय यह है कि…

संख्या के अनुसार धर्माधिकारी जनता के अनुयायी और जनता द्वारा नियुक्त होने चाहिए।

प्रत्येक हिंदू को धर्माधिकारी (पुजारी) के पेशे को स्वीकार करने और उसके लिए अर्हता प्राप्त करने का अधिकार होना चाहिए।

धर्माधिकारी की परीक्षा लेने के बाद उन्हें प्रमाण-पत्र दिया जाए। जब तक

प्रमाण–पत्र प्राप्त नहीं हो जाता, तब तक किसी भी व्यक्ति को 'धर्माधिकारी' कहलाने और कानूनी कार्य करने से कानूनी रूप से प्रतिबंधित किया जाना चाहिए।

ऐसी योजना ग्राम धर्माधिकारी, तहसील धर्माधिकारी और प्रांत धर्माधिकारी द्वारा की जानी चाहिए।

उपर्युक्त नियोजित धार्मिक पदाधिकारियों को धार्मिक अनुष्ठान करने के लिए दक्षिणा, परिश्रम या पुरस्कार प्राप्त करने का अधिकार नहीं होना चाहिए। अन्य विभागों के अधिकारियों की भाँति इस विभाग के छोटे–बड़े अधिकारियों को भी सरकारी कर्मचारी माना जाए और उन्हें सरकार द्वारा उचित वेतन दिया जाए।

□

23

रमाबाई के स्वार्थ का बलिदान

'मराठों ने साहेब को रायगढ़ किले में मारा, वे अस्पताल में हैं', रमाबाई को यह झूठी खबर पता चली तो वे रोने लगीं। महिलाओं ने उन्हें समझाया। सभी लोगों ने बाबासाहेब से कहा, "आप घर जाइए, ताकि रमाबाई को अच्छा लगे।"

बाबासाहेब ने गुस्से में कहा, "ये औरतें ऐसी ही होती हैं। यदि हम उनकी इच्छाओं और आकांक्षाओं की ओर देखते रहेंगे तो हमारे हाथ से कुछ भी अच्छा नहीं होगा। केस के लिए मुझे रात की ट्रेन से कोल्हापुर जाना है, फिर मुझे अभी केस की तैयारी करनी है, तुम सब जाओ।"

कोल्हापुर से लौटने पर बाबासाहेब ने रमाबाई से बात की, जिसके बाद वे कार्यालय गए। ऑफिस में सहस्रबुद्धे ने बाबासाहेब आंबेडकर से कहा, "सर, आप अपनी पत्नी के प्रति बहुत लापरवाह हैं, यह अच्छा नहीं है।" इस पर बाबासाहेब काफी गंभीर हो गए और कहा, "सब मुझ पर आरोप लगा रहे हैं, लेकिन मैं भी अपनी पत्नी, बच्चों और अपने पुस्तकालय से पूरे दिल से प्यार करता हूँ। प्यार जताने का यह तरीका आपके जैसा नहीं है। इसलिए मैं तुम्हें क्रूर लगता हूँ, लेकिन यह बिल्कुल गलत है। वास्तव में अपनी पत्नी के स्वार्थ के बलिदान के कारण ही आज मैंने यह मुकाम हासिल किया है।"

□

24

सत्याग्रह क्यों?

आज हम मंदिर में प्रवेश करने जा रहे हैं, लेकिन मंदिर में प्रवेश करने से आपके प्रश्न हल हो जाएँगे, यह कतई संभव नहीं है। आपके प्रश्नों की प्रकृति व्यापक है। इनका स्वभाव राजनीतिक, सामाजिक, धार्मिक, आर्थिक और शैक्षिक होता है, लेकिन आज का कालाराम मंदिर प्रवेश सत्याग्रह सवर्ण हिंदू मानसिकता का आह्वान है। सैकड़ों सालों से ऊँची जाति के हिंदुओं ने हमें इनसानियत से दूर रखा है। ये हिंदू हमें मानवता का अधिकार देने को तैयार नहीं हैं। यह सवाल मंदिर प्रवेश सत्याग्रह से उठने वाला है। हिंदू मन सच्चे मनुष्य को मनुष्य कहने को तैयार नहीं है। यह प्रश्न सत्याग्रह के माध्यम से दिखाई देगा। ऊँची जाति के हिंदुओं ने हमें कुत्ते-बिल्ली से भी कमतर समझा है, लेकिन अब भी हिंदू हम जैसे इनसानों को इनसानियत की कीमत चुकाने को तैयार हैं या नहीं? लेकिन इस सवाल का जवाब हमें इस सत्याग्रह से मिलने वाला है। यह सत्याग्रह हिंदुओं के हृदय-मंदिर को बदलने के लिए है। यह सत्याग्रह के माध्यम से सवर्ण हिंदुओं के हृदय में परिवर्तन लाने का एक प्रयास है। यह सफल होगा या नहीं? यह सब हिंदुओं की मानसिकता पर निर्भर करता है।

ऐसा बिल्कुल भी नहीं है कि राम मंदिर में एंट्री मिलते ही हमारे सवालों का तुरंत समाधान हो जाएगा। ऐसा नहीं है कि मंदिर में प्रवेश करने के बाद हमारी समस्याओं का समाधान हो जाएगा और हम रूपांतरित हो जाएँगे। हम उच्च जाति के हिंदू दिमाग की परीक्षा ले रहे हैं। इनसान के साथ इनसान जैसा व्यवहार हो, इनसान को इनसानियत का हक मिले, इनसानियत की स्थापना हो। क्या इस नए युग में हिंदू मन इस उच्च प्रेरणा को स्वीकार करने के लिए तैयार है या नहीं? इसका टेस्ट होने वाला है। इसे हासिल करने के लिए हमने सत्याग्रह का फैसला लिया

है। ऊँची जाति के हिंदू इसके बारे में सोचेंगे या नहीं? वे क्या काम करने जा रहे हैं? यह मुख्य प्रश्न है। हम जानते हैं, मंदिर में एक पत्थर की मूर्ति है। उनके दर्शन करने और उनकी पूजा करने से हमारी समस्याओं का समाधान नहीं होने वाला है। करोड़ों लोग आज तक इस मंदिर में जाकर देवी के दर्शन कर चुके हैं, लेकिन उनके मूलभूत प्रश्नों को दर्शनशास्त्र ने हल नहीं किया है। हमें यह पता है, लेकिन आज का सत्याग्रह हिंदुओं के मन में परिवर्तन लाने के लिए है। आज हम एक विशेष भूमिका के साथ सत्याग्रह का कदम उठाने जा रहे हैं।

□

25

सत्याग्रह होना चाहिए

क्या रामनवमी पर नासिक के कालाराम मंदिर में सत्याग्रह होना चाहिए? इस पर मेरी सलाह लेने के लिए मैं आपका आभारी हूँ, लेकिन अब मुझे यह बताते हुए कुछ भी महसूस नहीं हो रहा है कि सत्याग्रह करना उचित नहीं है। मंदिर प्रवेश आंदोलन को बिना आगे बढ़ाए पूरी तरह से रोका जाए, जिसने सत्याग्रह शुरू करने की बात कही, अब वह सत्याग्रह बंद करने की सलाह देता है, यह आश्चर्य की बात होगी। मुझे यह कहने में थोड़ा डर भी लग रहा है। मैंने मंदिर प्रवेश आंदोलन शुरू किया, इसका उद्‌देश्य है कि अछूत मंदिर में प्रवेश करने के बाद देवता की पूजा करते रहें, ताकि उन्हें मोक्ष की प्राप्ति हो। ऐसी सोच के साथ जीवन जीना कतई उचित नहीं था। मैंने ऐसा कभी नहीं सोचा था। मंदिर प्रवेश से अछूतों को हिंदू समाज में सम्मान का स्थान मिलेगा, ऐसा मत मेरा न था और न है। इसका उद्‌देश्य अस्पृश्यों को उनके मानवाधिकारों के प्रति जागरूक करना और उनमें अपने अधिकारों को पाने के लिए विरोधी लोगों से संघर्ष करने की चेतना पैदा करना था, जिसे मैंने पूरा किया है। इस सत्याग्रह के कारण महाराष्ट्र और भारत के अछूतों को शिक्षा के प्रसार और राजनीतिक अधिकारों के संघर्ष की परिणति करनी चाहिए। यदि अस्पृश्य समुदाय शिक्षा से समृद्ध होता है तथा राजनीतिक अधिकारों से प्रभावशाली और शक्तिशाली बनता है तो यह हिंदू समाज का एक उत्कृष्ट घटक बना रहेगा, परंतु इसे प्राप्त करने के लिए हिंदू समाज, धर्म और धर्मशास्त्रों में आवश्यक परिवर्तन होने चाहिए। इसके लिए अछूतों को सवर्ण हिंदुओं को इस कार्य के लिए प्रेरित करने के लिए संघर्ष करते रहना होगा। धर्म और धार्मिक शास्त्रों में आवश्यक परिवर्तन होने चाहिए। इसके लिए, अछूतों को सवर्ण हिंदुओं को इस कार्य के लिए प्रेरित करने के लिए संघर्ष करते रहना होगा।

□

26
थैले में पत्थर

भाऊराव गायकवाड़, रणखंबे, दाणी आदि कार्यकर्त्ताओं को अकारण ही जेल भोगनी पड़ी। वही तुलसीरामजी काले की बूढ़ी माँ, वैसे ही अमृतराव रणखंबे की माँ को बंदी बना लिया गया, यह समाचार सुनकर बहुत दुःख हुआ। वहीं मुझे एक तरह से धन्य महसूस हुआ। मुझे नासिक जिले के अपने अछूत भाइयों पर बहुत गर्व है। पिछले तीन-चार वर्षों में अस्पृश्यों ने जिस आत्मनिर्भरता और संगठनात्मक कुशलता से विपरीत और कठिन परिस्थितियों में जिस उत्साह और साहस से मेरी बहनों ने अपने कार्य को प्रस्तुत किया है, वह अभूतपूर्व है। न किसी से मदद मिलती है और न किसी से हमदर्दी। इसके विपरीत सभी लोग किसी-न-किसी कारण से नाराज हैं और विरोधी बन गए हैं। ऐसी स्थिति में अस्पृश्यों ने अछूतों के लिए और अछूतों की मदद से 3-4 वर्षों तक बड़े उत्साह के साथ बड़ी संख्या में जुटकर नासिक सत्याग्रह आंदोलन का आयोजन किया। यह घटना न केवल भारत के बल्कि विश्व के सभी दलितों के लिए गर्व की बात है। यह कहने के अतिशयोक्ति नहीं है, लेकिन जिस हिंदू समाज को ब्राह्मण धर्म ने मूर्ख, असहिष्णु और अनुदार बना दिया है, उसे इन बातों से क्या लेना-देना? इस सत्याग्रह के माध्यम से अछूत महिलाओं ने कम-से-कम अछूत हिंदुओं के साथ समानता की माँग की। उन्होंने अपने हिंदू भाइयों से समानता और प्रेम की रोटी माँगी, लेकिन ब्राह्मणवादी अछूत हिंदुओं ने अछूतों पर पत्थर फेंके। यह कहने में कोई अतिशयोक्ति नहीं है, लेकिन जिस हिंदू समाज को ब्राह्मण धर्म ने मूर्ख, असहिष्णु और अनुदार बना दिया है, उसे इन बातों से क्या लेना-देना? इस सत्याग्रह के माध्यम से अछूत महिलाओं ने कम-से-कम अछूत हिंदुओं के साथ समानता की माँग की। उन्होंने अपने हिंदू भाइयों से समानता और प्रेम की रोटी माँगी, लेकिन ब्राह्मणवादी अछूत हिंदुओं ने अछूतों पर पत्थर फेंके। □

27
गोलमेज सम्मेलन

अब मैं और आप सब 5-6 महीने तक नहीं मिलेंगे, यह खयाल कर दिल भर आता है। पिछले दो सालों में मेरी तरफ से बहुत कुछ हुआ है, अगर हजारों सज्जनों ने मदद नहीं की होती तो मेरे एक हाथ से कुछ नहीं होता। मेरे द्वारा किए गए कार्य के दौरान विधि परिषद् के कार्य में मेरे मित्र डॉ. सोलंकी ने मेरी बहुत सहायता की है। 1926 में गवर्नर ने मुझे बुलाया और पूछा, "अगर डॉ. सोलंकी अछूतों की ओर से बॉम्बे लॉ काउंसिल के लिए चुने जाते हैं तो क्या आप और वह काउंसिल में शामिल होंगे या नहीं?" इस पर मैंने जवाब दिया, "चूँकि डॉ. सोलंकी अच्छी तरह से शिक्षित हैं, इसलिए हम दोनों की पटरी बैठ जाएगी। मैं मुखर और थोड़ा गुस्सैल स्वभाव का हूँ। जब मैं परिषद् में था तो डॉ. सोलंकी के साथ व्यवहार करते समय भी मेरे साथ ऐसा ही हुआ होगा, लेकिन उन्होंने बिना कुछ मन में रखे मेरी मदद की, इसलिए परिषद् के सभी कार्यों का श्रेय सोलंकी को ही जाता है।"

समता संघ ने परिषद् के बाहर की चीजों में बहुत मदद की है। श्री देवराव नाईक ने आज तक मेरी मदद की है, जिसके कारण मैं उन्हें अपना दाहिना हाथ मानता हूँ। मेरा मानना है कि अगर मैं 5-6 महीने भी विदेश में रहा, तो भी हम दोनों सहवास से एक-दूसरे को समझते थे। परिणामस्वरूप मेरे बाद श्री नाईक वह कार्य कर सकेंगे। अन्य समता संघ के मेरे मित्रों श्री प्रधान, कादरेकर, कवड़ी आदि ने बहुत मदद की है। इसी तरह श्री शंकरराव पराशा ने धन के संबंध में बहुत मदद की। श्री शंकरराव जैसा कोई दूसरा सहारा-स्तंभ नहीं था। जनता के काम में पैसा खर्च होता है। जब मैंने सोलापुर में बोर्डिंग शुरू की तो मेरे पास केवल 500 रुपए थे। एक यहूदी मित्र से एक वचन पत्र लिखकर 1000 रुपए लिये और सोलापुर की बोर्डिंग शुरू की। इसमें श्री शंकरराव ने बहुत मदद की। 1800 रुपए

की प्रेस खरीदने में मदद की। बहुत से लोग अनेक कार्यों में सहयोगी-भागीदार होते हैं।

मेरे दोस्तों और सहकर्मियों को लगता है कि मैं स्वभाव से काव्यात्मक नहीं हूँ। मुझे भी ऐसा ही लगता है। भले ही मेरा स्वभाव या वृत्ति काव्यात्मक न हो, पर मेरा जीवन क्या अनुपम और गहन काव्य नहीं बन रहा है? भारत में एक अछूत महार लड़का आगे बढ़कर गोलमेज परिषद् में बैठेगा और राष्ट्र के भविष्य निर्माण की चर्चा में प्रमुखता से भाग लेगा। क्या कभी किसी ने ऐसा सोचा है? कल्पना की उड़ान भी लँगड़ी हो जाती है, हम उसका भी आकलन नहीं करते, तो क्या यह घटना कविता और चमत्कार से भरी नहीं है? जिसे अद्भुत सुंदर काव्य अर्थात् रोमांस कहते हैं। मेरे जीवन से बढ़कर उनके लिए और क्या अभूतपूर्व हो सकता है?

दूसरों के लिए यह संभव नहीं है, लेकिन बड़ौदा नरेश की उदारता के कारण जब मैं उच्च शिक्षा के लिए न्यूयॉर्क गया, तब मेरा जीवन अध्ययन द्वारा अपनी रुचि को आगे बढ़ाने के उद्देश्य से शुरू हुआ, इतने कम समय में मेरे गूँगे दलित समाज, उनके सुख-दुःख, इसमें एक होने से वह सार्वजनिक और महत्त्वपूर्ण हो जाएगा। मैंने खुद इसकी कल्पना भी नहीं की थी। मेरे लोग मुझे बहुत प्यार करते हैं। क्या मैं इसके योग्य हूँ? इसे भविष्य का खेल समझें। वैसे तो मेरे व्यक्तिगत महत्त्वहीन और काव्यविहीन जीवन को महत्त्व मिल गया है। प्रकृति ने मुझे यह काम मेरे लोगों के उद्धार का साधन समझकर दिया है। इस बोध से जो संतोष मिलता है, वह दुर्लभ है। यह बहुत कम लोगों के हिस्से में आता है।

मैं आपके द्वारा दी गई यह थैली और सम्मान का प्रमाण-पत्र स्वीकार करता हूँ, लेकिन मैं इस थैली का इस्तेमाल अपने निजी काम के लिए बिल्कुल नहीं कर रहा हूँ, इसका इस्तेमाल सिर्फ गरीब लोगों के लिए होगा। मैंने अखिल भारतीय दलित कांग्रेस के केंद्रीय संगठन के खर्च के लिए बंबई राज्य की ओर से धनराशि जमा करने पर सहमति व्यक्त की है। इसलिए मैं इस राशि का कुछ हिस्सा डॉ. सोलंकी के पास रखने जा रहा हूँ। उन्हें इस फंड का इस्तेमाल दलित कांग्रेस के लिए करना चाहिए। बाकी रकम का इस्तेमाल किसी और तरीके से किया जाएगा। मेरी इच्छा है कि हमारा बंद पाक्षिक 'बहिष्कृत भारत' फिर से शुरू हो। वर्तमान स्थिति का निरीक्षण करने के बाद इस समाचार-पत्र में लेख आएँगे। मैंने पाक्षिक का नाम बदलने का फैसला किया है। कारण उस नाम के कारण बहुत से लोग अपना अखबार नहीं लेते हैं। आपकी राय क्या है? यह बात सभी को समझनी चाहिए। पहले हमारा यह उद्देश्य प्राप्य नहीं था, इसलिए नाम बदलने का फैसला

किया। पाक्षिक का नाम 'जनता' होगा और उसके संपादक श्री देवराव नाईक होंगे। अतः आप कृपा करके इस समाचार-पत्र में सदस्य@पाठकों को शामिल करें। फंड का कुछ हिस्सा बोर्डिंग में मदद के लिए दिया जाएगा। इस तरह थैली की रकम का इस्तेमाल हो जाएगा।

गोलमेज परिषद् के विदेश जाने का खर्चा ब्रिटिश सरकार वहन करने वाली है। फिर यह थैली क्यों? लेकिन जब मुझे आपकी मदद की जरूरत थी, तब भी मैंने आपकी मदद की उम्मीद नहीं की थी। आज मुझे अपने निजी खर्चों के लिए आपकी मदद की जरूरत नहीं है। जब मुझे जरूरत होगी, मैं आप लोगों से जरूर माँगूँगा। गोलमेज परिषद् में जाने से अस्पृश्य वर्ग को निश्चित रूप से लाभ मिलेगा। लेकिन लोगों ने इस परिषद् का बहिष्कार किया है। मैं उनसे पूछना चाहता हूँ कि अगर ऐसे समय में दो पक्षों में लड़ाई होती है तो समझौते की भाषा बोलने में क्या बुराई है? आज सरकार और कांग्रेस के बीच आंतरिक संघर्ष चल रहा है। कांग्रेस आंदोलन से सरकार को नुकसान हो रहा है। दोनों पक्ष अपनी-अपनी जिद पर अड़े हुए हैं। ऐसे समय में किसी की मध्यस्थता से गोलमेज परिषद् में समझौता हो सकता है। इस परिषद् से कुछ होने वाला नहीं है, ऐसा कहा जाता है, लेकिन मुझे ऐसा नहीं लगता। जो सोचते हैं कि यह परिषद् विफल हो जाएगी, फिर उनसे पूछा जाता है कि परिषद् कैसे और क्यों फेल होगी?

वर्तमान में हिंदू, मुसलमान, अछूत सभी स्वराज चाहते हैं। इससे पहले नागपुर में अखिल दलित कांग्रेस ने भी इसी तरह का प्रस्ताव पारित किया था। हर कोई एकमत है। अंतर केवल एक ही बात का है कि किस विधि से स्वराज दिया जाए? अल्पसंख्यकों को सामाजिक, धार्मिक, राजनीतिक समानता कैसे मिलेगी? सभी हिंदू मनुष्य स्वतंत्र हों, ऐसा स्वराज चाहिए। लेकिन विवाद यह है कि स्वराज से जो शक्ति आती है, उसका पूरे समाज में ठीक से बँटवारा होना चाहिए या किसी वर्ग विशेष के हाथ में होना चाहिए! यदि दलित समाज, पिछड़े वर्ग और अल्पसंख्यक वर्ग के समाधान के लिए प्रगतिशील वर्ग और बहुसंख्यक समाज ने मन की उदारता दिखाई तो विवाद का अंत असंभव नहीं है।

वे माँगेंगे कि उन्हें क्या चाहिए लेकिन साथ ही इस देश को स्वराज दो, अगर ऐसा कोई प्रस्ताव आता है तो मैं उसका समर्थन करूँगा। कांग्रेस की तरह हमें भी लगता है कि इस देश को हर तरह से तरक्की करते हुए महानता के शिखर पर पहुँचना चाहिए। अंत में, गोलमेज सम्मेलन समाप्त होने के बाद मैं एक और काम करना चाहता हूँ और वह है—जनमत को जगाना। यह कार्य बहुत ही महत्त्वपूर्ण

है। अमेरिका, जर्मनी आदि देशों में कांग्रेस का आंदोलन हो रहा है। हमें (अपने) दलितों की पीड़ा को दूसरों तक भी पहुँचाना है। मैं प्रमुख नेताओं से मिलूँगा और उनके सामने अपना दुःख रखूँगा। इतना ही नहीं, इसलिए यदि संभव हो तो मैं अस्पृश्यों के प्रश्न को लीग ऑफ नेशंस के सामने रखूँगा। वर्तमान में अछूतों के लिए पुलिस और सेना की नौकरियाँ बंद हैं। मैं उस बंदी को हटाने के लिए विशेष प्रयास करूँगा। अंततः, मेरा सभी से केवल एक ही अनुरोध है कि सभी लोग एकजुट होकर व्यवहार करें। हमारे बीच कई गुट हैं। पिछले तीन-चार सालों में मेरी आँखों के सामने एक अलग ही नजारा आया है। हर आदमी अपने को नेता कहता है। यह तो बड़ी बुरी बात है। भविष्य में इस तरह की चीजें बंद होनी चाहिए, यही मेरी गुजारिश है।

हमारे सामने कितनी ही बाधाएँ हैं और हमारे सामने काम का पहाड़ है, जिसके लिए कोई जिला या प्रांत कुछ नहीं कर सकता। बल्कि सभी दलित भाइयों को आपसी मतभेद भुलाकर कंधे-से-कंधा मिलाकर काम करना होगा। इसी में हम सबका हित निहित है। मेरी अनुपस्थिति में डॉ. सोलंकी एवं श्री नाईक के मत के अनुरूप आचरण करके समाज में जो जागरूकता आई है, उसे आगे बढ़ाने का काम मैं आप सबको सौंपता हूँ। अछूतों और मुसलिम अल्पसंख्यक समाज और हिंदू कांग्रेस आदि बहुसंख्यक समाज के बीच का अंतर आज भी कायम है। विभिन्न पाँच अल्पसंख्यक समाजों ने मिलकर एक मसौदा तैयार किया था। समझौता करने के उनके प्रयासों को न देखते हुए, इसे हमें दी गई चेतावनी मानते हुए, कांग्रेस और हिंदू महासभा जैसे बहुसंख्यक वर्ग के प्रतिनिधियों ने विरोध किया, जिससे मतभेद और गहराया।

यह समझ से बाहर है, लेकिन अब गांधीजी के विरोध की धार (मेरे द्वारा की गई अछूत माँगों के संबंध में) कम हो गई है। ऐसा लगता है कि यदि हम दृढ़ कदम उठाएँगे तो गांधीजी बंबई जाने तक अस्पृश्यों की माँगों के विरोध का संकल्प पूरा करने का जुझारू रूप नहीं दिखाएँगे। कल रात मैं और गांधीजी फिर मिले। इस बैठक का श्रेय मैसूर के दीवान सर मिर्जा इस्माइल को जाता है। निष्पक्ष सोच वाले लोगों को लगता है कि मेरे साथ गांधीजी का व्यवहार अनुचित था। ऐसे महात्मा के अंधभक्त, जिन्हें गांधीजी के व्यवहार में कोई दोष नहीं दिखता, उन्हें लगता है कि एक बार जब अछूतों को आत्मनिर्णय का अधिकार मिल गया, तो बहुसंख्यक उनके हाथ में नहीं रहेंगे। उनका यह डर स्वार्थी है। हिंदू प्रतिनिधियों को छोड़ दें तो मेरे प्रति गांधीजी की नीति उचित नहीं है।

गांधीजी ने मुझसे पूछा, "क्या आप, अस्पृश्यों की रक्षा के लिए जो माँगें रखी हैं, उनमें कुछ परिवर्तन करने के लिए तैयार होंगे?" तब मैंने कहा, "मैं और मेरे साथी, अछूत समाज के मित्र और नेता किसी भी योग्य बदलाव के लिए हमेशा तैयार हैं।" यह सुनकर उन्होंने अपनी नई योजना मेरे सामने रख दी। इस योजना के अनुसार यदि संयुक्त निर्वाचन क्षेत्र के अनुसार निर्वाचन में खड़ा होने वाला अछूत प्रत्याशी निर्वाचित नहीं होता है तो वह न्यायालय में परिवाद दाखिल करे और वहाँ सिद्ध करे कि मैं और अछूत अभ्यर्थी, जो मेरे विरुद्ध निर्वाचित हुआ है, हम दोनों में समान योग्यताएँ हैं। मैं अछूत होने के कारण अपनी मरजी से नहीं आया था, जबकि वह अपनी मरजी से आया था। यह बात न्यायालय को बताने पर तथा न्यायालय का निर्णय देने पर उस हिंदू प्रतिनिधि की सदस्यता रद्द मानी जाएगी तथा अस्पृश्य अभ्यर्थी की नियुक्ति कर दी जाएगी।

यह योजना इतनी अव्यावहारिक थी कि केवल गांधीजी में ही इसे इंगित करने का साहस था। मैं एक पल के लिए हँसा। मैंने सोचा, शायद यह गांधीजी का विनोद था, लेकिन उनके चेहरे पर हँसी और मस्ती के कोई भाव नहीं थे। उन्होंने मुझसे गंभीरता से पूछा, "आपको मेरी यह योजना कैसी लगी?" मैंने शांति से कहा, "बिल्कुल ठीक नहीं है।" उन्होंने पूछा, "क्यों?" फिर मैंने कहा, "आपकी यह योजना बिल्कुल अव्यावहारिक है।" इस तरह हमारी मुलाकात समाप्त हुई। मैं गांधीजी से विदा लेकर वापस आ गया, लेकिन इस असफल मुलाकात में मुझे गांधीजी के प्रति आशा की किरण दिखी—मैं देता हूँ, इतने पर अस्पृश्य समाज कृतज्ञ होकर संतुष्ट हो जाए। वह मर जाए तो ठीक है, लेकिन उसे कुछ भी दिया जाने वाला नहीं है। सामान्य मतदान के अधिकार के अलावा अछूतों को कोई विशेष सुविधा, जैसे—आरक्षित सीट आदि नहीं मिलेगी। गांधीजी को कम-से-कम आमरण अनशन का संकल्प तो नहीं लेना चाहिए था।

दूसरा विषय, जो हमारे सामने चर्चा के लिए आया, वह था—'हिंदू प्रतिनिधि और सरकार में किस व्यवस्था के अनुसार भारत की राजनीतिक प्रगति होनी चाहिए?' यह एक संघर्ष था। वर्तमान में सरकार केवल प्रांतीय स्वायत्तता देने पर विचार कर रही है। केंद्र सरकार भारत को स्वतंत्र बनाने के लिए तैयार नहीं है, लेकिन इस विवाद के कारण इस उत्तरदायित्वपूर्ण स्वशासन की अंतिम सीमा क्या है और संरक्षकता बंधन का निश्चित रूप क्या है? यह महत्त्व का मुख्य प्रश्न था, क्योंकि यह किनारे पर पड़ा हुआ था। हम अल्पसंख्यकों ने ऐसी नीति स्वीकार कर ली है कि हम भी उत्तरदायित्व का स्वशासन (प्रांतीय और केंद्रीय) चाहते हैं।

5 नवंबर को दोपहर में सभी प्रतिनिधियों को राजा ने चाय पर आमंत्रित किया। गांधीजी सहित सभी हिंदू रियासतें और यूरोपीय प्रतिनिधि उपस्थित थे। बादशाह ने दस लोगों को शिष्टाचार के तौर पर कुछ कहने के लिए पहले ही चुन लिया था, मैं भी उनमें से एक था। जब राजा से बात करने की बारी आई तो मुझे अपना बचपन याद आ गया। स्कूल में अपने पहले दिन गुरुजी के सामने खड़े होकर मुझे ऐसा ही लगा। महाराजा से क्या कहें, क्या बताएँ? मुझे समझ नहीं आ रहा था। फिर उन्होंने मेरी चिंता दूर की और पूछा कि भारत में छुआछूत वाले समाज की स्थिति कैसी है? मैंने कम शब्दों में अछूतों के बारे में जानकारी दी है। मैंने जो जानकारी बताई, उससे मुझे पता चला कि राजा साहब को बहुत सी बातों की जानकारी पहले से थी। उन्होंने बहिष्कृत वर्ग की दुर्दशा पर खेद व्यक्त किया। बताई गई हकीकत पर उनके होंठ और पैर काँप रहे थे। मेरी शिक्षा कहाँ तक थी और मेरे पिता क्या करते थे? उन्होंने अपनेपन के साथ इसकी चर्चा की।

परसों मुख्य प्रधान से मेरी काफी देर तक बात हुई। अस्पृश्य समाज के लिए कौन सी बातें लाभदायक हैं? इस विषय पर चर्चा हुई। पिछली 10 तारीख को मैंने 'इंस्टीट्यूट ऑफ इंटरनेशनल अफेयर्स' नामक संस्था में भाषण दिया था। इस कार्यक्रम का आयोजन इस उद्देश्य से किया गया था कि अल्पसंख्यक समाज के प्रतिनिधियों को ब्रिटिश जनता के समक्ष अपने विचार रखने का अवसर मिले। मैंने अपने भाषण में अस्पृश्यों की माँगों की आवश्यकता का जिक्र किया और आज उसकी उपयोगिता कितनी महत्त्वपूर्ण है, इसकी चर्चा की। सर मोहम्मद शफी ने मुसलमानों का पक्ष लिया। सरदार उज्ज्वल सिंह ने सिखों की बात रखी। सर हर्बर्ट कार ने यूरोपीय समाज की माँगों का समर्थन किया। यह कार्यक्रम बहुत सफल रहा। कांग्रेस और बहुजन हिंदू समाज की ओर से गांधीजी और अन्य प्रतिनिधियों ने ब्रिटिश लोगों के सामने अपना पक्ष रखा और दूसरा पक्ष भी रखना बहुत जरूरी था।

जाति विशेष के प्रश्न पर गांधीजी की प्रवृत्ति और नीति क्या है? इसका स्पष्ट प्रमाण उनके द्वारा संविधान समिति और संघीय संरचना समिति में दिए गए भाषण से मिलता है। संघीय विधानमंडल की संरचना क्या होनी चाहिए? उस प्रमाण में और किस आधार पर सदस्य का चयन होगा? हम इस प्रश्न पर चर्चा कर रहे थे। उस समय जाति (विशेष) के प्रश्न पर गांधीजी की नीति स्पष्ट हो गई। कांग्रेस के प्रतिनिधि के रूप में मैं केवल मुसलिम और सिख समुदाय को स्वतंत्र प्रतिनिधित्व देने के लिए तैयार हूँ। अछूतों और अल्पसंख्यक समुदायों को मतदान प्रणाली के आश्वासन पर ही संतुष्ट होना चाहिए। उन्हें अन्य कोई सुविधा नहीं मिलेगी। ऐसी

व्याख्या गांधीजी ने अपने भाषण में की थी। उनकी नीति कैसे गलत है, क्योंकि गांधीजी का मेरे बाद भाषण हुआ? मुझे इसे समझाने का अवसर नहीं मिला और प्रश्न वही रहा।

अल्पसंख्यक उपसमिति की बैठक 26 सितंबर को होनी थी। यह दिन करीब आ गया था। एक दिन श्री देवदास गांधी (गांधीजी के पुत्र) आए और मुझसे कहा, "मेरे पिता आपसे मिलना चाहते हैं।" मैंने कहा, "अच्छा।"

पूर्व निर्धारित समय और संकेत के अनुसार गांधीजी से सरोजिनी नायडू के आवास पर मिला। हमेशा की तरह उन्होंने मुझसे कहा, "आप बताएँ, आपको क्या चाहिए?"

"हम क्या चाहते हैं? यह पहले ही स्पष्ट रूप से कहा जा चुका है। एक ही प्रश्न बार-बार पूछा जाना चाहिए और उसका उत्तर बार-बार दिया जाना चाहिए, यह बात विशेष संतोषजनक और आशाजनक नहीं थी।" फिर भी अस्पृश्यों की ओर से मैं उनसे क्या माँगता हूँ और क्यों माँगता हूँ? अगर गांधीजी को इसका सही अंदाजा (शायद) नहीं है तो अगर वे फिर से जवाब देंगे तो उनका कुछ नहीं बिगड़ेगा। इस पर विचार करते हुए, मैंने माँगों को विस्तार से और सबूत के साथ बताया। बैठक रात आठ बजे से रात ग्यारह बजे तक तीन घंटे चली। गांधीजी सूत कात रहे थे और मेरी बात ध्यान से सुन रहे थे। वे मुझसे समय-समय पर सवाल पूछते रहते थे। उन्होंने मुझे अपने विचारों का लेशमात्र भी आभास नहीं होने दिया। वास्तव में गांधीजी को मुझसे खुलकर चर्चा करनी चाहिए थी। अपने मुख से विपक्ष के विचारों को ग्रहण करना, परंतु अपने विचारों को प्रकट न होने देना, इसे चाणक्य नीति कहते हैं, लेकिन इस संदर्भ में यह अप्रासंगिक और अनावश्यक था।

अगर मेरे दिमाग में होता तो मैं भी यह ट्रिक खेल सकता था, लेकिन इससे क्या हासिल होने वाला था? कांग्रेस के आदेशानुसार गांधीजी को मेरी माँगों का विरोध करना आवश्यक था। यदि आवश्यक समझा भी जाता तो खुले मन और विश्वास से चर्चा करके ही किया जा सकता था। मैं उसका विरोध नहीं करता। मैं उनके विरोध को सहानुभूतिपूर्वक समझ जाता। लेकिन दुःख इस बात का है कि मैंने जो खुलापन दिखाया, वह गांधीजी नहीं कर पाए। मेरी बात को पूरा सुनने के बाद गांधीजी खुलकर नहीं बोले। मुझे ऐसा करने के लिए मजबूर होना पड़ा होगा। लेकिन सरोजिनी नायडू ने मुझे कुछ न कहने का इशारा किया। उन्होंने कहा, "सबकुछ आपकी इच्छा के अनुसार होगा, बस धैर्य रखें।"

मैंने भी गांधीजी से कहलवाने का विचार छोड़ दिया। बहुत समय हो गया था।

नायडू भूखी थीं। ग्यारह बजे थे। मैंने गांधीजी से विदा ली और बाहर चला गया। मुझसे पहले उनकी जिन्ना से मुलाकात हुई थी। गांधीजी और जिन्ना ने मुसलमानों के अधिकारों को लेकर जो समझौता किया था, उसके बारे में मुझे बाद में पता चला।

अल्पसंख्यकों के प्रश्नों पर विचार करने के लिए नियुक्त समिति की बैठक रैमसे मैकडोनाल्ड की अध्यक्षता में शुरू हुई। मुसलिम प्रतिनिधियों के साथ गांधीजी की रणनीति के अनुसार आज की बैठक स्थगित कर दी जानी चाहिए और अल्पसंख्यकों के सवालों पर आपसी समझौते के लिए अधिक समय दिया जाना चाहिए। गांधीजी ने इस आशय का प्रस्ताव दिया था। आगा खान ने उनका समर्थन किया। दरअसल, इस प्रस्ताव के आने से पहले ही उन्होंने मुसलिम और सिख प्रतिनिधियों से सहमति ले ली थी और उन्हें भरोसे में ले लिया था। उन्हें हमारे साथ भी ऐसा ही व्यवहार करना चाहिए था। मैं लंबे समय तक उस प्रस्ताव का विरोध नहीं करता, परंतु नियुक्त समिति के समक्ष अल्पसंख्यकों के सवालों पर विचार करना, लेकिन पहले मुसलिम और सिख प्रतिनिधियों से चर्चा करने के बाद ही। लेकिन हिंदू प्रतिनिधियों और अन्य प्रतिनिधियों के साथ चर्चा नहीं करना क्या दरशाता है? मुझे बुलाओ और तीन घंटे के लिए मेरी माँगों को सुनो, लेकिन खुद कुछ मत कहो और बैठक स्थगित करने का प्रस्ताव लाओ और मेरी आपत्तियाँ लो और कहो कि डॉ. आंबेडकर विरोध करते हैं। मेरे विरोध में उन्होंने अपने अनुयायियों तथा भक्तों को दुष्प्रचार करने की स्वतंत्रता दी और मेरी प्रतिक्रिया पर मुझ पर उतावलेपन और अहंकार का आरोप लगाया, क्या यही गांधी की नीति है?

लेकिन आरोप कितने भी हों, फिर भी गांधी की इस नीति का जवाब तो देना ही होगा। मैं गांधीजी के प्रस्ताव का विरोध करने के लिए खड़ा हुआ (गांधीजी ने अछूतों को मुक्त निर्वाचक मंडल और आरक्षित सीटें देने से स्पष्ट रूप से मना कर दिया) और मैंने कहा, अछूतों की ओर से उनसे बातचीत करने के लिए अब कुछ भी नहीं बचा है। इसलिए कमेटी को हमारी माँगों पर विचार करना चाहिए और हमें न्याय देना चाहिए। मेरा विरोध देखकर सभी हैरान थे। मैकडोनाल्ड, समिति के अध्यक्ष और मुख्य प्रमुख ने गांधीजी की ओर देखा और उनसे गांधीजी को जवाब देने के लिए कहा, लेकिन मेरी आपत्ति का उत्तर देने के बजाय उन्होंने कहा, "मैं कांग्रेस के फैसले से बँधा हूँ। कांग्रेस ने अछूतों के लिए क्या वर्णन किया है और क्या करने का फैसला किया है?" इतना लंबा-चौड़ा भाषण दिया, लेकिन उससे किसी का हल नहीं निकला। अंततः, गांधीजी ने कहा कि कांग्रेस सिर्फ मुसलिम

और सिख समाज को प्रतिनिधित्व देने को तैयार है। कांग्रेस अछूतों को स्वतंत्र निर्वाचन क्षेत्र या आरक्षित सीटों जैसी जाति-विशिष्ट सुविधाएँ देने के लिए तैयार नहीं है। यदि मुसलिम अल्पसंख्यक समुदाय के प्रतिनिधि आपकी माँगों को मान लेते हैं तो कांग्रेस की ओर से मान्यता देने का अधिकार मेरे हाथ में है। "गांधीजी द्वारा आश्वासन दिए जाने के बाद, प्रस्ताव के स्थगन का विरोध करने का कोई कारण नहीं था। इसलिए मैंने अपना विरोध वापस ले लिया।"

इसके बाद कुछ खास देखने को नहीं मिला। गांधीजी मुसलिम प्रतिनिधियों से दो-तीन बार मिले। उन्होंने अन्य अल्पसंख्यक समुदायों के साथ कोई चर्चा नहीं की, लेकिन एक दिन उन्होंने अचानक मुझे, ईसाई और एंग्लो भारतीय समुदाय के प्रतिनिधियों को आमंत्रित किया। इसी क्रम में हम उनसे मिले। उन्होंने फिर पूछा, "तुम क्या चाहते हो ?" सबके साथ मैंने भी पढ़ा, अछूतों की माँगों का पहाड़। इस बार पं. मदनमोहन मालवीय भी वहाँ मौजूद थे। हमारी बात सुनकर गांधीजी ने गुस्से से कहा, "आपकी माँगें कैसे पूरी होंगी यह समझ में नहीं आता ?" हमने राग-लोभ की परवाह किए बगैर अपनी माँगें वापस लेने से इनकार कर दिया। हमने उनसे विदा ली और लौटने लगे तो उन्होंने कहा, "अब मैं मुख्य प्रधानजी से कहूँगा कि हमारे मतभेद खत्म नहीं होने वाले और सुलह के प्रयास विफल हो गए हैं। अब मुझे स्थगन के लिए और समय की आवश्यकता नहीं है।" लेकिन गांधीजी की इस धमकी से डरने का कोई कारण नहीं था। हमने तय किया कि अब हम अपनी बात सीधे कमेटी के सामने रखेंगे।

जब समिति की बैठक फिर से शुरू हुई तो गांधीजी ने स्वयं स्थगन प्रस्ताव लाकर उन्हें चौंका दिया। गांधीजी कहते कुछ हैं और करते कुछ और। इसका सही अनुमान नहीं लगाया जा सकता है, लेकिन इस बार मैंने उनके प्रस्ताव का विरोध नहीं किया। इस बार जाति-विशिष्ट के प्रश्नों के लिए एक त्रिस्तरीय समिति का गठन किया गया और गांधीजी को इसके अध्यक्ष के रूप में चुना गया। गांधीजी ने तीन महत्त्वपूर्ण प्रश्न रखे—

1. किस समाज या जाति को व्यवस्था प्रतिनिधित्व की आवश्यकता है ?
2. क्या यह प्रतिनिधित्व संयुक्त या स्वतंत्र निर्वाचन प्रणाली से आएगा ?
3. जो समाज स्वतंत्र प्रतिनिधित्व देने आएगा, उसे कितने स्थान दिए जाएँगे ?

इस योजना के अनुसार गांधीजी ने अछूतों, मुसलमानों, सिखों, हिंदुओं, ईसाइयों, ऐंग्लो-इंडियन और यूरोपियनों के प्रतिनिधियों से अपने विचार व्यक्त करने को कहा। हम सभी जनप्रतिनिधियों ने अपना पक्ष रखा। बाद में गांधीजी ने

एक अलग रुख अपनाया और कहा, "यह सब असंभव है।" उन्होंने इस प्रश्न को हल करने का प्रयास ही नहीं किया। अल्पसंख्यकों का सवाल मुश्किल था, लेकिन नामुमकिन नहीं। इसके बाद गांधीजी की अध्यक्षता में दो बार बैठकें हुईं, लेकिन उनके ऐसे रवैए के कारण चर्चा में किसी ने उत्साह से भाग नहीं लिया।

आखिरकार यह अवधि भी समाप्त हो गई। हमारा समझौता नहीं हो सका। कल फिर यही बात अल्पसंख्यक समिति और मैकडोनाल्ड के सामने कहनी पड़ेगी। इस शर्मनाक स्थिति को टालने के लिए सरोजिनी नायडू ने एक रणनीति सुझाई, "पंजाब प्रश्न को मध्यस्थता समिति को सौंपने के लिए हम सभी को तैयार रहना चाहिए। अन्य प्रश्न हल होने के रास्ते में हैं। इसे घोषित करके शर्मनाक स्थिति को टाला जाना चाहिए।" लेकिन सिखों और मुसलमानों के बीच गतिरोध पैदा हो गया। उन्होंने कहा, "हम सोचकर बताते हैं।" इसी विचार-विनिमय में रात के आठ बज रहे थे, इसलिए तीन घंटे के बाद रात के ग्यारह बजे सभी को यहाँ इकट्ठा होना है और मुसलिम-सिखों को सरोजिनी नायडू की जानकारी के अनुसार अपना निर्णय बताना है।

रात ग्यारह बजे हम फिर इकट्ठे हुए। मैंने पंजाब के संबंध में एक सूचना दी थी। अस्पृश्यों की समस्या को ध्यान में रखते हुए पंजाब के संदर्भ में निर्णय देने के लिए जो ट्रिब्यूनल बनेगा, उसमें हिंदू, मुसलिम और सिखों के संबंध में निर्णय देने की स्पष्ट सूचना दें। नहीं तो मुझे ट्रिब्यूनल के फैसले का विरोध करना पड़ेगा, लेकिन अन्य जनप्रतिनिधियों ने ऐसा समय नहीं आने दिया। पंजाब के सवाल पर नायडू की मूल योजना पर विराम लग गया। सिखों के प्रतिनिधियों तथा हिंदू महासभा के प्रतिनिधियों डॉ. मुंजे, पंडित मालवीय आदि ने ट्रिब्यूनल के सुझाव को स्वीकार कर लिया, लेकिन इस मध्यस्थता बोर्ड के सदस्यों को गोलमेज परिषद् द्वारा चुना जाना चाहिए—सिखों और हिंदुओं ने (गांधीजी और नायडू के) इस सुझाव का विरोध किया। मुसलमानों ने कहा कि ट्रिब्यूनल के सदस्य गोलमेज परिषद् के सदस्यों में से होने चाहिए, बाहरी लोगों में से नहीं। सिखों, मुंजे और मालवीय को डर था कि अगर गोलमेज परिषद् के सदस्यों के चयन के लिए गांधी और सप्रू का नाम सामने आया तो वे मुसलमानों की मध्यस्थता को मान्यता दे देंगे। गांधी और सप्रू का झुकाव मुसलमानों की ओर है। उनका फैसला सिखों और हिंदुओं के लिए फायदेमंद नहीं है। इसी भय से सिखों तथा हिंदुओं ने इस योजना को स्वीकार नहीं किया।

इस विचार ने गांधी भक्त और कांग्रेस समर्थक हिंदू प्रतिनिधियों में हलचल

पैदा कर दी, लेकिन रात के 1:30 बजे हम निराश होकर वापस आ गए। हमने फैसला किया कि अगर कोई समझौता नहीं हुआ तो हमें कल समिति के सामने जाना होगा, जो शर्म की बात होगी। लेकिन गांधी ने इस आपसी समझौते को तोड़ दिया। दूसरे दिन मैकडोनाल्ड की अध्यक्षता में आयोजित अल्पसंख्यक उपसमिति में गांधीजी ने एक चिड़चिड़े ढंग से अप्रासंगिक और अनावश्यक भाषण दिया। उन्होंने कहा, "मेरी कोशिश असफल रही, मैं दोबारा कोशिश नहीं करूँगा। जाति-विशेष के सवाल पर समझौता न करना कोई खास बात नहीं है।" उन्होंने आगे कहा कि व' गोलमेज परिषद् में आए थे, इसलिए उनके साथ समझौता नहीं कर सकता था। कुल मिलाकर गांधीजी का बयान गैर-जिम्मेदाराना था।

सर शफी, सर पेट्रो जैसे प्रतिनिधियों ने गांधीजी की आलोचना की। लेकिन मेरी कड़ी आलोचना ने चुभन पैदा कर दी। मैं इतनी कठोर आलोचना नहीं करता, लेकिन उनका व्यवहार निंदनीय था। इसलिए मैं उन्हें कटु शब्दों में जवाब देने से खुद को नहीं रोक सका। मुझे पता है कि मेरी कड़ी टिप्पणी का भारत में गलत अर्थ निकाला जाएगा। गांधीजी, सर शफी और मेरी बात सुनने के बाद डोनाल्ड ने गांधीजी की अच्छी क्लास ली। इसके बाद उन्होंने कमेटी का काम फिलहाल के लिए स्थगित कर दिया। इसके बाद भारत के सचिव ने मुझे फोन किया। उन्होंने मुझसे कहा कि जब तक अछूतों को जरूरी अधिकार नहीं दिए जाएँगे, तब तक संविधान को मान्यता नहीं मिलेगी।

मैं गांधीजी का विरोधी हूँ, फिर भी मैं उनके सरल और प्रामाणिक दृष्टिकोण का सम्मान करता हूँ, लेकिन उन्होंने मुसलमानों से साँठगाँठ करने का जो प्रयास किया, वह किसी भले आदमी के लायक नहीं है। जब मुझे इस बारे में पता चला तो मैंने उनके प्रति अनादर महसूस किया और गुस्सा आया। अगर गांधीजी मेरा सीधा विरोध करते तो मुझे इतना बुरा नहीं लगता, लेकिन उनकी इस तुच्छ नीति को देखकर मुझे बहुत गुस्सा आया। इसलिए मैंने उनकी कड़ी आलोचना की। मैंने अंग्रेजी अखबार 'लंदन टाइम्स' में एक लेख लिखकर गांधीजी के तुच्छ काम की धज्जियाँ उड़ाईं। मैंने भारत के प्रमुख समाचार-पत्रों को यह कड़वी सच्चाई भेजी। हालाँकि, यह काम सफल नहीं हुआ। विरोध से इनकार के लिए मैंने और श्रीनिवासन ने अछूत समुदाय की ओर से मुसलिम प्रतिनिधियों को धन्यवाद दिया।

गांधीजी ने एक सभा में कहा, "मैंने अछूतों के खिलाफ मुसलमानों के साथ गठबंधन नहीं किया है।" गांधी द्वारा मुसलमानों की माँगों को स्वीकार करने से पहले मुसलमानों द्वारा गांधीजी की किन शर्तों को स्वीकार किया जाना चाहिए?

इसकी सूची प्रकाशित कर दी गई है। इसमें प्रमुखता से यह भी एक शर्त है। एक तरह से गांधीजी ने मुझे आश्वासन दिया कि अगर अल्पसंख्यक समुदाय आपकी माँग का विरोध नहीं करता है, लेकिन अगर कांग्रेस विरोध करती है तो भी मैं आपकी माँगों पर विचार करूँगा और साथ ही मुसलमानों को हमारा विरोध करने के लिए मजबूर करना, इसे कारस्तानी कहा जाता है। यही नहीं, गांधीजी की अछूतों के प्रति अन्यायपूर्ण और पक्षपातपूर्ण नीति को देखकर उनके अपने ही कुछ अनुयायी हैरान हैं।

हर दिन मेरे पास भारत के विभिन्न हिस्सों से अछूत समुदाय से गांधी के खिलाफ कई तार आते हैं, जिससे देश में इतनी उथल-पुथल मची हुई है। इसकी कल्पना की जा सकती है। मेरे प्रतिबंध की कुछ पंक्तियाँ भी रही हैं, लेकिन वह प्रतिबंध सवर्ण हिंदुओं का है, जिन्होंने इसे 'राष्ट्रीय प्रतिबंध' कहकर अछूतों के नाम पर गढ़ा और भेजा है। ऐसा राजा-महाराजा कह रहे हैं। तात्पर्य यह है कि महासंघ का संविधान एक अनियंत्रित और असीमित काल के लिए निलंबित रहेगा। इसी कारण सर तेज बहादुर सप्रू भी राजा-महाराजाओं से नाराज दिखाई दे रहे हैं।

रियासतों के एक प्रतिनिधिमंडल ने मुझसे मुलाकात की। उन्हें पता चला कि मैं देशी रियासतों की प्रजा की ओर से गोलमेज परिषद् में अपना पक्ष रख रहा हूँ। उन्होंने अपनी समस्या बताई। उनके कहने से पहले ही मुझे उनकी स्थिति के बारे में पर्याप्त जानकारी मिल गई थी। इस कारण मैंने प्रजा के हित के लिए देशी रियासतों से विवाद करके उनका क्रोध अपने ऊपर ले लिया। समय आने पर मैं जनता के हितों की लड़ाई जरूर लड़ूँगा, लेकिन मुझे किसी का समर्थन नहीं है। मुझे उम्मीद थी कि कम-से-कम गांधीजी संघीय ढाँचा समिति में भाषण देते समय और देशी रियासतों की प्रजा की रक्षा करते हुए इसका समर्थन करेंगे। लेकिन दूसरे दिन गांधीजी का भाषण सुनकर मुझे बहुत निराशा हुई। गांधीजी का 'किसी का अपमान मत करो'—राजा-महाराजा के बारे में वह कथन बिल्कुल सही साबित हुआ, लेकिन अछूतों के बारे में उनका व्यवहार कुछ और ही था, क्योंकि ये लोग मुसलमानों की तरह मजबूत नहीं थे, इसलिए कि ये राजाओं की तरह अमीर नहीं थे। कोई भी डॉक्टर किसी गरीब लाचार की लाश पर प्रयोग करता है, वह जो चाहे करता है। गांधीजी अपने सत्य और सिद्धांतों का प्रयोग गरीब अछूतों के जीवन पर भी करते देखे जाते हैं। उन्हें आरक्षित स्थान नहीं मिलना चाहिए, इसलिए गांधीजी ने अपने जीवन को दाँव पर लगा दिया, जबकि राजाओं के सामने वे मोम की मूर्ति बन गए।

गांधीजी एक भ्रष्ट योगी हैं, जो मूर्खों के राज्य में भटकते हैं। वे समझते हैं कि राजा–महाराजा का राज्य रामराज्य जैसा होगा, लेकिन यह समझा जाना चाहिए कि सभी रियासतें इस सुरक्षा बंधन और आरक्षित अधिकारों की कट्टर समर्थक हैं। ब्रिटिश साम्राज्य के साथ उनका रिश्ता अटूट और अखंड है। ब्रिटिश साम्राज्य से अलग होकर पूर्ण स्वतंत्रता का प्रस्ताव पारित करने वाली कांग्रेस को इतनी भी समझ नहीं, लेकिन अछूतों के संबंध में गांधीजी के सिद्धांतों की यही धार होनी चाहिए। इससे बड़ा दोगलापन और क्या हो सकता है? उनके धर्मनिष्ठ अनुयायी, देशभक्त कुछ भी कहें; गांधीजी की अग्निपरीक्षा गोलमेज सम्मेलन के लिए थी। मेरे जैसे अन्य मुखर लोगों ने भी ऐसा ही अभिव्यक्त किया। एक सज्जन ने खेद भरे व्यंग्य में कहा, "महात्माजी को यहाँ से उठा ले जाना चाहिए, नहीं तो वे स्वयं ही नहीं, जिस देश के वे नेता माने जाते हैं, उस देश का लोक भी रसातल में चला जाएगा।" श्री विट्ठलभाई पटेल और मैं परसों मिले थे। उन्होंने गांधीजी की नीतियों के प्रति अपनी अरुचि व्यक्त की। उन्होंने कहा, "गांधीजी ने पूरा ब्रह्म घोटाला बनाया है।"

ऐसा प्रतीत होता है कि गोलमेज सम्मेलन 10 नवंबर या 20 नवंबर तक समाप्त हो जाएगा। क्या यह परिषद् कुछ हासिल करके समाप्त हो गई है या इस परिषद् से कुछ निकला है? ऐसा सवाल हर जगह पूछा जाएगा। मुझे डर है कि गोलमेज सम्मेलन का अंत बहुत खेदजनक स्थिति में होगा। यदि ऐसा होता है तो सारी जिम्मेदारी गांधीजी पर होगी। परिषद् का बंद होना भारत के लिए हितकारी होगा, लेकिन ऐसा प्रयास गांधीजी के हाथों नहीं हुआ, उनकी आधी–अधूरी नीति का परिणाम यह हुआ। अछूत अल्पसंख्यक प्रतिनिधियों द्वारा प्रस्तुत की गई माँगें कितनी वास्तविक हैं, उनके पीछे की भावना कितनी तीव्र है? गांधीजी को इसका आभास नहीं हुआ। इस वजह से गांधीजी के हाथों उन माँगों को नजरअंदाज कर दिया गया। परिणाम यह हुआ कि अल्पसंख्यकों के प्रश्न को बुद्धिमानी से हल करने के बजाय उपेक्षित कर दिया गया।

महात्मा की बात तो छोड़िए, लेकिन आम आदमी को भी यह बात शोभा नहीं देती, जैसी चालें गांधीजी ने चली थीं। उन्होंने अल्पसंख्यकों की समस्याओं को हल करने के बहाने चाणक्य नीति का इस्तेमाल किया, लेकिन वे खुद इस दाँव में फँस गए। गांधीजी ने कांग्रेस के नाम पर राष्ट्रीय हित और राष्ट्रीय गौरव के लिए जो कुछ भी कहा, उसका सम्मान किया। यदि मैं कांग्रेस या गांधीजी का अनुयायी न भी होता तो भी मैं हृदय से उन माँगों का समर्थन करता, लेकिन उन्होंने मुझे यह अवसर नहीं

मिलने दिया। "जान चली जाए तो भी ठीक है, लेकिन अछूतों को आजादी नहीं मिलने देना।"

गांधीजी ने इस कट्टरता को इस हद तक ले लिया कि इसे रोकने के लिए मुझे स्वर्ग और पृथ्वी को एक करना पड़ा।

प्रांतीय सरकार को केंद्र सरकार के प्रति उत्तरदायी होना चाहिए, मैं कांग्रेस का समर्थन करता, क्योंकि मैं कांग्रेस के मत का ही हूँ, परंतु गांधीजी की विचित्र नीति के कारण उन्होंने मुझे यह अवसर नहीं दिया। परिणाम यह हुआ कि मुसलिम, ईसाई, अछूतों के प्रतिनिधियों ने प्रश्न का समाधान होने तक बहस में भाग लिया। लेकिन लॉर्ड सैंके को लगा कि इसे उठाने का कोई मतलब नहीं है। अतः उन्होंने संघीय संरचना समिति का कार्य स्थगित कर दिया।

जिम्मेदारी केंद्र सरकार की है या नहीं? इस अहम सवाल पर आज चर्चा होनी चाहिए थी, लेकिन ऐसा नहीं हुआ। इस प्रश्न का समाधान तो नहीं मिला, पर गांधीजी ने इस विषय पर चर्चा तक नहीं की। इस प्रकार गांधीजी का आना व्यर्थ गया। विश्व विजेता जूलियस सीजर द्वारा गौड़ प्रांत पर किए गए आक्रमण का वर्णन इतिहासकार ने किया है, "सीजर आया¨¨उसने देखा और उसने विजय प्राप्त की" इतना लिखकर भविष्य के इतिहासकार ने अपनी कलम नीचे रख दी। लेकिन गांधीजी की जीत हुई, ऐसा इतिहासकार लिख नहीं सकता। गांधीजी की असफलता से बहुत से लोग निराश हैं। गांधीजी न आते तो कांग्रेस मुट्ठी में बँधी रहती। ऐसा अब उनके दोस्तों और फॉलोअर्स को भी लग रहा है, कुछ लोग खुलकर बोल रहे हैं।

समर्थक हेरॉल्ड लास्की जैसे कुछ ब्रिटिश गांधी भक्त गांधीजी के लोकतंत्र की अशोभनीय प्रकृति को देखकर हैरान हैं। यदि गोलमेज परिषद् विफल हो गई, तो उसका परिणाम क्या होगा? इसे लेकर सवाल पूछे जा रहे हैं। मेरे विचार से यह प्रश्न गांधीजी के ध्यान में अवश्य लाया गया होगा। गांधीजी ने स्पष्ट रूप से कहा कि "मैं असहयोग आंदोलन को फिर से शुरू करूँगा।" लेकिन यहाँ उन्हें कुछ भी करने से पहले दो बातों का ध्यान रखना होगा। पहली, वर्तमान सरकार कंजर्वेटिव पार्टी की है। यदि गांधीजी ने ऐसी पहल की होती तो वे उनके दिल पर वार कर पाते। ऐसा करके गांधीजी को भारत के अल्पसंख्यक समाज के बारे में सोचना होगा। पिछली बार कांग्रेस के असहयोग आंदोलन का अल्पसंख्यक समुदाय ने विरोध नहीं किया था। कांग्रेस की गोलमेज परिषद् में भाग लेने पर अल्पसंख्यक समुदाय को उम्मीद थी कि कांग्रेस उनकी जायज माँगों का समर्थन करेगी, लेकिन यह उम्मीद

बेकार साबित हुई। दूसरी ओर कांग्रेस ने अन्यायपूर्ण, जातिगत और अतार्किक नीति का सहारा लिया है और अब अछूत समाज के प्रति कांग्रेस का रवैया बदल गया है।

बंबई प्रांत से ही नहीं, बल्कि पंजाब, बंगाल, मद्रास आदि से भी भारत के सभी हिस्सों से कांग्रेस-गांधी के खिलाफ तार मेरे पास आ रहे हैं। वास्तव में गांधीजी बहुत भ्रमित हैं। मेरे इतने सारे अछूतों के रक्षक होने पर भी आप मेरा विरोध क्यों करते हैं? इस पहेली को सुलझाना गांधीजी के लिए इस जन्म में संभव नहीं है। परिणामस्वरूप गांधी पक्ष और अस्पृश्य समुदाय एक-दूसरे के विरोधी होंगे, यह बात बहुत स्पष्ट है। मुझमें और गांधीजी में पहले की तरह ही आज भी फर्क है। गांधीजी के दोस्तों की शिकायत है कि मैं उनके साथ सम्मान से पेश नहीं आया। उन्हें मेरा उत्तर यह है कि मैं गांधीजी का न तो भक्त हूँ और न ही अनुयायी। इसलिए मुझसे भक्ति की आशा करना व्यर्थ है। सच तो यह है कि गांधीजी के साथ मेरा व्यवहार विनम्र है। मैं वैसा ही व्यवहार करता हूँ, जैसा उनका प्रतिस्पर्धी व्यवहार करेगा।

गांधीजी की ओर देखने की दृष्टि के कारण उन्हें मेरा विरोध अनुचित लगता है, विशेषकर उनके प्रति भक्तिभाव रखने वाले भक्तों को। मैंने गांधीजी को अछूत समाज की भावनाओं से साफ शब्दों में अवगत कराया है, लेकिन उनका भ्रम और पूर्वग्रह दूर नहीं होता। वे कहते हैं कि मैं अछूतों का सच्चा प्रतिनिधि हूँ और अछूतों को स्वतंत्र निर्वाचक मंडल की कोई जरूरत नहीं है। जब आप सिखों और मुसलमानों को फ्री निर्वाचन क्षेत्र देने को तैयार हैं तो आप किस मुँह से कहते हैं कि अछूतों को नहीं मिलेगा। इस सवाल से उन पर वार किया जाता है तो वे चिढ़ जाते हैं। कारण यह है कि वे इस सवाल का ठीक से जवाब नहीं दे पा रहे हैं। मुझे म्यूरियल नाम की एक फ्रांसीसी महिला मिलीं। संस्कृत भाषा के प्रति उनका बड़ा आकर्षण है। गांधीजी की कीर्ति सुनकर उस स्त्री के मन में उनके प्रति बहुत आदर भाव हो गया। महिला ने कहा, "आज सुबह मैं गांधीजी से मिली और उनसे पूछा कि आपने अछूतों के संबंध में एक असंगत नीति क्यों अपनाई है?" गांधीजी ने कहा, "यदि अछूतों को मुक्त निर्वाचन दिया जाता है तो वे अछूत बने रहेंगे, इसलिए मैं अछूतों को मुक्त निर्वाचन देने के खिलाफ हूँ।" इस पर फ्रांसीसी महिला ने कहा, "यदि ऐसा होता तो डॉ. आंबेडकर आदि अछूतों के प्रतिनिधि इसे स्वीकार नहीं करते?" इस पर गांधीजी क्या जवाब देंगे? महिला ने आगे कहा, "उन्हें थोड़ा गुस्सा आया। उनका व्यवहार बता रहा था कि मुझे वहाँ से चले जाना चाहिए।"

परसों गांधीजी ने 'इंस्टीट्यूट ऑफ नेशनल अफेयर्स' नामक संस्था में भाषण

दिया था। उन्होंने वहाँ भी अछूतों के संबंध में अपनाई गई नीति का समर्थन किया। 10 नवंबर को इस संस्थान में मेरा भाषण था। उनके विचारों से एक बात स्पष्ट हुई कि अल्पसंख्यक समुदाय को अलग-थलग करना उनकी भेदभावपूर्ण नीति थी। परिणाम उनकी इच्छा के विपरीत हुआ। गांधीजी की चाणक्य नीति की हार हुई। मैं अस्पृश्य समुदाय को विश्वास दिलाना चाहता हूँ कि स्वराज अर्थात् राज्य की शक्ति का उचित हिस्सा अस्पृश्यों पर उपकार का रूप नहीं है, इसलिए जब तक हमें सत्ता का रूप नहीं मिलेगा, तब तक गांधीजी के हाथ में भी स्वराज नहीं मिलेगा।

मेरे खिलाफ भारत के राष्ट्रीय अखबारों ने गाली देने और गलत सूचना फैलाने का अभियान शुरू किया है। उस संदर्भ में मेरे पास बहुत सी खबरें आई हैं, जिनमें से कुछ मैंने पढ़ी और देखी हैं। मैं इन खबरों से हैरान नहीं हूँ। संतोष की बात है कि अस्पृश्य समुदाय कांग्रेस के विरोध से बेखबर रहा है। उनमें आज तक जागृति नहीं आई थी, इस समय आ गई है। गांधीजी की न्यायोचित नीति के विरोध में भारत के दलित समाज में स्वाभिमानी जागृति आई है। महाराष्ट्र ही नहीं, बल्कि भारत के विभिन्न हिस्सों से मेरी माँगों के समर्थन में कई संदेश मेरे पास आए हैं। कांग्रेस ने कुछ अछूतों को अपने साथ लेकर हमारी माँगों के विरोध में चार तार भेजे हैं, लेकिन वे हमारे आंदोलन को गलत दिशा में नहीं ले जा सकते।

भारत के कई अखबारों से मुझे कोटेशन भेजे गए हैं, 'ज्ञान प्रकाश' पत्र के भी कोटेशन हैं। गोलमेज परिषद् के संदर्भ में पुणे में अस्पृश्य समुदाय की बैठक की वास्तविकता उस पत्र में दी गई है। इस मुलाकात के संदर्भ में 'ज्ञान प्रकाश' में एक संपादकीय लिखा गया है। 'ज्ञान प्रकाश' अखबार कांग्रेस या हिंदुओं के अन्य अखबारों की तरह एकतरफा अखबार नहीं है, लेकिन मुझे आश्चर्य है कि 'ज्ञान प्रकाश' जैसे अखबार ने इस अखबार के संपादकीय को पढ़ने के बाद गांधी और मेरे बीच जो विवाद पैदा हुआ, उसका आकलन नहीं किया। "गांधीजी संयुक्त निर्वाचन प्रणाली और अस्पृश्यों को आरक्षित सीटें दान करने के लिए तैयार हैं, लेकिन मैं इसे स्वीकार करने के लिए तैयार नहीं हूँ, बल्कि मैं स्वतंत्र निर्वाचन प्रणाली के लिए हठपूर्वक बैठा हूँ।" आज कोई दो-चार अछूत नेता मेरे खिलाफ हैं। गांधीजी क्या सोचते हैं, उन्हें समझना चाहिए। लेकिन अछूतों का भला किसमें है, यह बात उनके जैसे सवर्ण से ज्यादा मुझ जैसे अछूत को समझ आती है। गांधीजी न आते तो अच्छा था, लेकिन उनके आगमन ने उनकी पक्षपात की नीति को उजागर कर दिया है। परसों हिंदी के कुछ प्रतिनिधियों ने श्रीमान रेम्स मैकडोनॉल्ड को एक पत्र भेजा। इस बात की जानकारी लोगों को अखबारों से मिली। उसमें लिखा था कि

"ब्रिटिश सरकार भारत को केवल प्रांतीय स्वशासन का अधिकार देने को तैयार है, परंतु हिंदू लोग केवल प्रांतीय स्वशासन के अधिकार के लिए कतई तैयार नहीं हैं।" इस पत्र पर पहले हस्ताक्षर गांधीजी के हैं। पत्र की सच्चाई यह है कि सोमवार 2 नवंबर को श्री गांधी मुख्य प्रधान से मिले थे। वहाँ पूछा गया था कि प्रांतीय स्वायत्तता देने से काम चलेगा या नहीं? गांधीजी ने इसे स्वीकार कर लिया। दो दिन तक इस बात का किसी को पता नहीं चला। यह राज गुरुवार को खुला। हिंदू प्रतिनिधि भयभीत थे। शुक्रवार को गांधीजी से काफी पूछताछ की गई, आखिर में पत्र लिखने के बाद सबसे पहले गांधीजी के हस्ताक्षर लिये गए।

अल्पसंख्यकों ने आपस में सुलह कर ली। गांधीजी ने इसके खिलाफ कड़ा भाषण दिया। उन्होंने कहा, "अस्पृश्य समाज हिंदू समाज का ही एक अंग है। इसलिए वह अल्पसंख्यक नहीं है।" हमेशा की तरह विरोध करते हुए उन्होंने अछूतों की माँगों का पुरजोर विरोध किया। अब गांधीजी को करारा जवाब देना होगा। गोलमेज सम्मेलन में मैंने जो भूमिका निभाई, वह मेरे विवेक के अनुरूप थी। अछूत हिंदू भाई हैं, इसलिए उनमें सुलह करा देनी चाहिए। ऐसा गांधीजी का दावा था। इसी समय उन्होंने मुसलमानों के बीच एक गुप्त समझौता किया और मुसलमानों से कहा, "कांग्रेस आपकी चौदह माँगों को स्वीकार करती है, लेकिन आपको यह भूमिका निभानी चाहिए कि अल्पसंख्यक और अछूत स्वतंत्र निर्वाचन क्षेत्र की माँग न करें।" मेरे पास इसका सबूत है। अगर गांधीजी के किसी शिष्य को यह देखना है तो वह मेरे कार्यालय में आए। गांधीजी ने मुसलमानों का समर्थन पाने के लिए होटल में आगा खान से मुलाकात की। उन्होंने बाजार से कुरान की पुस्तक खरीदी और आगा खान को मनाने लगे। तब आगा खान ने गांधीजी से कहा, "अस्पृश्य समाज बहुत कमजोर है। उन्हें सभी सहायता और अधिकार मिलने चाहिए। मुसलमानों की तुलना में उन्हें इसकी अधिक आवश्यकता है। मुझे ऐसा लगता है, मैं ऐसा व्यवहार करूँगा।" गांधी निराश होकर लौटे।

सबके सहयोग और समर्थन से मुझे अस्पृश्यों के राजनीतिक अधिकारों के लिए लड़ने की ताकत मिलती है। मेरा आंदोलन और मेरा काम सिर्फ महारों तक ही सीमित नहीं है। राष्ट्रहित का दावा करने वाले अखबार देशद्रोही होने और दूसरों को गाली देने का काम करते हैं। अछूतों ने इन अखबारों से बिना डरे मुझे सबसे ज्यादा सहयोग दिया है, इसलिए मैं लंदन में कुछ-न-कुछ काम करता रहा हूँ। आप संगठन को मजबूत करें, साहस और अनुशासन के बल पर हम आगे बढ़ेंगे।

आज भारत में यदि किसी को देशद्रोही, देश का विनाशक, हिंदू धर्म को

नष्ट करने वाला और हिंदू-हिंदू को बाँटने वाला कहना है तो वह मैं हूँ। गोलमेज काउंसिल गहराई से सोचेगी, तब उन्हें यह स्वीकार करना होगा कि डॉ. आंबेडकर ने देश के लिए कुछ किया है। यदि वे इसे स्वीकार नहीं करते हैं तो मैं उन्हें कोई भाव नहीं दूँगा। मेरे काम पर मेरे समाज का भरोसा मेरे लिए महत्त्वपूर्ण है। जिस समाज में मैं पैदा हुआ, जिस समाज में जी रहा हूँ, वहीं मरूँगा। मैं उसी समाज के लिए काम करता रहूँगा। मुझे आलोचकों की परवाह नहीं है।

मुझ पर आरोप है कि मैं देश के लिए काम नहीं करता। पिछले सौ वर्षों से सुधारक, प्रखर, शांत लोग देश के नाम पर अपनी जाति के लोगों का पेट भरने का काम करते हैं। इन लोगों ने मेरे समाज के लिए कुछ नहीं किया है। फिर ये लोग मुझसे राष्ट्र-कार्य की अपेक्षा क्यों करें? महाड़, नासिक और अन्य स्थानों पर सत्याग्रह ने मुझे विश्वास दिलाया है कि हिंदू लोगों का दिल ईंट की दीवार की तरह निर्जीव है। उनमें इनसान को इनसान कहने और दूसरों को बराबरी का हक देने की इच्छा नहीं है। पत्थर की दीवार पर अपना सिर मारो, अंत में खून निकलेगा, लेकिन दीवार की कठोरता कम नहीं होगी। आज तक हमने हिंदू देवी-देवताओं के दर्शन नहीं किए, तो हम मर नहीं गए, या कि हिंदू मंदिरों में जाने वाले कुत्ते, बिल्ली या गधे इनसान नहीं हो गए। अगर वे हमें नहीं छू सकते तो हम भी उन्हें नहीं छुएँगे।

इस हिंदू धर्म ने हमारा जितना नुकसान किया है, उतना किसी महामारी ने हमारा नहीं किया। हम 2000 साल से हिंदू धर्म में हैं। हमने इसकी रक्षा में अपना सर्वस्व न्योछावर कर दिया है, लेकिन हिंदू धर्म में हमारा मूल्य कौड़ियों का नहीं है। हमने जो संघर्ष शुरू किया है, वह केवल मंदिर खुलवाने या तालाब का गंदा पानी पीने के लिए नहीं किया है। हमें ब्राह्मण के घर नहीं जाना है, हमें सहभोजन नहीं करना है। हमें ब्राह्मण लड़कियाँ नहीं चाहिए। क्या हमारे समाज में लड़कियाँ नहीं हैं? हमें ब्राह्मण लड़कियों की उम्मीद क्यों करनी चाहिए? क्या हमारी महिलाओं के बच्चे नहीं होते? दरअसल हमारा आज का संघर्ष राजनीतिक सत्ता के लिए है। मुझे अब हिंदुत्व पसंद नहीं है। मेरा मन धर्म-परिवर्तन को हो रहा है। मैं जहाँ भी जाता हूँ, अपने साहस के दम पर जा सकता हूँ। पर मैं तुझमें ही क्यों रहता हूँ? क्योंकि मैं तुम्हें छोड़कर कहीं नहीं जाना चाहता। मैं आपसे कहना चाहता हूँ कि मैंने जो काम अपने हाथ में लिया है, उसे मुझे पूरा करना है।

□

28

गांधी-आंबेडकर विचार-विमर्श

14 अगस्त, 1931 को मध्याह्न के समय मणिभवन के तृतीय तल पर दोनों के मध्य इस प्रकार विचार-विमर्श हुआ—

गांधीजी : डॉक्टर साहब, क्या बताना चाहते हैं आप?

बाबासाहेब : आपने मुझे अपने विचार सुनने के लिए बुलाया है। आप ही कुछ कहें, नहीं तो प्रश्न पूछें, मैं उत्तर दूँगा।

गांधीजी : मुझे पता चला है कि आपको मुझसे और कांग्रेस से कुछ द्वेष है। मैं अपने स्कूली जीवन से ही अछूतों के सवालों के बारे में सोचता रहा हूँ। शायद उस समय आपका जन्म भी नहीं हुआ होगा। इन सवालों को कांग्रेस के कार्यक्रम में शामिल करने के लिए मुझे प्रयास करना पड़ा। आपको यह अवश्य जानना चाहिए। राजनीतिक कार्यक्रम में इन धार्मिक और सामाजिक प्रश्नों को नहीं मिलाया जाना चाहिए। ऐसा सवाल कांग्रेस नेता पेश करते हैं। मैंने यह प्रश्न उठाया है। इतना ही नहीं, कांग्रेस ने अछूतों के लिए बीस लाख रुपए खर्च किए हैं। इसके बावजूद आप मेरा और कांग्रेस का विरोध क्यों करते हैं? यह बहुत ही आश्चर्यजनक है। अगर आप इस संबंध में कुछ कहना चाहते हैं तो जरूर कहें।

बाबासाहेब : यह सच है कि आप मेरे जन्म से पहले अछूतों के प्रश्नों पर विचार करते रहे हैं। उम्र के मसले पर जोर देना सभी बड़ों की आदत होती है। आपके कारण ही कांग्रेस ने कुछ खास नहीं किया। आप कहते हैं कि कांग्रेस ने अछूतों के लिए बीस लाख रुपए खर्च किए, लेकिन वह सब पानी में बह गया। अगर मुझे इतनी रकम मिल जाती तो मैं अपने समाज की आर्थिक और सामाजिक स्थिति में आश्चर्यजनक परिवर्तन ला देता। मुझे लगता है कि कांग्रेस

की अपने ही कार्यक्रम के प्रति कोई निष्ठा नहीं है। अगर ऐसा होता तो छुआछूत दूर करने के लिए भी कांग्रेस की सदस्यता के लिए खादी पहनने की शर्त रखी जाती। ऐसा घर जिसमें कोई अछूत पुरुष या स्त्री कार्यरत न हो, जो किसी अछूत छात्र की देखभाल नहीं करता हो या किसी अछूत छात्र को सप्ताह में एक बार भोजन उपलब्ध नहीं कराता हो। अगर कांग्रेस ने ऐसे लोगों की सदस्यता पर रोक लगा दी होती तो आज ऐसे हास्यास्पद दृश्य न देखने को मिलते। न ही मंदिर में अछूतों के प्रवेश का विरोध करने वाले जिलाध्यक्ष सामने आए होते। आप यह भी कहेंगे कि कांग्रेस को अपनी संख्या बढ़ानी होगी, इसके लिए ऐसी शर्त ठीक नहीं है। तो फिर मेरा यह कहना उचित होगा कि संख्या के आगे कांग्रेस को नैतिकता की आवश्यकता नहीं है, यह मेरा आप पर और कांग्रेस पर आरोप है। हमारी आस्था न तो हिंदुओं पर है और न ही कांग्रेस पर। हम अपने और अपने समाज के स्वाभिमान पर अडिग हैं। हमें महात्मा पर विश्वास नहीं है। कांग्रेसी मुझे देशद्रोही कहकर मेरे आंदोलन का विरोध क्यों करें? (इस समय बाबासाहेब का चेहरा गंभीर हो गया) वे कुछ देर रुके और बोले—गांधीजी, मेरी कोई मातृभूमि नहीं है।

गांधीजी : आपकी मातृभूमि है। गोलमेज परिषद् की रिपोर्ट मेरे हाथ में है। उस रिपोर्ट से मुझे आपके काम का महत्त्व पता चला है। आप एक देशभक्त हैं। मैं यह जानता हूँ।

बाबासाहेब : आप कहते हैं, मेरे पास मातृभूमि है, लेकिन मैं फिर कहना चाहता हूँ कि मेरी कोई मातृभूमि नहीं है। जिस देश में हमें पीने का पानी न मिले और जिस देश में हमें कुत्ते-बिल्ली से भी बदतर समझा जाए, उसे मैं अपना देश और अपना धर्म कैसे कह सकता हूँ? एक अछूत इस देश पर कैसे गर्व कर सकता है? अन्याय और अत्याचार से सहमे हुए अगर हम देशद्रोह के शिकार हो जाते हैं तो इसका पूरा जिम्मेवार यह देश होगा। आप कहते हैं कि मेरे हाथों से देश की कुछ सेवा हुई है, जो देश के काम में सहायक है। अगर ऐसा हुआ तो मैंने देशप्रेम के कारण नहीं किया, लेकिन मेरे देवता ने मुझसे कहा, इसलिए मैंने ऐसा किया। मेरे लोग इस देश में हजारों वर्षों तक पैरों तले कुचले गए। उन लोगों को मानवता का अधिकार दिलाने की कोशिश करते हुए अगर मेरे हाथों से देश को कुछ नुकसान हुआ है तो यह कोई पाप नहीं है। एक भी ऐसा कार्य नहीं हुआ है, जिससे मेरे हाथों से देश का अहित हो, तो उसका कारण मेरी अपनी निष्ठा है। मेरे भाइयों को इनसानियत का हक

देते हुए मेरे सपने में भी इस बात का नुकसान न हो। फिर देशहित की बलि देने की बात कैसे होगी?

गांधीजी : मैं हिंदुओं से अछूतों के राजनीतिक अलगाव को स्वीकार नहीं करता। आपकी स्पष्ट प्रस्तुति के लिए धन्यवाद। हम कहाँ खड़े हैं, यह पता चला, जो अच्छा है। (बाबासाहेब विदा हुए)

□

29

पूना समझौता

ब्रिटिश सरकार द्वारा घोषित कम्युनल अवार्ड में अस्पृश्य वर्ग को स्वतंत्र निर्वाचन क्षेत्र का अधिकार प्रदान किया गया। मुझे यह देखकर बड़ा आश्चर्य हुआ कि महात्मा गांधी इसके विरोध में आमरण अनशन करने वाले हैं। गांधीजी ने गोलमेज सम्मेलन में कहा था कि स्वतंत्र निर्वाचन क्षेत्र भारत की स्वतंत्रता में बाधा बनेंगे। उन्होंने स्वतंत्र निर्वाचन क्षेत्र के लिए उपवास करने के बजाय स्वतंत्रता के लिए आमरण अनशन क्यों नहीं किया? यह आमरण अनशन सिर्फ स्वतंत्र निर्वाचन क्षेत्र यानी अछूतों के खिलाफ ही क्यों है? मुसलमानों, सिखों आदि के बारे में क्यों नहीं?

अस्पृश्यों ने अपनी दशा सुधारने के लिए हाथ-पाँव हिलाए कि सारे हिंदू टूट पड़े। अस्पृश्यों के लिए अपनी स्थिति सुधारने का कोई खुला रास्ता नहीं है, क्योंकि हिंदुओं ने इसे अवरुद्ध कर दिया है। ऐसी स्थिति में अस्पृश्यों को विशेष राजनीतिक अधिकार देने होंगे, तभी वे अपनी दशा सुधारने का मार्ग देखेंगे। महात्मा ने अधिकार देने के लिए कुछ नहीं किया, उलटे वे उन अधिकारों का विरोध करते हैं और कहते हैं कि यह समझना उनके वश से बाहर है।

मैं अछूतों का सच्चा हितैषी हूँ। उनके विचारों के अनुसार हिंदू अछूतों के साथ दासों जैसा व्यवहार करते थे, इसलिए वे अछूतों को कभी भी उनके अधिकारों में भागीदार नहीं बनाएँगे। मैंने माँग की कि गोलमेज सम्मेलन में अस्पृश्यों को विशेष राजनीतिक अधिकार मिलने चाहिए। गांधीजी ने इस माँग का विरोध किया। अब अछूतों को कम्युनल अवार्ड के तहत वे राजनीतिक अधिकार मिल गए हैं तो गांधी आमरण अनशन कर उन अधिकारों का विरोध कर रहे हैं। उनका यह कार्य अछूतों के हितों में बाधक है।

महात्मा गांधी ने लंदन में मेरे सामने एक योजना रखी थी, उस समय मैंने उनकी योजना को स्वीकार नहीं किया। कारण यह है कि महात्मा गांधी या कांग्रेस अमर नहीं हैं, जिससे वे भविष्य में अछूतों के राजनीतिक अधिकारों की रक्षा कर सकेंगे। इसलिए मैं महात्मा में आस्था रखते हुए अपने समाज के जीवन-मरण का प्रश्न उन्हें नहीं सौंप सकता। कारण यह है कि आज भारत में महात्मा तो बहुत हो गए हैं, लेकिन उन्होंने अछूतों की स्थिति में रत्ती भर भी सुधार नहीं किया। मेरे लोग हजारों साल से अछूत थे और आज भी हैं।

हिंदू समाज में कुछ सुधारक भी हैं, लेकिन उन पर उच्च जाति के हिंदुओं का थोड़ा दबाव था कि ये सुधारक उनके विचारों और सिद्धांतों को अपने पैरों के नीचे रौंदते हैं और उच्च जाति के हिंदुओं के अनुयायी बन जाते हैं। इसका कटु अनुभव हमें महाड़ और नासिक सत्याग्रह में हुआ है। उपवास करके ही लोगों को डराना और लोगों को यह अहसास कराना कि मैं सही हूँ, महात्मा का यह कृत्य धमकी देने जैसा है। अगर कोई अछूतों को धमकाकर चुप कराने की कोशिश करता है या कोई उन्हें अपनी तरफ झुकाने की कोशिश करता है तो यह कभी सफल नहीं होगा। उपवास के शस्त्र को उन्हें हिंदू-मुसलिम एकता, छुआछूत-एकता जैसे राष्ट्रीय कार्य के लिए प्रयोग करना चाहिए। मुझे उम्मीद है कि वे इसे अछूतों के राजनीतिक अधिकारों के खिलाफ इस्तेमाल नहीं करेंगे। अस्पृश्यों को हिंदू समाज से अलग करना हमारी मनशा नहीं है। हमारी कामना है कि इन्हें हिंदुओं की गुलामी से मुक्त किया जाए। उन्हें कम्युनल अवार्ड योजना की तुलना में अछूतों के लिए अधिक लाभकारी योजना का सुझाव देना चाहिए।

मैं अस्पृश्यों के राजनीतिक भविष्य को हिंदुओं से स्वतंत्र बनाऊँगा, यदि गांधीजी के उपवास का यही लक्ष्य है तो मैं इसका पुरजोर विरोध करूँगा। मैं अपने लोगों के साथ कभी विश्वासघात नहीं कर सकता। मुझे आशा है कि एक ओर महात्मा का जीवन और दूसरी ओर मेरे लोगों के राजनीतिक अधिकार—गांधीजी मुझ पर धार्मिक संकट की ऐसी स्थिति नहीं लाएँगे कि मैं किसे चुनूँ?

भारत के महान् व्यक्तित्व महात्मा गांधी! उनकी जान भले ही मुझे प्यारी है, लेकिन 6-7 करोड़ अछूतों के अधिकार मुझे कम प्यारे नहीं हैं! मुझे पहले उनकी रक्षा करनी है। उनकी रक्षा के प्रयास में यदि आप सब मिलकर मुझे किसी सड़क के खंभे पर फाँसी दे दो, तो भी मुझे इसकी परवाह नहीं है। मुख्य प्रधान के निर्णय से अस्पृश्यों के मुख्य प्रश्न का समाधान हो जाता है। यह आपको या गांधीजी को मंजूर नहीं होगा, फिर आप क्या चाहते हैं? गांधीजी को पहले यह बताना चाहिए।

यह देखते हुए कि इसमें अछूतों का हित कहाँ तक सुरक्षित है? मैं इसे देखने के बाद ही आपको जवाब दूँगा।

ये कांग्रेसी मेरे राजनीतिक जीवन को बरबाद करने की कितनी कोशिश कर रहे हैं? मुझे खत्म करने के बाद फिर ये लोग आपके नेता होंगे, फिर मेरे समाज का क्या होगा? ऐसे रोने से क्या होगा? हमारे वंशज योद्धा थे। हम लड़ते-लड़ते मर जाएँगे, लेकिन लड़ाई से पीछे नहीं हटेंगे। चलो, कल से बंबई और गाँवों में जाकर अपने लोगों को यह हाल समझाओ और कांग्रेसियों को हराओ।

चार-पाँच दिन पहले मैं एक भयानक चक्रव्यूह में फँस गया था। एक ओर अस्पृश्यों का राजनीतिक भविष्य और दूसरी ओर महात्मा गांधी के जीवन की रक्षा। लेकिन अब मैं उस चक्रव्यूह से बाहर आ गया हूँ। इसका काफी श्रेय गांधीजी को देना होगा। जब मैं गोलमेज परिषद् में काम कर रहा था तो गांधीजी ने किसी और से ज्यादा मेरी मदद की, लेकिन उस समय यदि वे सही ढंग से विचारधारा को ध्यान में लाते तो उन्हें आमरण अनशन नहीं करना पड़ता। लेकिन अब उनका क्या? हम अछूतों के सामने प्रश्न यह है कि यदि तुम हिंदू समझौता कर रहे हो तो क्या उसका ठीक से पालन करोगे? मुझे आशा है कि आप (सभी हिंदू) इस समझौते को एक पवित्र समझौता मानेंगे और उसके अनुसार कार्य करेंगे।

सर तेज बहादुर सप्रू और श्री राजगोपालाचारी ने इस समझौते को आकार देने के लिए कड़ी मेहनत की। औरों ने भी खूब कोशिश की। मैं सभी का आभार व्यक्त करता हूँ, लेकिन मुझे यह समझौता मंजूर नहीं है कि स्वतंत्र निर्वाचक मंडल से देश को नुकसान होगा और हिंदू समाज तथा संयुक्त निर्वाचन से लाभ होगा। अछूतों की समस्या का समाधान किसी भी राजनीतिक व्यवस्था द्वारा नहीं किया जा सकता। यह समझौता उस समस्या का समाधान नहीं कर सकता। जब तक अस्पृश्य वर्ग अज्ञानी था और उसका स्वाभिमान शून्य था, तब तक वह आपके बताए अनुसार काम करता था और उसे दी गई जमीन पर हमेशा के लिए रहता था। अब वह अच्छी तरह से शिक्षित है और उसमें स्वाभिमान की ज्योति जगी है। अब वे तुम्हारी गुलामी में नहीं रहेंगे। इतना ही नहीं, यदि आपने अपनी धार्मिक और सामाजिक श्रेष्ठता की कल्पना को नहीं छोड़ा और अछूतों के साथ अहंकारपूर्ण व्यवहार करना शुरू कर दिया तो अछूत आपसे दूर ही रहेंगे। इस बात का ध्यान रखें। इस भयावह समस्या को अपनी आँखों के सामने रखते हुए आप अछूतों के लिए जो करना चाहें, करेंगे। मुझे यही उम्मीद है।

□

30

आँखें आँसुओं से भर गईं

साहब जब बैरिस्टर बनकर आए थे तो रमाबाई की तबीयत बहुत खराब थी। डी.एन. पगारे रमाबाई से मिले। तो वे बोलीं—"पगारे दादा, आपके साहब क्या करते हैं? मेरी तो यह दशा है और वे मेरा हाल पूछते भी नहीं। सीढ़ियों से उतरते समय भी उन्हें मेरी ओर देखने की फुरसत नहीं होती।" यह सुनते ही पगारे बाबासाहेब आंबेडकर के स्टडी रूम में गए और बोले, "सर, आपके साथ क्या हो रहा है? आई साहब की तबीयत बहुत खराब है, आप उनके बारे में जरा भी पूछताछ नहीं करते, उतरते समय भी उनकी ओर नहीं देखते। फिर आपसे क्या कहूँ?"

इस पर बाबासाहेब हँस पड़े और बोले, "आखिर ऐसा क्या हो गया कि नासिक के इस महार को गुस्सा आ गया? आओ बैठो, थोड़ा शांत हो जाओ। तुम कुछ भी कहो, क्या तुम मुझे नहीं समझोगे? असल में मैं अकेला पड़ गया हूँ, फिर मैं क्या करूँ? मुझे बैरिस्टरी करनी चाहिए या सामाजिक कार्य करना चाहिए? मैं घर को देखूँ या परिवार को? यह सब करते समय उन्हें देखने का समय कहाँ है? पूछताछ की बात तो दूर रही! कानून की प्रैक्टिस करके मुझे जो भी थोड़ा पैसा मिलता है, वह सब मैं उसे दे देता हूँ। मुझे खर्चे के लिए जो भी चाहिए, मैं उससे माँग लेता हूँ। उसके पास पैसा है। क्या उसे डॉक्टर के पास नहीं जाना चाहिए? कौन सी दवा नहीं लेनी चाहिए? अपनी सेहत पर ध्यान देने के बजाय साहब ने खाना खाया या नहीं? वह इस पर बहुत ध्यान देती है। अब तुम ही बताओ मैं उसके लिए क्या करूँ?"

यह बात पूरी होने से पहले ही साहब की आँखों में आँसू छलक आए।

□

31

मेरा मिशन

मैं एक बहिष्कृत समाज में पैदा हुआ था। मैं अपना जीवन अछूत समाज की प्रगति के लिए समर्पित कर दूँगा। ऐसा प्रण मैंने बचपन में ही किया है। इस व्रत को निभाने के अवसर मेरे जीवन में आए और गए।

यदि मैंने अपना भला करने का सोचा होता तो मुझे अनेक प्रतिष्ठित पदों पर बैठने का अवसर प्राप्त होता। अगर मैं कांग्रेस में जाता तो वहाँ मुझे सबसे अच्छी पोजीशन मिलती, लेकिन मैंने अछूत समुदाय की प्रगति के लिए अपने जीवन का बलिदान करने का संकल्प लिया है। आँखों के सामने एक ही लक्ष्य रखकर कदम बढ़ा रहा हूँ। किसी भी कार्य को सफल बनाने के लिए उत्साह से काम लेना होगा। मैं भी अपने लक्ष्य को पूरा करने के लिए कृतसंकल्प हूँ। उस कार्य को पूरा करने के लिए यदि मैं संकीर्ण विचारों और कार्यों का सहारा लेता हूँ तो यह अनुचित होगा। सरकार ने लंबे समय से दलितों के कल्याण के कार्यों को अधर में लटका रखा है। यह देखकर मेरे दिल में बहुत दर्द हुआ होगा। आपने इसकी कल्पना की होगी। □

32

दयालु प्रकृति

भोर का समय हो गया था। पाँच बज रहे थे। कोई परेल में हमारे स्कूल के दरवाजे से 'आहो दोंडे, आहो दोंडे' चिल्ला रहा था। मैंने बाहर आकर पूछा, "डॉक्टर साहब, यहाँ कैसा है ?" डॉ. आंबेडकर ने कहा, "अरे दोस्तो, मैं चाय पीने आया हूँ।" और वे ऊपर आने के लिए घाट पर चढ़ने लगे। डॉक्टर अंदर बैठे, फिर मैंने पूछा, "आज कैसे आए ?" डॉक्टर ने बताया, "हमारी हिंदू बस्ती में काम करने वाली मेहतरानी रात के दो बजे मुझे लेने आई। उसने बताया कि उसके पति को शाम से दस्त व उल्टी हो रही है। वह उसे अस्पताल ले गई, लेकिन अस्पताल में बीमारों पर किसी का ध्यान नहीं है। वह बाहर पड़ा हुआ है। वह मुझसे कहने आई थी कि मैं डॉ. जीवराज को बुला लूँ। मैंने कार निकाली और उस महिला को लेकर अस्पताल गया। इसके बाद ही बीमारों का इलाज शुरू हुआ। भोर हो गई थी, तो मेरे मन में आया कि मैं आचार्य दोंडे से मिलूँ। इसलिए मैंने आपको आवाज दी।"

□

33

महाराजा सयाजीराव का निधन : व्यक्तिगत क्षति

महाराजा सयाजीराव गायकवाड़ का निधन मेरे लिए एक बड़ी व्यक्तिगत क्षति है। मैं उनका उपकार कभी नहीं भूल सकता। उन्होंने मुझे उच्च शिक्षा के लिए अमेरिका भेजा, इसलिए आज मैं उच्च शिक्षित हूँ। अस्पृश्य समाज पर उनके बहुत ऋण हैं। उनके जितना काम अछूत जाति के लिए किसी और ने नहीं किया। वे एक महान् समाज सुधारक थे। उन्होंने बड़ौदा रियासत में सामाजिक सुधार के लिए जो कानून बनाए, वे यूरोप और अमेरिका जैसे प्रगतिशील देशों के कानूनों से कहीं आगे थे। उन्होंने सामाजिक रीति-रिवाजों का अध्ययन किया और उनके दोषों को दूर करने का कार्य किया। वे हमेशा लोगों के कल्याण के लिए प्रयासरत रहते थे। कई मायनों में वे अंग्रेजों के लिए मिसाल बने। वे जन्म से महाराष्ट्रियन थे, लेकिन उन्होंने हमेशा अपनी गुजराती प्रजा का खयाल रखा। इस बात को सब मानते हैं।

सयाजीराव महाराज के निधन से भारत ने एक महान् व्यक्तित्व खो दिया है। वहीं बड़ौदा रियासत के लोग एक महान् शासक से वंचित हो गए हैं। महाराष्ट्र ने भी एक महान् विभूति, सपूत को खो दिया है। समाज सुधार का अग्रदूत नेता नहीं रहा, और अछूतों का एकमात्र शुभचिंतक चला गया।

□

34

दूसरे विवाह को 'न'

ऑफिस में बाबासाहेब बेसुध बैठे थे। पगारे ने उदासीनता का कारण पूछा। तब उन्होंने कहा, "पगारे, क्या करें? बच्चों की एक उदास, बीमार माँ थी, वह भी गुजर गई।" पगारे ने पूछा, "अब और कौन मरा है?" साहब ने कहा, "मुकुंद की माँ! अब घर में बूढ़ी को बुलाने वाला कोई नहीं रहा।"

"आपकी बहनें हैं, आप उनमें से किसी एक को ला सकते हैं।"

बाबासाहेब—"कहाँ हैं अब? सब लोग गुजर गए।"

"फिर दोनों लड़कों की शादी करा दो।"

साहब ने कहा, "ठीक है, लेकिन सास कहाँ है, उनका खयाल रखने वाली? सास के न होने के कारण दोनों घर में लड़ती रहेंगी।"

"यदि आप उसके लिए शादी करते हैं तो यह ठीक रहेगा। वह घर सँभालेगी और आपको भी।"

बाबासाहेब हँसे और बोले, "क्या कहते हो पगारे! तुम मेरे स्वभाव को अच्छी तरह जानते हो। नई आने वाली पत्नी सुशिक्षित और सुधारक होगी। हाथ में पुस्तकें लेकर सीढ़ियाँ चढ़ते हुए कहेगी—चलो, डॉक्टर के पास चलते हैं, सिनेमा चलते हैं, पार्टी में चलते हैं! मेरा विपरीत स्वभाव है। तो वह गुस्सा करेगी, हाथ-पैर मारेगी और कहेगी—यह कैसा पति है, जब देखो, पुस्तक में सिर रखे बैठा रहता है। फिर तुम ही बताओ, मैं दूसरी शादी क्यों करूँ? घर का जो होना है, होने दो, लेकिन मैं दोबारा शादी नहीं करूँगा।"

□

35
श्रम मंत्री

दलित वर्ग नीची स्थिति में रहेगा, ऐसी राजनीतिक स्थिति दलित वर्ग को स्वीकार नहीं होगी। हिंदुओं के सामाजिक, आर्थिक और धार्मिक वर्चस्व के साथ-साथ अब अस्पृश्यों पर राजनीतिक वर्चस्व का बोझ भी बढ़ेगा। मैं उसे बरदाश्त नहीं करूँगा। अधिकांश लोग अछूतों के उत्थान और स्वतंत्रता, समानता और बंधुत्व को नकारते हैं। 100 तहसीलदारों में से एक दलित तहसीलदार और चौंतीस पटवारियों में से एक दलित पटवारी नहीं है, जबकि तैंतीस उपजिलाधिकारियों में एक दलित ऐसा प्रमाण है।

मेरी भूमिका क्या है ? वह वास्तव में इस देश को समझ नहीं आई है। उसके लिए मुझे अपनी भूमिका समझाने के लिए इस अवसर का लाभ उठाना चाहिए। अध्यक्ष महोदय, मैं सत्यनिष्ठा से कहता हूँ कि जब भी मेरे व्यक्तिगत हित और देश के हित में कोई विरोध होगा, मैं देश के हित को प्राथमिकता दूँगा। मैंने अपने हित को गौण माना है। यदि मैंने अपनी शक्ति और स्थिति का उपयोग अपने लिए किया होता तो मैं किसी और स्थान पर होता। जब भी देश की माँगों का सवाल उठा तो मैं दूसरों के पीछे नहीं खड़ा रहा। मेरे सहयोगी गोलमेज सम्मेलन के दौरान इसकी गवाही देंगे। मैं उसमें विश्वास करता हूँ। गोलमेज सम्मेलन में मेरी भूमिका देखकर ब्रिटिश राजनयिक दंग रह गए। उनके अनुसार मैं अकेला ही था, जिसने ऐसे प्रश्न पूछे जो गोलमेज परिषद् में किसी ने नहीं पूछे थे।

लेकिन मैं इस देश के लोगों के मन में कोई संदेह नहीं छोड़ूँगा। मैं तो किसी और निष्ठा से बँधा हूँ, उसमें कोई भेद नहीं होने दूँगा। वह निष्ठा अर्थात् मेरा अस्पृश्य वर्ग! मैं उसमें पैदा हुआ हूँ। जब तक जिंदा हूँ, कोई फर्क नहीं आने दूँगा। मैं विधायिका को दृढ़ता से बताना चाहता हूँ कि जब अछूतों के हित और देश के

हित के बीच टकराव होगा तो मैं अछूतों के हित को महत्त्व दूँगा। मैं धोखा देने वाली बहुसंख्यक जातियों का समर्थन नहीं करूँगा। मेरी इस भूमिका को सभी को समझना चाहिए। देश का हित या मेरा हित, जब ऐसा प्रश्न उठेगा तो मैं देश का हित पहले देखूँगा। समाज का हित पहले है या देश का हित? ऐसे समय में मैं अछूत वर्ग के हित में खड़ा रहूँगा।

मैं कल से अपने नए कार्यालय का कार्यभार सँभालने जा रहा हूँ, इसलिए मैंने अपने पिछले बीस वर्षों का लेखा-जोखा प्रस्तुत किया है। मुसलमानों और अछूतों को अल्पसंख्यक माना जाता है, फिर भी उनकी और हमारी अपनी स्थिति में बहुत अंतर है। यह स्पष्ट करना होगा। मुसलिम जाति हमारी जाति से ज्यादा अमीर है। वे अंग्रेजों के आने से पहले इस देश के शासक थे। उन्होंने हमसे ज्यादा तरक्की की है। सैकड़ों वर्षों से हमारा शोषण किया जाता रहा है। हमारे समाज की स्थिति बहुत ही दयनीय है। हम केवल जनसंख्या के आधार पर अपनी तुलना मुसलमानों से नहीं कर सकते। हमें खुद पर निर्भर रहकर अपना काम करना चाहिए। हमें अपनी जाति बचानी है। मेरी यह नई नियुक्ति है, इसलिए मैं अपनी जिम्मेदारी दूसरों के कंधों पर सौंप रहा हूँ। मुझे अधिकारों (कार्यालय) का शौक नहीं है। मैं ठीक था, मेरी नियुक्ति से भी अधिक महत्त्वपूर्ण यह है कि गवर्नर जनरल की कार्यकारी परिषद् में दलित वर्गों के प्रतिनिधि के लिए एक स्थान होना चाहिए। यह परंपरा अब प्रथा बन गई है। यह ब्राह्मणशाही के लिए करारा झटका है। मेरी नियुक्ति महत्त्वपूर्ण है। यह परंपरा ब्राह्मणशाही के अनुकूल नहीं है। मुझे लगता है कि यह अछूतों की बहुत बड़ी जीत है।

ऐसे कई लोग हैं जिनकी मेरे बारे में राय ठीक नहीं है। एकाकी जीवन व्यतीत करना मेरा स्वभाव है और अपना समय पढ़ाई में व्यतीत करता हूँ। कई लोग मेरे स्वभाव के बारे में सोचते हैं कि लोगों के साथ मेरा व्यवहार ठीक नहीं है, मैं उनके साथ यथोचित व्यवहार करता हूँ, लेकिन मैं आपको विश्वास के साथ बताना चाहता हूँ कि मेरा किसी का अपमान करने का इरादा नहीं है। मेरा समय सीमित है और मुझे बहुत काम करना है, जबकि मेरा कोई सहायक नहीं है।

बहुत से हिंदू लोग मुझे शत्रुता की दृष्टि से देखते हैं। उनकी शिकायत है कि मैं उनकी भावनाओं को ठेस पहुँचाने की भाषा बोलता हूँ, लेकिन मेरा दिल बहुत कोमल है। मेरे कई ब्राह्मण मित्र हैं। मुद्दा यह है कि मैं सच बोलता हूँ। हमारे साथ कुत्ते से भी बदतर व्यवहार किया जाता है, हमारी प्रगति के सारे रास्ते बंद कर दिए गए हैं। फिर मुझसे हिंदुओं के साथ उदार व्यवहार की अपेक्षा क्यों की जाती है?

मुझे यह भी लगता है कि वर्तमान हिंदू पीढ़ी ने इस संबंध में कुछ नहीं किया है। इसलिए मैं अपनी भावनाओं को नियंत्रित करता हूँ और अपने विरोधियों के साथ सम्मानपूर्वक व्यवहार करने की कोशिश करता हूँ। अपने विरोधियों के साथ मेरा व्यवहार दोहरा नहीं होता, परंतु उनका दोषी मन उन्हें खाता रहता है।

वायसरॉय की कार्यकारिणी परिषद् के सदस्य के रूप में मैं सरकारी काम से कलकत्ता गया था। मेरा दोस्त जाधव वहाँ अपर सेक्युलर रोड पर रहता था। मैं वहाँ उनका मेहमान था। काम खत्म करके एक दोस्त के यहाँ खाना खाकर मैं वापस रेलवे सैलून आ गया। सैलून अगले दिन दिल्ली के लिए रवाना होने वाला था। अगले दिन भोर में मित्र जाधव, उनकी पत्नी और बच्चों को सैलून के सामने अपना सामान लिये खड़े देखा गया, जिसने मुझे बहुत हैरान किया। उन्होंने मुझे रात में ही विदा कर दिया था, फिर भी जाधव परिवार यहाँ सुबह विदाई देने कैसे आया? मैं इसका रहस्य समझ नहीं पाया। तब जाधव कहने लगे, "हमारे नौकर ने बगावत की है। वह कहता है कि डॉ. आंबेडकर भंगी हैं। वे आपके घर में रहे, भोजन किया। आप भी भंगी जाति के हैं। मुझे अब यकीन हो गया है। मेरी जाति भ्रष्ट हो गई, मेरा धर्म भ्रष्ट हो गया। अब हमें मोहल्ले में रहने दिया जाएगा या नहीं, मुझे शक है। इसलिए मैंने घर का दरवाजा बंद करने और परिवार को बंबई भेजने का सोचा है। यह घटना दो साल पहले हुई थी। इससे आपको अंदाजा हो गया होगा कि हमारे बारे में हिंदुओं का दिमाग कितना साफ है? हिंदू अब हमें महार या भंगी न कहकर 'हरिजन' कहने लगे हैं, शायद यही फर्क है।"

□

36
समता सैनिक दल

मध्य प्रदेश में स्थापित स्वयंसेवकों की टीम को देखकर मुझे बहुत प्रसन्नता हो रही है। स्वयंसेवकों का पहला समूह 1926 में बंबई शहर में स्थापित किया गया था। समता सैनिक दल हमारे आंदोलन का एक हिस्सा है। वास्तव में, वह हमारे आंदोलन का एक सशक्त माध्यम है। इस संगठन की स्थापना के पीछे मूल कारण हिंदू समाज में समानता प्राप्त करने के लिए दलित वर्ग की माँगों को प्रोत्साहित करना है। इसके नाम से ही संकेत मिलता है कि इस संगठन की स्थापना हिंदू समाज में दलितों के लिए समानता प्राप्त करने के उद्देश्य से की गई है। आज इसका उद्देश्य हिंदुओं से पूरी तरह अलग होकर हिंदुओं के बराबर सामाजिक समानता हासिल करना है।

दलित वर्ग के पास अपनी राजनीतिक माँगों को माँगने के लिए सभास्थल नहीं था। कांग्रेस संगठन इतना अहंकारी था कि उसने बंबई में किसी भी राजनीतिक दल की बैठक नहीं होने दी। हमारे स्वयंसेवक इस खतरे का सामना करने के लिए तैयार हैं। उन्होंने राजनीति में भाग लेकर हमारी सभाओं को कांग्रेस के स्वयंसेवकों के अत्याचारों से बचाया।

मैं गोलमेज सम्मेलन में जाने की तैयारी कर रहा था। तब मेरे आवास के निकट मेरे गोलमेज परिषद् में जाने के विषय पर अछूतों के नाम पर कांग्रेस द्वारा एक जनसभा आयोजित की गई थी। वे इस सभा में यह घोषणा करने वाले थे कि मैं दलित वर्गों का सच्चा प्रतिनिधि नहीं हूँ। मैंने इस बैठक के आयोजकों से कहा था कि अगर दलित वर्गों की वास्तविक बैठक होगी और वहाँ कोई प्रस्ताव पारित किया जाएगा तो मुझे कोई आपत्ति नहीं होगी। लेकिन यह जमावड़ा दलित वर्ग का नहीं है। शाम को उनकी सभा हुई। आखिरी समय में हमारे स्वयंसेवकों का एक समूह

आया और कांग्रेस के स्वयंसेवकों को धिक्कारते हुए बैठक पर कब्जा कर लिया। कुरसी, मेज और घंटी छोड़कर कांग्रेसी जान बचाकर भागे। हमारे स्वयंसेवक जीत के प्रतीक के रूप में कुरसियाँ, मेज और घंटियाँ लाए। हमारा स्वयंसेवक संघ बंबई में सबसे मजबूत है। आज तक किसी ने हमारे स्वयंसेवकों को चुनौती देने का साहस नहीं किया।

कुछ ऐसे लोग हैं, जो ऐसे स्वयंसेवकों के संगठन का विरोध करते हैं, वे अहिंसा में विश्वास करते हैं, फिर भी वे संगठन और शक्ति प्रदर्शन का विरोध करते हैं। मैं भी अहिंसा के सिद्धांत का अनुयायी हूँ, लेकिन मैं अहिंसा और विनम्रता के बीच के अंतर को मानता हूँ। नम्रता का अर्थ है दुर्बलता और दुर्बलता को स्वयं पर ढाँकना कोई गुण नहीं है। मेरी अहिंसा में आस्था है, लेकिन संत तुकाराम महाराज ने अहिंसा की व्याख्या करते हुए दो बातें कही हैं—1. सभी जीवों के प्रति प्रेम और दयाभाव रखो और 2. दुष्टों का नाश करो। अहिंसा के संदर्भ में दूसरे भाग की उपेक्षा की जाती है, जिसके कारण अहिंसा का सिद्धांत उपहास की स्थिति में पहुँच जाता है। दुष्टों का विनाश अहिंसा का एक महत्त्वपूर्ण अंग है, जिसके बिना अहिंसा अर्थहीन है। विनय से संयमित सत्ता ही हमारा आदर्श है। किसी आपत्ति से डरने की जरूरत नहीं है। बिना सोचे-समझे किसी को दुःख न पहुँचाएँ। जिन्हें आपकी मदद की जरूरत है, उनकी हर तरह से मदद करें। परिणामस्वरूप, आपने लोगों की बहुत अच्छी सेवा की, इसे स्वीकार किया जाएगा।

फिलहाल मैं मंत्री हूँ। केंद्र सरकार द्वारा श्रमिकों के हितों पर अधिक-से-अधिक ध्यान दिया जाता है। इन सवालों को लेकर साल 1930 में रॉयल कमीशन की स्थापना की गई। उस आयोग ने कई जानकारियाँ दी थीं। 1930 से 1942 तक का इतिहास देखें तो इस संबंध में कुछ भी नहीं किया गया। लेकिन मैंने 1942 में मंत्री पद स्वीकार किया, तब से लेकर 1946 तक प्रगति दिखाई देती है। 20 साल से आज तक सेंट्रल असेंबली में मजदूरों का एक ही प्रतिनिधि होता था, लेकिन नई असेंबली में आप मजदूरों के तीन प्रतिनिधि देखेंगे। वहीं राज्य परिषद् में एक भी श्रमिक प्रतिनिधि नहीं होता था, लेकिन अब एक श्रमिक प्रतिनिधि लिया जाएगा।

आगामी केंद्रीय विधानसभा में मजदूरों के कल्याण के लिए दस विधेयक आने वाले हैं। मैंने उनका मसौदा तैयार किया है। इस देश से सामाजिक और आर्थिक गरीबी को दूर करने के लिए कैसे प्रयास किए जा रहे हैं, आप इसे देखेंगे।

जब राजनीतिक सत्ता हाथ में हो तो मनुष्य क्या नहीं कर सकता? इसका उदाहरण देता हूँ। जिस वायसरॉय के कार्यकारी बोर्ड में मैं था, उसमें 15 सदस्य

थे। मैं अकेला था, इस बात को दो साल बीत चुके हैं। मैंने उस अवधि के दौरान क्या किया? यह बताने से पता चलेगा कि राज्य सत्ता कितनी ताकतवर होती है? मेरे वहाँ जाने से पहले केंद्र सरकार ने अछूतों की शिक्षा की कोई जिम्मेदारी अपने ऊपर नहीं ली थी। लेकिन अलीगढ़ मुसलिम यूनिवर्सिटी को 20 लाख और बनारस हिंदू यूनिवर्सिटी को 10 लाख की मदद मिली। इसके अलावा इन दोनों संस्थाओं को तीन-तीन लाख रुपए की वार्षिक सहायता दी जा रही है।

जब मैं वहाँ गया तो मैंने पिछले साल से दलित वर्ग के लिए तीन लाख रुपए की मदद शुरू की। इसके अलावा, 300 कॉलेज छात्रवृत्तियाँ (प्रत्येक 60 रुपए) स्वीकृत की गई हैं। इस साल 30 छात्र उच्च शिक्षा के लिए इंग्लैंड जाएँगे। इस तरह की व्यवस्था पहले कभी नहीं हुई थी, जो आज हुई है। अब नौकरी के संबंध में देखें। मुसलमानों के लिए 20 प्रतिशत, ईसाइयों के लिए 8.5 प्रतिशत, लेकिन दलितों के लिए इस तरह के प्रमाण पहले नहीं थे। केवल सिफारिश यह थी कि 'उन पर ध्यान दिया जाए।' यानी हमारी हिस्सेदारी जीरो फीसदी थी। मैंने कुछ समय पहले सरकार के सामने यह माँग रखी थी, तब सरकार ने 8.33 प्रतिशत नौकरियों की व्यवस्था की है।

जब मैं केंद्र सरकार में मंत्री बना तो हमारे विभाग में हमाल तक कोई अछूत नहीं था, लेकिन अब ऐसे अछूतों में से दो उपसचिव, एक अवर सचिव और तीन कार्यपालक अभियंताओं की भरती की गई है। कुछ कहते हैं, "मैं केवल महारों का हित देखता हूँ।" मैं महार जाति में पैदा हुआ हूँ, मैं इसका क्या कर सकता हूँ? लेकिन मेरे खिलाफ की गई शिकायत पूरी तरह गलत है। मैं जल्द ही प्रांत के अनुसार जाति की स्थिति के बारे में जानकारी देने जा रहा हूँ। उसी से पता चलेगा कि किस वर्ग की नौकरी में कितने लोग हैं? किसे कितनी स्कॉलरशिप दी गई है? मेरे विभाग में शिमला के 28 नौकरों में से 18 भंगी हैं। इंग्लैंड जाने वाले लोगों में एक गांग, एक भंगी और अनेक चमार हैं। बताने का मकसद यह है कि जब राजनीतिक सत्ता हाथ में हो तो आदमी क्या नहीं कर सकता? अकेले रहकर मैं इतना कुछ कर पाया। अगर मेरे साथ 2-3 लोग होते, तो क्या और काम नहीं होता? इसलिए मैं आग्रह करता हूँ कि राजनीतिक सत्ता हासिल करने के लिए दिन-रात लड़ना हमारा पहला कर्तव्य है।

मुझे लिखने में आलस आता है, लेकिन ऐसा नहीं है। इसके विपरीत अब मैं पहले से ज्यादा लिखता हूँ, लेकिन मुझे ऑफिस के काम के अलावा और कुछ लिखने का समय ही नहीं मिलता। यह स्थिति है। मैं भले ही सार्वजनिक जीवन से

दूर रहूँ, लेकिन मैं यह कभी नहीं भूला कि इस स्थिति में मेरा आंदोलन जिंदा रहना चाहिए। मेरी अनुपस्थिति में आप (भाऊराव गायकवाड़) पर सामाजिक कार्यों की बड़ी जिम्मेदारी है। आप लोग उसमें सफल होंगे, इसमें मुझे कोई संदेह नहीं है। श्रम मंत्री के रूप में अपने कार्यकाल के दौरान मैंने अपने समाज के साथ-साथ दूसरों की भी हर तरह से मदद करने का फैसला किया है।

मेरी अध्यक्षता में दिल्ली में श्रम परिषद् का आयोजन हुआ। उस परिषद् के लिए श्री दोंडे और आर.आर. भोले को प्रतिनिधि के रूप में आमंत्रित किया गया था। यह मेरे काम की शुरुआत है। ऐसी घटना पहले कभी नहीं हुई थी। एक सप्ताह के भीतर, मैंने कई सामाजिक रूप से उपयोगी कार्य किए हैं। श्रीमान आर.एम. डोईफोड के संबंध में आपका (भाऊराव) सिफारिश वाला पत्र प्राप्त हुआ। मैं डोईफोड के बारे में नहीं जानता। कुछ चीजें मैं कर सकता हूँ और कुछ मैं नहीं कर सकता। मैं इस मामले में कितना कठोर हूँ यह तुम मेरे स्वभाव से जानते हो। डोईफोड का मामला ऐसा है कि मैं इसमें कुछ नहीं कर सकता। उनका मामला लोक सेवा आयोग के तहत आता है। इसमें दखल देना ठीक नहीं है। मैं ऐसे मामले में बिल्कुल भी दखल नहीं दे सकता।

मैंने अपने समाज के युवाओं के लिए अवसर पैदा किए हैं। ऐसे में व्यक्तिगत उम्मीदवारों के मामलों की जिम्मेदारी खुद पर नहीं है। ऐसा करने से अन्य पात्र अभ्यर्थियों के साथ अन्याय होगा, इसलिए मैं इसमें बिल्कुल हस्तक्षेप नहीं करता। ये तो आप बखूबी जानते होंगे।

मुझे यह देखकर बहुत खुशी होती है कि हमारे कुछ उत्साही युवाओं ने 'जनता' साप्ताहिक चलाने की तैयारी की है। अपने साप्ताहिक समाचार-पत्र को चलाने के मेरे कई अनुभव रहे हैं, इसलिए मैं बहुत सावधानी से बढ़ता हूँ। अति उत्साह अच्छा नहीं है। अखबार चलाना कोई आसान काम नहीं है। वहाँ आर्थिक प्रश्न बड़ा है। दूसरा, समाचार-पत्र के स्तर को बनाए रखते हुए पाठकों के दृष्टिकोण से आकर्षण पैदा करना महत्त्वपूर्ण है। मैं आर्थिक बिंदु पर विचार नहीं करता, क्योंकि इसकी जिम्मेदारी मुझ पर नहीं है, लेकिन दूसरा सवाल अहम है। आपके साप्ताहिक का संपादक कौन होगा ? उसकी योग्यता क्या है ? ये सभी महत्त्वपूर्ण प्रश्न हैं। जब तक मुझे यह जानकारी नहीं मिलती, मैं इस योजना के लिए सहमति नहीं दे सकता। मैंने नाम पर कोई विचार नहीं किया है। मैं कैवारी (रक्षक) या उसके समान नामों को स्वीकार नहीं कर सकता।

□

37
वेद और गीता

मैं वास्तव में आज भाषण नहीं देना चाहता। एक व्यक्ति ने सूचना दी कि मुझे सर तेज बहादुर सप्रू की योजना पर अपने विचार व्यक्त करने चाहिए, लेकिन यहाँ मैं उस संबंध में बात नहीं करना चाहता। मैंने मद्रास में गीता के संबंध में जो कुछ कहा, उस पर पूना के ब्राह्मणों ने अप्रसन्नता व्यक्त की है। मुझे लगता है कि यहाँ जवाब देना उचित है। यदि मेरा पक्ष जानने के लिए पुणे में आमसभा आयोजित की जाती तो मैं अपना पक्ष वहीं रखता, लेकिन मुझे ऐसा अवसर नहीं मिला। इसलिए मैं आज के अवसर पर अपने विचार प्रस्तुत कर रहा हूँ। वेद ईश्वर निर्मित हैं, अविनाशी हैं, उनका पालन करना चाहिए, यह सब बताया गया है, लेकिन इसका कोई ऐतिहासिक प्रमाण नहीं है। ब्राह्मणों के अतिरिक्त किसी ने उन्हें विशेष महत्त्व नहीं दिया है और न ही उन्हें अपना शास्त्र माना है। वेदों के प्रमाण का सिद्धांत ब्राह्मणों द्वारा बहुत बाद में पेश किया गया था। इसका प्रमाण आश्वलायन गृह्यसूत्र में मिलता है। उस समय ब्राह्मणों ने वेदों को प्रमाण नहीं माना, इसका स्पष्ट उल्लेख है। सामाजिक मूल्य निर्माण से पहले जनता पंचायत के निर्णय को स्वीकार करती थी। उस समय वेदों का चौथा या पाँचवाँ स्थान था। जनमेजय के सूत्रों के माध्यम से शबर स्वामी ने टिप्पणी की है। इसमें पूर्वपक्ष तथा उत्तरपक्ष का पक्ष रखा गया है। शबर स्वामी ने कहा कि ब्राह्मण वेदों को नहीं मानते थे। वेदों की रचना मूर्ख और पागल का काम है। ऐसा दावा वहाँ किया गया है। बुद्ध ने कभी भी वेदों को प्रमाण के रूप में स्वीकार नहीं किया। बुद्ध ने वेद-प्रेरित धर्म को करारा झटका दिया। बौद्ध धर्म शूद्रों का धर्म था, इसने वेदों को प्रमाण के रूप में स्वीकार नहीं किया।

मुझ पर गीता को बिना पढ़े ही टिप्पणी करने का आरोप है, लेकिन यह आरोप

बिल्कुल झूठे हैं। मैंने पिछले पंद्रह वर्षों से गीता का अध्ययन किया है, तभी मैं अपने विचार दे रहा हूँ। गीता में कोई विशेष बात नहीं है, उसमें तीन बातें बताई गई हैं— 1. क्या मरना, मारना और हिंसा करना पाप है?, 2. वर्णाश्रम धर्म की स्तुति और 3. भक्ति से मोक्ष की प्राप्ति होगी, ये तीन बातें हैं। गीता का अध्ययन करते समय केवल गीता के भरोसे गीता का अर्थ नहीं समझा जाएगा। इसके लिए समकालीन (अन्य) साहित्य का अध्ययन करना चाहिए और फिर गीता को समझना चाहिए। इस देश के प्राचीन इतिहास पर विचार करने पर पता चलता है कि लगभग दो हजार वर्षों तक ब्राह्मण वर्ग और बौद्ध धर्म के बीच विवाद चलता रहा। इस विवाद में जो साहित्य रचा गया, वह धार्मिक प्रकृति का नहीं था, बल्कि राजनीतिक प्रकृति का था। देश की सत्ता के केंद्र पर नियंत्रण रखने के लिए ही 'गीता' नाम के ग्रंथ का जन्म हुआ।

गीता में केवल थोड़े से वेदों का अनुवाद किया गया है। आखिर वेदों में कैसा ज्ञान है? वस्तुतः वेद दो ही हैं। एक ऋग्वेद तथा दूसरा अथर्ववेद। मैंने वेदों को कई बार पढ़ा है। इसमें नैतिकता के बारे में और समाज और मानव की प्रगति के बारे में कुछ भी नहीं बताया गया है। अथर्ववेद में, जब पत्नी प्रेम न करे तो क्या करना चाहिए? दूसरे की पत्नी को कैसे वश में करें? पैसे की चोरी कैसे करें? साथ ही मंत्र-तंत्र का भी उल्लेख मिलता है। वास्तव में वेद जैसे ग्रंथों में इसकी क्या आवश्यकता थी? इसके पुरुष सूक्त में ब्राह्मणों से शूद्रों के साथ कैसा व्यवहार करना है, इसका उल्लेख है। बताया गया है कि वध करना क्षत्रियों का कर्तव्य है। किसी व्यक्ति का दूसरे को मारना आवश्यक हो सकता है, लेकिन कर्तव्य नहीं। गीता के दूसरे अध्याय (श्लोक 18 से 39) में वेदांत का आधार लेकर आत्मा को अविनाशी कहा गया है। जबकि शरीर किसी भी कारण से नष्ट हो जाता है। वह सब विवरण जो हम देखते हैं, लेकिन विचार करें। एक हत्या के मामले में वकील ने जज से कहा, "साहब! आत्मा तो अविनाशी है, फिर आप दोषियों को सजा क्यों देते हैं?" दरअसल वकील का यह बयान कैसा लगेगा?

बौद्ध धर्म के दर्शन के सामने वेदों का तर्क टिकता नहीं है। बुद्ध के दर्शन ने सामाजिक, मानसिक और राजनीतिक क्रांति द्वारा शूद्रों को उच्च पद पर पुनः स्थापित किया। उस काल में अनेक शूद्र राजाओं के होने के प्रमाण मिलते हैं। सत्ता के ब्राह्मणों के हाथ से निकल जाने के बाद उसने चातुर्वर्ण्य व्यवस्था को पुनः सुदृढ़ किया। यह काम भगवद्गीता ने किया और जो शक्ति उनके हाथ से निकल गई थी, वह फिर से उनके हाथों में दे दी गई। गीता से पूर्व वर्णाश्रम धर्म का आधार क्या था?

इसका उल्लेख जैमिनी ने अपने 'पूर्वमीमांसा' ग्रंथ में किया है। बुद्ध ही नहीं, चार्वाक आदि विद्वानों ने वेदों पर भाष्य किया है। बुद्ध द्वारा वेद और सेवा धर्म को छोड़कर शासक बनो। श्रीकृष्ण ने सांख्य दर्शन के आधार पर मातृवर्ण का ढाँचा तैयार किया। सांख्यकारों ने त्रिगुण को मान्यता दी है, जबकि गीता के जनक ने चार गुणों को मान्यता दी है, चार वर्णों में सामंजस्य किया है। सांख्य दर्शन और गीता दर्शन के बीच की दूरी को आज तक एक भी विद्वान् नहीं सुलझा पाया है।

ऐतिहासिक दृष्टि से भगवद्गीता का अध्ययन करते हुए मैंने इस पुस्तक पर चार पैवंद देखे। मेरे मतानुसार कृष्णवर्णीय यादव 'कृष्ण' ने अर्जुन के निराश होने पर उसे युद्ध करने के लिए प्रोत्साहित किया। अंतत: कृष्ण की स्तुति में एक महाकाव्य लिखा गया। उसमें न तो धार्मिक ज्ञान है और न ही ज्ञान। उस समय इसमें केवल 60 श्लोक होंगे। बाद में जब लोग कृष्ण को नायक मानने लगे, तो जो स्तुति गाई गई, वह भक्ति का मार्ग बन गई। इस प्रकार कृष्ण को देवता के रूप में वर्णित किया गया। बाद में गीता रूपांतरित हो गई और यह अपने वर्तमान स्वरूप में आ गई।

मैं इसके लिए किसी को दोष नहीं देना चाहता, लेकिन जब तक तुम इस ग्रंथ को प्रमाण नहीं मानोगे, तब तक संसार में तुम्हारा कोई कल्याण नहीं होगा। इस ग्रंथ के माध्यम से शूद्रों की घोर निंदा और अवहेलना की गई है। उन पर कई तरह के आरोप लगे हैं, उनमें हीनभावना पैदा होगी, वे हमेशा दलित रहेंगे, ऐसी व्यवस्था वहाँ की गई है। उस ग्रंथ को धर्मग्रंथ कहकर यदि आप बलपूर्वक उसे प्रमाण मानने का आग्रह भी करें तो भी मैं उसे कदापि स्वीकार नहीं करूँगा। यह मेरे जीवन का काम है। पहले मुझे समझना है, फिर भाइयों को समझाना है। जो निम्न वर्ग के लोगों को नि:संतान बना देता है, सदैव दलित बनाकर रखता है, व्यवस्थित ढंग से नष्ट कर देता है, ऐसा विशेष वर्ग संसार में कहीं देखने को नहीं मिलेगा।

☐

38

अस्पृश्यों को संदेश

आप लोग मेरे 55वें जन्मदिवस पर एक विशेषांक निकाल रहे हैं। उसके लिए आपको मेरे संदेश की आवश्यकता है। हमारे देश में राजनेता को अवतारी पुरुष की तरह सम्मान दिया जाता है, यह बहुत दुःख की बात है। भारत के बाहर महापुरुषों की ही जयंती मनाई जाती है, लेकिन यहाँ अवतार पुरुष और राजसी पुरुष दोनों का जन्मदिवस मनाया जाता है।

मेरा जन्मदिवस मनाया जाए, मुझे यह बिल्कुल पसंद नहीं है। मैं सामान्यता का कट्टर समर्थक हूँ। मुझे विभूति पूजा कैसे पसंद होगी? विभूति पूजा लोकतंत्र विरोधी है। यदि कोई नेता योग्य है तो उसके लिए गर्व, सम्मान और प्रेम रखना अनुचित नहीं है, लेकिन नेता को देवता की तरह पूजा जाना मुझे मंजूर नहीं है। फलस्वरूप नेता के साथ-साथ उनके भक्तों का भी पतन होता है, लेकिन क्या यहाँ कोई फायदा होने वाला है? राजनेता को अवतारी पुरुष के आसन पर बिठाकर फिर अच्छे से दिखावा करना चाहिए और अपने अनुयायियों तक संदेश पहुँचाना चाहिए।

आखिर मैं अछूत भाइयों को क्या संदेश दूँ? मैं संदेश देने के बजाय ग्रीक पुराण से एक कहानी सुनाना चाहूँगा। होमर ने यूनानी देवता डिमेटर पर एक स्तुति-कथा लिखी है, जो इस प्रकार है—

देवी डिमेटर अपनी बेटी की तलाश में केलियोस के राज्य में आई। वह दाई का वेश धारण किए हुए थी, इसलिए कोई उसे पहचान नहीं पाता था। रानी मेटो नायरा ने मफुन नाम के अपने छोटे बच्चे की देखभाल के लिए डिमेटर को नियुक्त किया। हर रात जब महल के सभी लोग सो रहे होते थे, देवी डिमेटर दरवाजा बंद कर देती और बच्चे को झूले से बाहर निकालती। उसके कपड़े उतारने के बाद वह बच्चे को जलते अंगारों पर रखती थी। दूसरों को यह बात क्रूर लगेगी। पर उस

बालक को देवता बनाने के लिए बड़े प्रयत्न से वह प्रेमपूर्वक यह सब कर रही थी और धीरे-धीरे उस बालक में अंगारों का ताप सहन करने की शक्ति आ गई। उसकी उम्र बढ़ने लगी, लेकिन एक रात अचानक उसकी माँ कमरे में आई और अपने बच्चे पर हो रहे क्रूर प्रयोग को देखकर उसने डिमेटर को धक्का देकर अपने बच्चे को अंगारों से उठा लिया। हालाँकि उसे उसका बच्चा मिल गया, लेकिन एक सामान्य बेटा, एक देवता को वंचित कर दिया गया। आखिर यह बात क्या बताती है? अंगारों से गुजरे बिना वह पुरुषत्व या देवत्व प्राप्त नहीं होता। अग्नि से निकलकर मनुष्य पवित्र होता है, उसे देवत्व प्राप्त होता है।

इसलिए दलितों को परिश्रम और त्याग की आग से गुजरना होगा, तभी आप अपने लक्ष्य को प्राप्त कर सकेंगे। बाइबल बताती है कि "हर किसी को जीवन की दौड़ में भाग लेने का अवसर मिलता है, जिसमें बहुत से लोग श्रेष्ठ होते हैं। ऐसा क्यों है? इसका कारण यह है कि भविष्य के लिए सम्मान की विलासिता को त्यागने के लिए धैर्य और दृढ़ संकल्प पददलित व्यक्ति के पास नहीं है। इस यूनानी कथा से बड़ा संदेश क्या हो सकता है?"

मैं आपको संदेश देना चाहता हूँ कि संघर्ष करो और संघर्ष करो। त्याग करो और त्याग करो। त्याग और बाधाओं की परवाह किए बिना संघर्ष को निरंतर बनाए रखो, तभी मुक्ति मिलेगी। हमारा काम पवित्र है, हमें उस पर दृढ़ विश्वास रखना चाहिए। अपने लक्ष्य को प्राप्त करने के लिए एक संगठित प्रयास होना चाहिए।

अस्पृश्यों का कार्य बहुत महान् है और लक्ष्य बहुत बड़ा है। इसलिए उन्हें एक स्वर से प्रार्थना करनी चाहिए, "हमारा कर्तव्य है कि हम जिस समाज में जन्म लेते हैं, उसका उद्धार करें। जो इस बात को समझते हैं, वे धन्य हैं। जो अपना तन, मन, धन और यौवन गुलामी पर आक्रमण करने में लगाते हैं, वे धन्य हैं। वे जो त्याग करते हैं, धन्य हैं। वे जो मृत्यु, संकट, अपमान, आँधी-तूफान और सुख-दुःख की परवाह किए बिना अछूतों को पूर्ण मानवता प्राप्त करने तक संघर्ष करते रहते हैं, वे धन्य हैं।

□

39

मेरे जीवन के तीन लक्ष्य

25 साल पहले जब मैंने राजनीति में प्रवेश किया तो मेरे जीवन के तीन लक्ष्य थे। पहला उद्देश्य ज्ञान गंगा की धारा को अस्पृश्यों के घर-घर तक पहुँचाना। मैं इस उद्देश्य में काफी हद तक सफल भी हुआ हूँ। अछूत भले ही शिक्षा के क्षेत्र में अग्रिम पंक्ति में न हों, लेकिन वे कुछ दिनों में निश्चित रूप से प्रगति करेंगे। मुझे इस पर पूरा विश्वास है। सरकारी नौकरियों में अस्पृश्य समाज के लोगों को व्यापक प्रतिनिधित्व देना मेरे जीवन का दूसरा उद्देश्य था। इस कोशिश में जो शोहरत मिली है, वह आप देख ही रहे होंगे। मेरे जीवन का तीसरा उद्देश्य गाँवों में रहने वाले अपने अछूत भाइयों की स्थिति में सुधार करना था, लेकिन इस तीसरे उद्देश्य में मैं जितना चाहता था, उतना सफल नहीं हो सका। इसलिए जब तक गाँवों में रहने वाले अस्पृश्य भाई गाँवों को छोड़कर शहरों में नहीं जाएँगे, तब तक उनके जीवन में कोई सुधार नहीं होगा। अछूत माँ-बाप का गाँवों में रहने का मोह नहीं छूटता है। उन्हें लगता है कि उनके पास भोजन और पानी है, लेकिन स्वाभिमान रोटी से ज्यादा जरूरी है।

गाँवों में इनके साथ कुत्तों जैसा व्यवहार किया जाता है, जहाँ पग-पग पर इनका अपमान होता है, इन्हें अपमानित होकर स्वाभिमान रहित जीवन जीना पड़ता है। उस गाँव का क्या उपयोग है ?

गाँवों में रहने वाले अस्पृश्यों को बाहर निकलना चाहिए और जहाँ कहीं भी बंजर भूमि हो, उसे अपने अधिकार में लेना चाहिए। वहाँ नए गाँव बसाकर स्वाभिमानी जीवन व्यतीत करना चाहिए। वहाँ एक नए समाज का निर्माण होना चाहिए। उन्हें वहीं सब काम करना चाहिए। ऐसे गाँवों में कोई भी उन्हें अछूत नहीं कहेगा और उनके साथ अभद्र व्यवहार नहीं करेगा।

□

40

पुस्तक-प्रेम

अपनी पुस्तक संपदा सिद्धार्थ महाविद्यालय को सौंपते हुए बाबासाहेब ने कहा, "मैं अपने जीवन का प्यारा साथी तुम्हें सौंप रहा हूँ। इन महान् पुस्तकों ने मुझ जैसे व्यक्ति को करीब आने दिया है, जिसे समाज ने बहिष्कृत कर दिया था। उनके समान परम प्रेमी इस संसार में दूसरा कोई नहीं है। इसलिए मुझे एक भी पुस्तक दूसरों को देने में बड़ा दुःख होता है।"

मुझे समाज ने ताड़ित किया, मैं सबसे दूर हो गया, मैं दुनिया से दूर हो गया, लेकिन शास्त्रों ने मुझे सहारा दिया, इसलिए दूसरों को पुस्तकें देना जीवन-मरण का विषय बन जाता है। मेरी लाइब्रेरी खरीदना, मतलब मेरी जान माँगना है।

एक बार जब मैं पढ़ने या लिखने बैठता हूँ, तो मेरी सारी ऊर्जा इकट्ठी हो जाती है। मैं रात भर पढ़ता-लिखता रहता हूँ, फिर भी मुझे तनिक भी थकान नहीं होती। लगातार पढ़ने के कारण मेरी याददाश्त तेज और प्रखर हो गई है। किसी पुस्तक का महत्त्वपूर्ण लेखन किस पृष्ठ पर और किस पंक्ति में है, मैं यह बता सकता हूँ। विद्या मेरी पूजा की देवी है। मैं चौबीस घंटे उनकी पूजा करता रहता हूँ।

पुस्तकों की संगति में एक शांत जीवन जीने जैसा कोई दूसरा आनंद नहीं है। पुस्तकें मुझे पढ़ाती हैं, नई राह दिखाती हैं, इसलिए वे मुझे सुख देती हैं।

प्रेमीजन जोड़ने की कला मुझमें नहीं है। मेरे चेहरे के भाव बहुत कठोर और भयंकर लगते हैं। इस वजह से लोग मेरे पास आने से डरते हैं, ऐसा लोग कहते हैं, लेकिन यह उचित नहीं है, लेकिन यह सच है कि मुझे लोगों से ज्यादा पुस्तकों का साथ अच्छा लगता है।

☐

41

प्राध्यापकों का शोधकार्य

पौराणिक वस्तु पुनरीक्षण और पौराणिक इतिहास विषय के विद्वान् प्रो. रेवरेंड फादर हेरास ने सिद्धार्थ कॉलेज में 'मोहनजोदड़ो पर लेख वाचन' विषय पर प्रभावी भाषण दिया। उसी दिन डॉ. बाबासाहेब आंबेडकर ने 'प्रोफेसरों के पुनरीक्षण कार्य' विषय पर प्रकाश डाला।

उन्होंने कहा—फादर हेरास ने 'मोहनजोदड़ो में मिले सिक्के और ईंटें' विषय पर लेख बड़े परिश्रम से पढ़ा है। इसके लिए सब खुश, गौरवान्वित और हैरान होंगे। लेकिन मुझे लगता है कि फादर हेरास ने जिस तरह एक बहुत ही महत्त्वपूर्ण विषय को एक मकसद से रिवाइज किया है, वैसा हमारे हिंदी के प्राध्यापकों में देखने को नहीं मिलता। क्या उनके पास ज्ञान या संसाधनों की कमी है ? इसका कारण क्या है ? हमें इस पर गहराई से विचार करना चाहिए।

मैं सोचता हूँ—हमें कुछ पैसे मिल जाते हैं और हमारा जीवन सुख-सुविधा में बीत जाता है। इसके अलावा हमारे प्रोफेसरों के जीवन में कोई महत्त्वाकांक्षा नहीं है। महत्त्वाकांक्षा के अभाव में उनके हाथ से कोई ठोस काम नहीं होता। वह बीच-बीच में पाठ्यपुस्तक पर टिप्पणियाँ लिखता रहता है। टिप्पणियों के अलावा और भी कुछ जरूरी काम हैं, उन्हें इसकी जानकारी हो या न हो, कौन जाने!

पूर्व में एक प्रोफेसर ने कहा—हम प्रोफेसर वर्तमान में विश्वविद्यालय में दी जा रही शिक्षा व्यवस्था से बने हैं, इसलिए हमें दोष देने के बजाय विश्वविद्यालय शिक्षा प्रणाली को दोष देना होगा।

तब बाबासाहेब ने कहा—हमारे विश्वविद्यालय की शिक्षा प्रणाली के कारण उत्कृष्ट प्राध्यापक तैयार करना कठिन हो गया है। मैं इसे भी स्वीकार करता हूँ। हमारे कई प्रोफेसरों को कॉलेज में शेक्सपियर के नाटक या कविता पढ़ानी पड़ती है। हमारी युवा

पीढ़ी को इन्हें पढ़ाने से भारत को क्या लाभ होगा? कभी-कभी जब मुझे नींद नहीं आती तो मैं शेक्सपियर या कविता पढ़ता हूँ, लेकिन यह सिर्फ टाइम पास करने के लिए है।

हमारे कॉलेजों में साधारण स्तर की शिक्षा दी जाती है। बी.ए. की परीक्षा तक पंतोजी पद्धति से शिक्षा दी जाती है, लेकिन ऐसा नहीं है कि वह खुद में सुधार नहीं कर पाएगा। अब बंबई शहर में कला और विज्ञान की शिक्षा देने वाले छह बड़े कॉलेज हैं। प्रत्येक महाविद्यालय वर्तमान पद्धति के अनुसार विश्वविद्यालय से जुड़ा हुआ है, फिर भी यह एक स्वतंत्र संस्था के रूप में मौजूद है। नतीजतन, इन छह कॉलेजों में अलग-अलग प्रोफेसरों द्वारा एक ही विषय को बार-बार पढ़ाया जाता है, जिससे काम की व्यर्थ पुनरावृत्ति होती है। मान लीजिए इस पद्धति के अलावा यह किया जाए कि एलफिंस्टन कॉलेज में सिर्फ इतिहास और अर्थशास्त्र विषय पढ़ाने की व्यवस्था की जाए और जिन प्रोफेसरों को इन विषयों को पढ़ाना है, उन्हें एलफिंस्टन कॉलेज जाकर उस विषय को पढ़ाना चाहिए। जहाँ एक ही विषय के 7-8 प्रोफेसर एक साथ आएँगे। फिर काम का बँटवारा होना चाहिए। एक प्रोफेसर प्राचीन भारत पर व्याख्यान देंगे, दूसरे प्रोफेसर बौद्ध काल और ईसाई काल पर व्याख्यान देंगे, तीसरे प्रोफेसर मुगल काल पर व्याख्यान देंगे, चौथे प्रोफेसर मराठा काल पर व्याख्यान देंगे, पाँचवें प्रोफेसर अंग्रेजी काल पर व्याख्यान देंगे। इस तरह विषय को बेहतरीन तरीके से बाँटा जाएगा। प्रत्येक प्राध्यापक को अपने विषय का अध्ययन करने का पूरा अवसर मिलेगा। नतीजतन, आपको अपने संबंधित विषयों पर संशोधन का पर्याप्त समय मिलेगा।

बंबई विश्वविद्यालय में अन्य सुधारों की प्रतीक्षा करने के बजाय हमें पहले साधारण सुधार करने चाहिए। प्रत्येक महाविद्यालय को एक या दो विषयों का चयन करना चाहिए, जिससे उस विषय के सभी पाठ उस महाविद्यालय में रहेंगे। सभी कॉलेजों के प्राध्यापकों को अलग-अलग वेतन देने के बजाय सभी को समान वेतन देना होगा। यानी सरकारी कॉलेज में वेतन और निजी कॉलेज में अलग वेतन में कोई अंतर नहीं होगा। जब वेतन की शिकायत दूर हो जाएगी और कार्य का बेहतर विभाजन हो जाएगा, तब शिक्षा देने का कार्य और पुनरीक्षण का कार्य शुरू हो जाएगा।

मेरी राय में, प्रोफेसर को खुद को अध्ययन और अध्यापन के लिए समर्पित करना चाहिए। प्रोफेसर को घर का काम अपनी पत्नी को सौंप देना चाहिए। प्राध्यापकों को बहुत से कार्यों को अपने सिर पर नहीं लेना चाहिए और उनसे मुक्त होना चाहिए। अध्ययन में ही संशोधन शामिल है। इन तीन कार्यों के अतिरिक्त प्राध्यापक कोई अन्य कार्य न करें। □

42

संविधान सभा में प्रवेश

अपने देश का संविधान बनाने का दायित्व मुझ पर आ पड़ा, यह एक अनूठी घटना थी। भारत के संविधान को बनाने के लिए संविधान सभा का गठन किया गया था। उस समय मेरी हालत कैसी थी, आपको यह सब पता होना चाहिए। 1946-47 के चुनावों में शेड्यूल्ड कास्ट फेडरेशन की हार हुई। इस हार पर शर्मिंदा होने का कोई कारण नहीं है। कारण यह है कि उस चुनाव के समय पूरा देश एक तरफ था और हमारी पार्टी दूसरी तरफ। एक ओर सशक्त राजनीतिक संगठन था तो दूसरी ओर अल्पसंख्यक अस्पृश्यों का संगठन सामना कर रहा था, अर्थात् उसकी हार निश्चित थी।

लेकिन हारकर रुकना ठीक नहीं था। हमारे लिए संविधान सभा में कहीं से भी प्रवेश करना आवश्यक था। अस्पृश्य समाज इस देश की एक स्वतंत्र जाति है। यह ब्रिटिश लोगों द्वारा घोषित किया गया था, लेकिन कैबिनेट मिशन ने अपनी योजना में अछूत समाज का जिक्र तक नहीं किया, उसने अछूत समाज को पूरी तरह से अलग कर दिया। फिर मैंने संविधान सभा में जाने का फैसला किया। अछूत समुदाय के कल्याण के लिए संविधान सभा में भाग लेना मेरे लिए महत्त्वपूर्ण था। मैं संविधान सभा में न जा सकूँ, इसके लिए कांग्रेस ने हर जगह ताले लगा दिए थे।

महाराष्ट्र के गिने-चुने नामांकित लोगों में मेरी ही गिनती होती है, ऐसा कहने वाला व्यक्ति अवश्य ही मूर्ख होगा।

संविधान सभा के चुनाव के लिए कांग्रेस ने श्री जयकर को पत्र भेजा, श्री मुंशी को बुलाया गया और कई अन्य लोगों को निमंत्रण भेजा गया, लेकिन मुझे नहीं बुलाया गया। उन्होंने मुझे दूर रखने के लिए कई प्रयास किए। इसलिए मुझे बंबई छोड़कर बंगाल जाना पड़ा। वहाँ कोई महार नहीं थे, फिर भी मैं वहाँ से चुनकर

आया। मेरे शत्रुओं को यह बात ध्यान में रखनी चाहिए। संविधान सभा में अस्पृश्यों के राजनीतिक अधिकारों को बनाए रखने के लिए एक अवसर की आवश्यकता थी। यह बहुत विकट घटना थी। कांग्रेस और शेडयूल्ड कास्ट फेडरेशन के बीच गहरे संघर्ष के कारण कांग्रेस ने निश्चय किया था कि शेडयूल्ड कास्ट फेडरेशन को संविधान सभा में प्रवेश नहीं मिलना चाहिए। कांग्रेस ने मेरे लिए संविधान सभा में उपस्थित होना असंभव कर दिया था। अंत में मुझे वह रास्ता मिल गया और मैं बंगाल से संविधान सभा में गया। मेरा एक ही उद्देश्य था कि मैं संविधान सभा में दलित वर्ग के अधिकारों को रख सकूँ और हिंदुओं के राज्य में उन्हें कुछ सुविधाएँ मिल सकें।

अछूत

देश का संविधान बनाना मेरी महत्त्वाकांक्षा नहीं थी। जहाँ संविधान सभा का सदस्य बनना कठिन था, वहीं कुछ अधिकारों की कल्पना करना भी असंभव था। तय हुआ कि किसी को भी अंदर जाने दिया जाएगा, लेकिन डॉ. आंबेडकर को अंदर नहीं जाने दिया जाएगा। मेरे लिए संविधान सभा के दरवाजे बंद थे और खिड़कियाँ भी। साइड के छेद भी बंद थे, लेकिन जनकल्याण के कार्यों के चलते मैं अंदर कदम रखता गया। आश्चर्य देखिए, जिसने अंदर न आने का संकल्प लिया, उसके ही सिर पर एक बड़ी जिम्मेदारी डाली गई थी। ऐसा महान् कार्य करने का अवसर मनुष्य को कम ही मिलता है। जैसे यह मेरे लिए गर्व की बात है, वैसे ही यह आपके लिए भी गर्व की बात है।

वैसे मैंने कुछ खास नहीं किया है, लेकिन इस काम से हिंदू जनता को एक बात बहुत साफ समझ में आ गई है। पिछले बीस साल से मुझ पर तरह-तरह के आरोप लगाए जा रहे हैं। मैं और मेरी पार्टी गैर-राष्ट्रीय हैं, मैं अंग्रेजों का साथी और मुसलमानों का पिट्ठू हूँ। वास्तव में ये आरोप झूठे हैं। अब इन लोगों को विश्वास हो गया है कि मैं ऐसा नहीं हूँ। यह बहुत महत्त्वपूर्ण है। हमारी पार्टी पर पिछले बीस वर्षों से लगा कलंक धुल गया है, इसलिए इस देश की स्वतंत्रता की रक्षा करना सभी को अपना परम कर्तव्य समझना चाहिए।

इस देश का सामाजिक, राजनीतिक और धार्मिक विकास आज नहीं तो कल अवश्य होगा, इसमें मुझे तनिक भी संदेह नहीं है। आज हम राजनीतिक, सामाजिक और आर्थिक रूप से एक-दूसरे से बँटे हुए हैं। हम आपस में लड़ रहे हैं। मैं एक छावनी नेता हूँ। इसके बावजूद जब सही समय और सही स्थिति आएगी तो यह देश

एकजुट होकर रहेगा। दुनिया की कोई ताकत इस एकता के बीच नहीं आ सकेगी। मेरे मन में कोई संदेह नहीं है कि इस देश में अनेक जातियाँ और अनेक मत होने पर भी हम एक होंगे। देश का विभाजन मुसलिम लीग की माँग है। फिर भी एक दिन ऐसा आएगा, जब अखंड भारत से ही सबका कल्याण होगा।

मुझे देश के अंतिम लक्ष्य के बारे में कोई संदेह नहीं है, लेकिन देश की विभिन्न जातियों के मिश्रित समुदाय को संकल्प और सहयोग से एकता के पथ पर कैसे चलाया जाए? यह एक वास्तविक प्रश्न है। देश के सभी दल और जातियाँ इसमें भाग लेने को आतुर हैं, इसलिए उन्हें प्रसन्न करने के लिए यदि अधिकांश दल उनकी माँगों को मान लें तो यह एक महान् पराक्रम होगा। जनता की मुख्य जरूरतों को एक तरफ रखते हुए हम अपने विरोधियों को कुछ सुविधाएँ देंगे। हम और प्रयास करके इस मोरचे पर सभी को शामिल करेंगे।

एक बार मोरचा शुरू हो गया तो एकता की ओर जाएगा। जो उनके साथ नहीं आना चाहते, उन्हें भी वे आगे बढ़ाएँगे। आपको ऐसी संभावना बनानी चाहिए। अगर आप मेरी राय जानना चाहते हैं तो मुझे गुटबाजी पसंद नहीं है। 1935 के कानून के अनुसार देश का मध्यवर्ती केंद्र स्वयं केंद्र से अधिक शक्तिशाली होना चाहिए, ऐसा मेरा मत है। पिछले 150 साल से देश की केंद्र सरकार को कमजोर करने की कांग्रेस की सहमति मेरी समझ से परे है। कांग्रेस और मुसलिम लीग के बीच सुलह के नए प्रयास होने चाहिए। लोगों का भविष्य तय करते समय पार्टियों और नेताओं को महत्त्व क्यों दिया जाना चाहिए? अब तीन रास्ते खुले हैं—शरण, युद्ध या समझौता! वर्तमान समय में बहुत से लोग युद्ध की भाषा बोलने लगे हैं, लेकिन देश की राजनीतिक समस्याओं को लड़कर हल करने के विचार से ही मुझे सिहरन होती है। बहुतों को लगता है कि यह युद्ध अंग्रेजों के खिलाफ लड़ना होगा। लेकिन मैं आपको विश्वास के साथ बताना चाहता हूँ कि अगर युद्ध होगा तो वह मुसलमानों के खिलाफ होगा, अंग्रेजों के खिलाफ नहीं। मुसलमानों को जीत लेने या अपने द्वारा तैयार किए गए संविधान को उन पर थोपने से इस समस्या का समाधान नहीं होने वाला, क्योंकि अगर आप ऐसा करेंगे तो आपको हमेशा उनसे लड़ना पड़ेगा। बर्क का कथन—"सत्ता देना आसान है, लेकिन ज्ञान देना बहुत कठिन है।" हमें अपने आचरण से दिखाना है कि हम देश के सभी विभागों को साथ लेकर एकता के पथ पर सबसे आगे चलने की ताकत रखते हैं।

□

43

यशवंत का विवाह-पत्र

प्रिय भाऊराव,

आपको मेरा पत्र मिला होगा, जिसमें मैंने यशवंत के विवाह के संबंध में लिखा है। आप यहाँ आ जाएँ तो अच्छा रहेगा। हम सब मिलकर उस विषय पर चर्चा कर सकते हैं। मैं बहुत थक गया हूँ। मैं आराम करने के लिए शिमला या मसूरी जा रहा हूँ, इसलिए आप जल्दी आ जाइए।

मिस्टर कवाडे यहाँ आए थे। उन्होंने मुझे बताया कि नागपुर में तीन लड़कियाँ हैं। यशवंत उनमें से किसी एक को चुन सकते हैं। तो आप कवाडे और यशवंत से मिलें। मैं जनवरी के पहले हफ्ते में बंबई आऊँगा।

यशवंत की इच्छानुसार विवाह करने के संबंध में आपका पत्र मुझे प्राप्त हुआ है। यशवंत स्वतंत्र है। उसे नागपुर की लड़कियाँ नापसंद हैं। लड़कियाँ कैसी दिखती हैं, मैं इसके बारे में नहीं जानता। लेकिन वे पढ़ी-लिखी थीं। लगता है, यशवंत पढ़ी-लिखी लड़की से शादी नहीं करना चाहता, इसलिए वह अशिक्षित लड़की की पसंद को प्राथमिकता दे रहा है।

मैं उसके विचारों से सहमत नहीं हूँ। मैंने श्री राजभोज की बेटी को नहीं देखा। उनकी जाति अलग है, इसलिए मैं शादी से इनकार नहीं करूँगा। दरअसल मैं ऐसी बातों में विश्वास नहीं करता।

आपका

भीमराव आंबेडकर

□

44

संविधान सभा में अंतिम भाषण

संविधान सभा की पहली बैठक 9 दिसंबर, 1946 को हुई थी। उस तारीख को देखते हुए आज संविधान सभा के काम को 2 साल 11 महीने 18 दिन पूरे होते हैं। इस अवधि के दौरान संविधान सभा के कुल ग्यारह सत्र हुए।

29 अगस्त, 1947 को संविधान सभा ने ड्राफ्टिंग कमेटी का चयन किया और ड्राफ्टिंग कमेटी की पहली बैठक दूसरे दिन यानी 30 अगस्त, 1947 को हुई। तब से ड्राफ्टिंग कमेटी का काम 141 दिनों तक चला। मूल संविधान में 243 अनुच्छेद और 13 परिशिष्ट थे। अब अंतिम रूप में संविधान में 395 अनुच्छेद और 8 परिशिष्ट हैं।

सच कहा जाए तो ज्यादा अच्छी चीजों को ढूँढ़ना और चुनना काबिले-तारीफ है। इसके लिए प्रारूप समिति अपने को गौरवान्वित महसूस करती है। यदि मसौदा समिति ने अपने दोषपूर्ण सुझावों को वापस लेने और उसके स्थान पर और अच्छे सुझावों को स्वीकार करने का साहस नहीं दिखाया होता तो मसौदा समिति की छुट्टी कर दी जाती और अहंकार का आरोप लगाया जाता।

एक व्यक्ति को छोड़कर पूरे सदन ने प्रारूप समिति के कार्य की प्रशंसा की है और मैं इससे बहुत खुश हूँ। मसौदा समिति भी धन्य हुई होगी कि पूरी सभा में इतनी उदारता से उनके कार्य की प्रशंसा की गई है। संविधान सभा के सदस्यों और मसौदा समिति के मेरे साथियों ने व्यक्तिगत रूप से मुझ पर जो बधाइयाँ बरसाईं, उससे मुझे इतना गर्व हुआ कि आभार व्यक्त करने के लिए मेरे पास शब्द नहीं हैं।

संविधान सभा में प्रवेश करते समय मेरे मन में अस्पृश्य समुदाय के कल्याण के अलावा और कोई उद्देश्य नहीं था। मैंने सपने में भी नहीं सोचा था कि संविधान सभा में मुझे बहुत महत्त्वपूर्ण कार्य करने के लिए चुना जाएगा। जब मुझे मसौदा समिति का अध्यक्ष चुना गया तो मेरे आश्चर्य की सीमा न रही।

ड्राफ्टिंग कमेटी में मुझसे उम्र में अधिक योग्य और अनुभवी लोग थे। मैं सर अल्लादी कृष्णस्वामी अय्यर का उल्लेख करना चाहूँगा। फिर भी संविधान सभा ने मुझ पर विश्वास रखते हुए मुझे अपना प्रतिनिधि चुना और मुझे देश की सेवा करने का अवसर दिया। इसके लिए मैं संविधान सभा का बहुत ऋणी हूँ। संविधान बनाने के लिए मुझे जो गौरव मिला है, उसका मैं अकेला भागीदार नहीं हूँ। भारत सरकार के संवैधानिक सलाहकार सर बी.एन. राव को भी संविधान निर्माण का श्रेय देना होगा। इसी प्रकार प्रारूप समिति के सदस्यों को भी संविधान निर्माण का श्रेय दिया जाना चाहिए।

हालाँकि इससे भी अधिक श्रेय सरकार के मुख्य प्रारूपकार श्री एस.एन. मुखर्जी को दिया जाना चाहिए। उन्होंने जटिल जानकारियों को सरल और वैधानिक भाषा में प्रस्तुत किया। मुखर्जी के अधीन काम करने वाले लोगों के महत्त्व को टाला नहीं जा सकता। कारण कि कभी-कभी उन्हें आधी रात तक काम करना पड़ता था। यह सब मुझे अच्छी तरह से पता है।

यदि एक दल के शासन के दबाव में सारी जनता मौन रहती तो संविधान सभा का कार्य निष्फल हो जाता, लेकिन संविधान सभा में कुछ विद्रोही सदस्य भी थे। मैं उनका भी धन्यवाद करता हूँ। इन विद्रोही सदस्यों के विरोध के कारण मुझे भारतीय संविधान के मूल सिद्धांतों के बारे में विस्तार से बताने का अवसर मिला।

अंत में मैं अध्यक्ष महोदय के प्रति आभार व्यक्त करता हूँ। संविधान सभा के सदस्यों के प्रति आपके द्वारा दिखाया गया शिष्टाचार अविस्मरणीय रहेगा। कानून के नाम पर संविधान तैयार करने के कार्य में किसी को किसी प्रकार की बाधा नहीं डालने देने के लिए मैं आपका विशेष रूप से आभारी हूँ।

मैं संविधान की खूबियों में नहीं जाना चाहूँगा। कोई भी संविधान कितना भी अच्छा क्यों न हो, अगर उसे लागू करने वाले अयोग्य हैं तो वह एक खोटे सिक्के के समान होगा। इसी प्रकार संविधान को लागू करने वाला यदि सक्षम है तो निकृष्ट संविधान भी लाभकारी सिद्ध होगा।

विशेष रूप से, संविधान कम्युनिस्ट और समाजवादी पार्टियों द्वारा शापित है। वह संविधान को क्यों कोसें? क्या संविधान खराब है? इसलिए वे शाप देते हैं। ऐसा बिल्कुल नहीं है। यहाँ कम्युनिस्ट पार्टी को तानाशाही के सिद्धांत पर आधारित संविधान की जरूरत है। यह संविधान संसदीय गणतंत्र सिद्धांत पर आधारित है, इसलिए वे इसका निषेध करते हैं। वही समाजवादी दो चीजें चाहते थे। सबसे पहले, अगर वे सत्ता में आते हैं तो वे राष्ट्रीयकरण की स्वतंत्रता चाहते हैं और दूसरी बात, वे व्यक्तिगत स्वतंत्रता का अधिकार चाहते हैं।

संविधान में संशोधन का प्रावधान किया गया है, यह अंतिम संविधान है, इस पर ऐसी मुहर नहीं लगाई गई है। इसके विपरीत, सुधार करने के लिए सरल, सहज प्रावधान किया गया है। मैं चुनौती देता हूँ कि इन परिस्थितियों में किसी राष्ट्र की संविधान सभा ने सुधार के लिए ऐसा सुलभ संविधान तैयार किया होगा? अगर ऐसा हुआ है तो कोई इसे साबित करके बताए।

शांतिकाल में केंद्र सरकार के अधिकार का इस्तेमाल नहीं होगा। इसमें साफ तौर पर कहा गया है कि इसका इस्तेमाल सिर्फ इमरजेंसी में ही किया जाएगा। दूसरी बात यह है कि जब आपातकाल की स्थिति हो, उस समय नागरिकों की निष्ठा घटक राज्यों के बजाय संघ के प्रति होनी चाहिए, ऐसा अधिकांश लोगों का मत है। इसका कारण यह है कि संघ राज्य ही सामूहिक उद्देश्य के लिए और राष्ट्र की रक्षा के लिए कार्य करता है। इसलिए आपातकाल के दौरान केंद्र सरकार को अधिक अधिकार देना उचित है।

मैं अपना भाषण यहीं समाप्त कर देता, लेकिन मैं यहाँ राष्ट्र के भविष्य के बारे में अपने विचार व्यक्त करना आवश्यक समझता हूँ। 26 जनवरी, 1950 को भारत एक गणतंत्र राष्ट्र बन जाएगा। तब स्वतंत्रता का क्या होगा? क्या राष्ट्र अपनी रक्षा करेगा या इसे फिर से खो देगा? यह पहला सवाल है जो मेरे मन में उठता है। मुझे देश के भविष्य की चिंता इस बात से है कि भारत एक बार पहले भी अपनी स्वतंत्रता खो चुका है। यह भारत के कुछ लोगों के पाखंड के कारण खो गई थी। यह सच्चाई दिल को चुभती है।

अंग्रेज लोग सिख राजाओं को हराने में लगे हुए थे, जबकि सिखों का प्रधान सेनापति गुलाबचंद चुपचाप बैठा हुआ था। उसने राजपूत राजाओं को अंग्रेजों के चंगुल से छुड़ाने का कोई प्रयास नहीं किया। 1857 में जब ब्रिटिश शासन के विरुद्ध भारत के कई भागों में विद्रोह का झंडा फहराया गया था, तब सिख लोग अन्य दर्शकों की तरह निष्क्रिय रूप से विद्रोह को देख रहे थे।

भारत के इतिहास में जो हुआ, क्या वही दोहराया जाएगा? इस प्रश्न से मन भयभीत हो जाता है। जातिगत भेदभाव और धार्मिक भेदभाव हमारे पुराने दुश्मन हैं। नए उद्देश्यों को सामने रखकर जो नए राजनीतिक दल पैदा हुए हैं और बनने जा रहे हैं, उनके दुश्मन भी बढ़ने वाले हैं। यह इतना सत्य है कि यदि विभिन्न दल अपने देश से अधिक अपनी विचारधारा को महत्त्व देते हैं तो उनकी स्वतंत्रता फिर से खतरे में पड़ सकती है या हमेशा के लिए नष्ट हो सकती है। हम सभी को सावधान रहना होगा कि हम पर ऐसा संकट न आए। हमें अपने शरीर के खून

की आखिरी बूँद तक अपनी आजादी की रक्षा के लिए जी-जान से लड़ने का दृढ़ संकल्प लेना चाहिए।

26 जनवरी, 1950 को भारत एक गणतंत्र राष्ट्र होगा। इसका मतलब यह हुआ कि जिस राज्य को जनता का, जनता द्वारा और जनता के लिए चलाया जाएगा, उस दिन से भारत को यह सब मिल जाएगा। तब भारत के गणतांत्रिक संविधान का क्या होगा? क्या भारत इस संविधान को बचा पाएगा या इसे फिर से नष्ट कर देगा? जिस देश में लोकतंत्र का ज्यादा इस्तेमाल न हुआ हो, उस देश में लोकतंत्र को नई चीज माना जाता है। भारत भी ऐसे देशों में से एक है। ऐसे देश में लोकतंत्र, अपने राजकीय व्यवसाय के बारे में बताते हुए, अपने स्थान पर खुद को स्थापित करने के लिए तानाशाही को आमंत्रित करने की संभावना जता सकता है। उभरते लोकतंत्र में भारत अपने बाहरी हिस्से को सुरक्षित रख सकता है, लेकिन व्यवहार में तानाशाही के पाँव पसारने की संभावना है और ऐसा होना भी संभव है। यदि लोकतंत्र का अस्तित्व यहाँ कायम रखना है तो मेरे विचार से, सबसे पहले हमें यह करना चाहिए कि हमें अपने सामाजिक और आर्थिक लक्ष्यों को प्राप्त करने के लिए संवैधानिक तरीके का पालन करना चाहिए। इसका अर्थ है कि हमें विनाशकारी मार्ग को छोड़ना होगा, जिसमें कानून तोड़ना, असहयोग और सत्याग्रह को छोड़ना होगा।

लोकतंत्र के अस्तित्व के लिए हमें दूसरी बात यह कहनी है कि जो लोग लोकतंत्र के झंडे को हमेशा ऊँचा रखने के लिए उत्सुक हैं, उनके लिए जॉन स्टुअर्ट ने खतरे का संदेश दिया है, जिसका पालन करना बहुत जरूरी है। वे कहते हैं, "कोई कितना भी महान् व्यक्ति हमारे बीच क्यों न हो? फिर भी किसी को स्वतंत्रता के फूल उसके चरणों में नहीं रखने चाहिए।" ऐसे महान् व्यक्ति के प्रति आभार व्यक्त करने के लिए, जिसने जीवन भर अपनी मातृभूमि की सेवा की है, कोई गलत नहीं है, लेकिन आभार जताने की भी एक सीमा होती है। आयरलैंड के देशभक्त डेनियल ओ'कोनेल ने इस संबंध में बड़े मार्मिक विचार व्यक्त किए हैं—"कोई भी पुरुष आत्मसम्मान की बलि देकर कृतज्ञता व्यक्त नहीं कर सकता। कोई भी महिला शील का त्याग कर कृतज्ञ नहीं हो सकती और कोई भी राष्ट्र स्वतंत्रता का त्याग करके कृतज्ञता व्यक्त नहीं कर सकता।"

भारत को किसी भी अन्य देश की तुलना में इस खतरनाक चेतावनी की अधिक आवश्यकता है। इसका कारण यह है कि भारतीय राजनीति में भक्ति या व्यक्तित्व पूजा की भावना ने जितना तूफान खड़ा किया है, उतना किसी अन्य देश ने

नहीं किया है। राजनीति में भक्ति की महानता या व्यक्तित्व पूजा तानाशाही स्थापित करती है।

लोकतंत्र के अस्तित्व को बनाए रखने के लिए तीसरी बात यह करनी होगी कि हमें राजनीतिक लोकतंत्र से सामाजिक लोकतंत्र बनाने का प्रयास करना चाहिए। राजनीतिक लोकतंत्र के कारण ही सामाजिक लोकतंत्र का अस्तित्व टिक पाएगा, अन्यथा नहीं। सामाजिक लोकतंत्र वास्तव में क्या है? सामाजिक लोकतंत्र यानी स्वतंत्रता, समानता और बंधुत्व हर व्यक्ति के जीवन के जीवन-तत्त्व हैं। यह तत्त्व एकता की शुरुआत करता है। एक-दूसरे से अलग होने पर लोकतंत्र का जीवन सार नष्ट हो जाता है।

भारत की सामाजिक स्थिति में दोनों तत्त्वों का अभाव है। इसे स्वीकार करते हुए हमें सामाजिक लोकतंत्र का निर्माण शुरू कर देना चाहिए। इन दो तत्त्वों में एक समानता है। सामाजिक संदर्भ में देखें तो भारतीय सामाजिक संरचना आरोही क्रम और अवरोही क्रम के सिद्धांत पर आधारित है, जिसके फलस्वरूप कुछ जातियों को उच्च दर्जा दिया गया है। 26 जनवरी, 1950 के दिन से हमें राजनीतिक संदर्भ में समानता मिलने जा रही है, लेकिन सामाजिक और आर्थिक संदर्भ में हम असमान रहेंगे। हम और कितने दिन सामाजिक और आर्थिक आधार पर समानता स्थापित करने में टालमटोल करते रहेंगे? अगर हम लंबे समय तक इस टालमटोल को जारी रखेंगे तो हम अपने राजनीतिक लोकतंत्र को खतरे में डालकर ही टालमटोल करते रहेंगे। हमें इस आपसी मतभेद को जल्द-से-जल्द खत्म करना होगा। अन्यथा, ये शोषित पीड़ित लोग संविधान सभा द्वारा बड़ी मेहनत से बनाए गए राजनीतिक लोकतंत्र को आसमान में फेंक देंगे।

हम भाईचारे के सिद्धांत को व्यवहार में नहीं लाते हैं। यह हमारी दूसरी कमजोरी है। सभी हिंदवासी एक-दूसरे के सगे भाई हैं, मन में ऐसी भावना रखना ही 'भाईचारा' कहलाता है। सामाजिक जीवन में एकता का अमृत प्रदान करने वाला यदि कोई तत्त्व है तो वह है बंधुत्व का तत्त्व। यदि हममें राष्ट्र नामक पद प्राप्त करने की सच्ची इच्छा है तो हमें अपने मार्ग की सभी बाधाओं को दूर करना होगा, क्योंकि जहाँ राष्ट्र होता है, वहाँ भाईचारा ही पैदा होता है। यदि बंधुत्व का अस्तित्व नहीं है तो समानता और स्वतंत्रता के अस्तित्व का कोई अर्थ नहीं है।

हम भारतीयों के सामने एक बहुत बड़ा काम है। उनके बारे में मेरी सोच ऐसी है कि कुछ लोग उसे पसंद नहीं करेंगे। भारत में कुछ लोगों ने अधिकांश समय तक राजनीतिक सत्ता का आनंद लिया है। बाकी बहुजन शासकों के आदेश के अधीन

रहकर जैसे-तैसे अपना जीवन व्यतीत कर रहे थे, ये दलित लोग हैं। चंद लोगों को राजनीतिक सत्ता मिलने के कारण बहुजन समाज को कभी भी अपनी सर्वांगीण प्रगति करने का अवसर नहीं मिला। इससे मानव जीवन का क्या महत्त्व है, इसका अंदाजा बहुजन समाज को भी नहीं हो सका।

उसे अब लगता है कि उसे अपना व्यवहार करना चाहिए और उसके लिए उसे अधिकारों की आवश्यकता है और वह अब उन अधिकारों को प्राप्त करने के लिए तैयार है। बहुजन का स्वाभिमान अब जागा है। उनमें खुद कुछ करने की प्रेरणा होती है। इसे वर्ग-कलह या वर्ग-युद्ध में नहीं बदलना चाहिए। अगर ऐसा होता है तो देश में फूट, दरार और विभाजन का माहौल पैदा हो जाएगा। यह स्थिति देश के लिए घातक साबित होगी, इसलिए सभी को लोकतंत्र के सिद्धांतों का पालन करना होगा।

स्वतंत्रता एक सुखद वस्तु है, इसमें कोई संदेह नहीं है, लेकिन आजादी ने हम पर एक बड़ी जिम्मेदारी डाल दी है। हमें यह बात नहीं भूलनी चाहिए। इसके बाद अगर भविष्य में कुछ गलतियाँ होती हैं तो जिम्मेदारी दूसरों पर नहीं डाली जाएगी। हमें स्वयं उन्हें स्वीकार करना होगा।

वे लोगों के लिए सरकार चलाने को तैयार हैं। हमने इस सिद्धांत की मूर्ति स्थापित की है कि राज्य को लोगों द्वारा चलाया जाना चाहिए और संविधानरूपी मंदिर लोगों के लिए चलाया जाना चाहिए। यदि हम उस मंदिर को पवित्र वातावरण में सुरक्षित रखना चाहते हैं तो हमें रास्ते में बाधा के रूप में खड़ी नकारात्मक चीजों को समझने में देरी नहीं करनी चाहिए। लोगों के लिए चलाया जाने वाला राज्य लोगों द्वारा चलाए जाने वाले राज्य से बेहतर होता है। ऐसी जागरूकता जनता में आनी चाहिए। इस बाधा को रास्ते से हटाने में हमें लापरवाही नहीं करनी चाहिए। देश की सेवा करने का यही एक तरीका है। मुझे इसके सिवा कोई रास्ता नजर नहीं आता।

मैं भारतीय संविधान का शिल्पकार हूँ। मैंने जो संविधान तैयार किया है, उसमें पालि भाषा ने अपनी उपस्थिति दर्ज कराई है। दूसरी बात यह है कि राष्ट्रपति भवन में गौतम बुद्ध की शिक्षाओं का पहला सोपान धम्म चक्र प्रवर्तन अंकित किया गया है। मैं यह मामला ब्रह्मदेश के अध्यक्ष डॉ. जी.पी. मलसेकर के संज्ञान में लाया, वे यह देखकर बहुत हैरान हुए। तीसरा, भारतीय संसद् के प्रतीक के रूप में अशोक चक्र को संविधान में भारत सरकार के प्रतीक के रूप में स्वीकार किया गया है। यह सब करते हुए मुझे हिंदू, मुसलिम, ईसाई और अन्य सांसदों के विशेष विरोध का सामना नहीं करना पड़ा, मैंने संसद् में इतनी स्पष्ट व्याख्या की थी।

☐

45

कानून मंत्री का इस्तीफा

21 दिसंबर, 1946 तक कांग्रेस की ओर से कुछ नहीं कहा गया। मेरे लंदन जाने से पहले मेरे और वल्लभभाई पटेल के बीच चर्चा विफल हो गई थी। मेरे अंतरिम कैबिनेट में जाने की खबर में कोई सच्चाई नहीं थी। कांग्रेस की तरफ से कोई संकेत नहीं मिला। अगर कांग्रेस ने ऐसा कदम उठाया तो मैं अपनी पार्टी से सलाह किए बिना और अपने समुदाय को उचित सुरक्षा मिले बिना कोई कदम नहीं उठाने वाला था।

मुझे सचिवालय में बुलाकर "क्या आप स्वतंत्र भारत के मंत्रिमंडल में कानून मंत्री का पद स्वीकार करेंगे?" पंडित नेहरू ने मुझसे यही पूछा था। मैंने अपनी सहमति दे दी। मैं कैबिनेट में शामिल हो गया। कैबिनेट में मेरा प्रवेश बिना शर्त था। मंत्री होने के बाद भी मैं अपने पथ से विचलित नहीं होने वाला था। मैं वह पत्थर हूँ, जिसे तालाब या समुद्र का कोई पानी नहीं डुबा सकता। मैं अपने लक्ष्य को प्राप्त करने के लिए सदैव संघर्षरत रहूँगा। कोई मुझे गलत न समझे और कोई अछूत कांग्रेस में शामिल न हो। कांग्रेस में जाओगे तो मिट्टी के लोंदे की तरह घुल जाओगे, इसलिए अपने संगठन को मजबूत और अखंड बनाए रखें।

10 अगस्त, 1951 को पं. नेहरू को पत्र

मैं और डॉक्टर मेरे स्वास्थ्य को लेकर चिंतित हैं। हालाँकि, इससे पहले कि डॉक्टर स्वतंत्र हो जाएँ, मैं हिंदू कोड बिल से जुड़े काम को पूरा करना चाहता हूँ। अत: आप इस कार्य को प्राथमिकता देते हुए 16 अगस्त को इस विधेयक को लोकसभा के समक्ष रखने की व्यवस्था करें, ताकि सितंबर तक चर्चा पूर्ण हो सके। मैं इस बिल को कितना महत्त्व देता हूँ, लोकसभा में इस बिल को पास कराने के

लिए किस हद तक शारीरिक कष्ट सहने को तैयार हैं, यह प्रधानमंत्री भली-भाँति जानते हैं।

27 सितंबर, 1951 को लोकसभा से इस्तीफा

मैं कई दिनों से कानून मंत्री के पद से इस्तीफा देने की सोच रहा था, लेकिन लोकसभा के आखिरी सत्र की समाप्ति से पहले हिंदू कोड बिल पर काम पूरा हो सकता था, इस एक उम्मीद की वजह से इसे अमल में नहीं लाया गया। मैंने उस बिल के हिस्सों (टुकड़ों) में बँटने को भी मान्यता दी और उसकी गरिमा शादी और तलाक को इन हिस्सों तक पहुँचाया। मैं उम्मीद कर रहा था कि यह मेरी कड़ी मेहनत का नतीजा होगा, लेकिन बिल के उस हिस्से का भी दु:खद अंत हुआ, फिर मुझे आपके मंत्रिमंडल में मंत्री के रूप में बने रहने की कोई आवश्यकता नहीं है।

इस्तीफा पत्र

पं. नेहरू ने मुझे कानून मंत्री का पद दिया तो उन्होंने आश्वासन दिया था कि भविष्य में आपको नियोजन विभाग दिया जाएगा, लेकिन जाहिर तौर पर उन्होंने मुझे एक भी कैबिनेट कमेटी में नहीं लिया। इस्तीफे का यह पहला मामला है। दूसरा मुद्दा यह है कि सरकार दलित वर्ग के प्रति उदासीन थी। तीसरा मुद्दा कश्मीर नीति को लेकर था। कश्मीर को विभाजित करके हिंदू और बौद्ध आबादी वाले क्षेत्र को भारत से जोड़ा जाना चाहिए और मुसलिम बहुमत वाला हिस्सा पाकिस्तान को दिया जाना चाहिए। चौथा अंतर भारत की विदेश नीति को लेकर था। भारत की गलत विदेश नीति के कारण भारत के मित्रों से अधिक शत्रु हैं। इस गलत नीति के कारण भारत की आय के 350 करोड़ में से 108 करोड़ सेना पर खर्च करने पड़ते हैं। साथ ही एक भी मित्र ऐसा नहीं है, जो आपातकाल के दौरान भारत की मदद करेगा और इस्तीफे का पाँचवाँ मुद्दा हिंदू कोड बिल था। नेहरू इतने प्रामाणिक थे, फिर भी उन्हें हिंदू कोड बिल को अंतिम रूप देने का साहस दिखाना चाहिए था, लेकिन उन्होंने ऐसा नहीं दिखाया। मैं बीमार हूँ, इसलिए कैबिनेट से बाहर नहीं हुआ, लेकिन निराशा के कारण इस्तीफा दे दिया। मैं ऐसा आदमी नहीं हूँ, जो बीमारी का कारण बताकर अपने कर्तव्य से विमुख हो जाऊँ।

□

46

बीमारी और दूसरी शादी

मेरे बारे में कहा जाए तो मैं बीमार अवस्था में दिल्ली गया था और उसी अवस्था में वापस आया। आज ही डॉक्टरों ने मेरे स्वास्थ्य की जाँच की है। उन्हें शक था कि मेरी तबीयत खराब हो गई है। आपको इसकी चिंता नहीं करनी चाहिए। मैं इस समय में भी अडिग खड़ा हूँ। जब तक मेरे समाज को मेरी जरूरत है, मैं जिऊँगा। मुझे ऐसा विश्वास है। मेरा यही दृढ़ आशावाद मुझे इस रुग्णावस्था में भी निराशा से दूर रखता है। मेरी इच्छा है कि मुझे अधिक न मिले, लेकिन आवश्यक आयु अवश्य प्राप्त हो।

मेरे बारे में दूसरी बात यह है कि मेरे मित्र और चिकित्सा सलाहकार ने मुझे निश्चित रूप से बताया है कि मुझे मधुमेह से मुक्ति मिलने की बहुत अधिक संभावना है, लेकिन यह बीमारी ठीक नहीं हुई तो स्थिति भ्रामक है। मधुमेह आहार पर निर्भर रोग है। मेरे रोज के खाने और इंसुलिन के इंजेक्शन की चिंता करने वाला कोई हो तो यह बीमारी ठीक हो जाएगी, ऐसा कोई नहीं बता सकता। मेरा मित्र कहता है कि अगर मैं शादी के लिए तैयार नहीं हूँ तो मुझे अपने घर की देखभाल के लिए एक नर्स या एक महिला की व्यवस्था करनी चाहिए। मैं इस बारे में लंबे समय से सोच रहा हूँ। घर की देखभाल के लिए नर्स या महिला को काम पर रखा जाए तो लोगों के मन में संदेह पैदा होगा। इसके लिए शादी करना ज्यादा उपयुक्त तरीका है। यशवंत की माँ के निधन के बाद मैंने शादी न करने का फैसला किया था, लेकिन वर्तमान स्थिति के कारण उस संकल्प को तोड़ने का समय आ गया है।

इसके लिए अपनी पसंद की स्त्री को पाना असंभव तो नहीं है, लेकिन कठिन अवश्य है। मेरा जीवनसाथी शिक्षित होना चाहिए। उसी तरह वह डॉक्टर भी हो, साथ ही खाना बनाने में भी होशियार हो। इन बातों को ध्यान में रखते हुए हमारे समाज में

तीनों गुणों वाली महिला मिलना असंभव है। इसी प्रकार अन्य समाजों में मेरे विशेष संबंध न होने के कारण विवाह के लिए ऐसी स्त्री मिलना कठिन है। यदि विवाह विलंब से होगा तो लोगों में चर्चा का विषय बनेगा और दुष्टों को मुझे बदनाम करने का अवसर मिलेगा। इसी से मुझे डर लगता है।

मुझे लगता है कि ऐसा करके मैं कोई नैतिक अपराध नहीं कर रहा हूँ। शिकायत के लिए मैंने कोई जगह नहीं रखी है, यशवंत को भी नहीं। मैं उसे आज तक तीस हजार रुपए दे चुका हूँ। इसी तरह करीब अस्सी हजार का मकान दिया है। मेरा मानना है कि मैंने अपने बेटे के लिए जितना किया है, उतना किसी पिता ने अपने बेटे के लिए नहीं किया है।

मेरा स्वास्थ्य दिन-ब-दिन बिगड़ता जा रहा है। दर्द के मारे चार दिन से सो नहीं पा रहा हूँ। पैरों में असहनीय दर्द होता है। सेवक रात-रात भर जागकर मेरी सेवा करते हैं। दिल्ली के दो नामी डॉक्टरों ने मेरी जाँच की है। उनका मानना है कि अगर पैर का दर्द बंद नहीं हुआ तो यह हमेशा ऐसा ही रहेगा और कभी खत्म नहीं होगा। मुझे अपने स्वास्थ्य का खयाल रखने के लिए किसी की जरूरत है। डॉक्टर की इस सूचना पर मैं पहले से ज्यादा गंभीरता से विचार कर रहा हूँ।

मेरा जीवन इतना एकाकी हो गया है कि जिस कारण मेरा अछूत हिंदू और स्पृश्य हिंदू स्त्रियों से कोई संपर्क नहीं है, लेकिन सौभाग्य से मुझे एक महिला पसंद है। वह सारस्वत ब्राह्मण जाति से है और मैं 15 अप्रैल को उससे शादी करने जा रहा हूँ।

मैं 11 तारीख को दिल्ली आया हूँ। मैं थोड़ा बेहतर महसूस कर रहा हूँ, लेकिन कमजोरी है। पहले मेरे स्वास्थ्य में कोई सुधार नहीं था। मैं दिल्ली में बहुत बीमार था। रविवार, 3 अप्रैल को मेरी हालत बहुत गंभीर थी। फिलहाल ठीक है। फिलहाल मैं कोई काम नहीं कर सकता, वैसे ही मैं बाहर भी नहीं जा सकता।

□

47
मेरा व्यक्तिगत दर्शन

प्रत्येक मनुष्य के जीवन का एक दर्शन होना चाहिए, कारण यह है कि प्रत्येक व्यक्ति के पास अपने आचरण का आकलन करने के लिए कोई नापने का यंत्र होना चाहिए। दर्शन और कुछ नहीं बल्कि उनके जीवन का मापक यंत्र है। मैं भगवद्गीता के नकारात्मक हिंदू सामाजिक दर्शन की निंदा करता हूँ। यह दर्शन शंकराचार्य के त्रिगुण दर्शन पर आधारित है। शंकराचार्य का दर्शन कपिल मुनि के दर्शन के बिल्कुल विपरीत है। शंकराचार्य के दर्शन के कारण जाति और असमानता का अवरोही क्रम हिंदुओं के सामाजिक जीवन का नियम बन गया है। मेरे सामाजिक जीवन का दर्शन तीन शब्दों में समाहित है। वे शब्द हैं—समानता, स्वतंत्रता और बंधुत्व। हालाँकि, किसी को यह नहीं सोचना चाहिए कि मैंने यह दर्शन फ्रांसीसी क्रांति से उधार लिया है। मेरा सार धर्म में निहित है, राजनीति विज्ञान में नहीं। मैंने इस दर्शन को अपने गुरु बुद्ध की शिक्षाओं से लिया है। मेरा दर्शन स्वतंत्रता और समानता है। यद्यपि असीमित स्वतंत्रता से समानता नष्ट हो जाती है, अत्यधिक समानता से स्वतंत्रता के लिए कोई स्थान नहीं है। मेरे दर्शन में स्वतंत्रता और समानता का हनन नहीं होना चाहिए, इसलिए सुरक्षा के रूप में प्रतिबंधों के लिए जगह है, लेकिन यह प्रतिबंध स्वतंत्रता या समानता की गारंटी का उल्लंघन कर सकता है। मैं इस पर विश्वास नहीं करता। मेरे दर्शन में भाईचारे का बहुत ऊँचा स्थान है। स्वतंत्रता और समानता के खिलाफ सुरक्षा केवल बंधुत्व में निहित है। इसका दूसरा नाम भाईचारा या मानवता है और यही मानवता धर्म का दूसरा नाम है।

वर्जनाएँ या प्रतिबंध तोड़े जा सकते हैं, लेकिन भाईचारा या धर्म पवित्र है। भाईचारे का सम्मान होना चाहिए। मेरे इस दर्शन का प्रचार-प्रसार करना ही मेरा जीवंत कार्य होगा। मुझे अपने दिमाग को अनुकूलित करना है। मैं अपने अनुयायियों

को जीवन के इस दर्शन के लिए प्रेरित करूँगा। दो विचार प्रणालियाँ भारत के लोगों को नियंत्रित करती हैं। संविधान की प्रस्तावना में प्रस्तुत राजनीतिक उद्‌देश्य स्वतंत्रता, समानता और बंधुत्व की प्रधानता की गवाही देते हैं, लेकिन भारतीयों के धर्म में जो सामाजिक लक्ष्य हैं—वे स्वतंत्रता, समानता और बंधुत्व से इनकार करते हैं। सभी भारतीयों ने राजनीतिक लक्ष्य को स्वीकार किया है, यह सभी का सामाजिक लक्ष्य होना चाहिए।

□

48

शैक्षणिक कार्य

द्वितीय महायुद्ध की समाप्ति के बाद अछूत स्नातकों का पहला बैच उच्च शिक्षा के लिए विदेश जा रहा था। उन सभी को बधाई देने के लिए बंबई में एक विदाई समारोह का आयोजन किया गया था। उस समय डॉ. बाबासाहेब आंबेडकर ने मार्गदर्शन करते हुए कहा था कि ज्ञान कैसे प्राप्त करें और उसका उपयोग कैसे करें? बटन दबाते ही बिजली का बल्ब अंधकार को नष्ट कर प्रकाश का राज्य स्थापित कर देता है। इसी प्रकार प्रत्येक शिक्षित व्यक्ति को समाज की अज्ञानता को दूर करने का प्रयास करना चाहिए। इस काम को आसानी से करने के लिए हमें ट्रेन के इंजन से सीख लेनी चाहिए। इंजन एक-एक डिब्बे को जोड़कर पूरी ट्रेन को तैयार करता है और फिर पूरी ट्रेन को अपने कब्जे में ले लेता है। इसी प्रकार समाज निर्माण व उन्नति के क्रांतिकारी कार्य को आगे बढ़ाने का कार्य शिक्षित व्यक्ति को करना चाहिए। यदि भारत के प्रत्येक समाज में शिक्षित लोग इस मार्ग का अनुसरण करते हैं, तब पारंपरिक ढाँचे में हाथ-पाँव बँधी भारतीय संस्कृति मुक्त होगी। ऐसा होने पर ही भारत फिर से समृद्धि की ओर बढ़ पाएगा।

पीपुल्स एजुकेशन सोसाइटी

बाबासाहेब आंबेडकर ने अपने शिक्षण संस्थान के उद्देश्य और नीति की घोषणा करते हुए यह स्पष्ट कर दिया कि पीपुल्स एजुकेशन सोसाइटी की नीति केवल शिक्षा का प्रसार करना नहीं है, बल्कि ऐसी शिक्षा का निर्माण करना है, जिससे भारत बौद्धिक, नैतिक और सामाजिक लोकतंत्र के माध्यम से विकसित हो। आज भारत को यही चाहिए। भारत के प्रति सद्भावना रखने वाले प्रत्येक व्यक्ति को यह बात कहनी चाहिए।

सिद्धार्थ महाविद्यालय की स्थापना

अभी आपके प्राचार्य ने बताया है कि सिद्धार्थ कॉलेज अभी शैशव अवस्था में है, इसकी परंपरा अभी स्थापित होनी बाकी है। इसलिए आपने मुझे व्याख्यान देने का अवसर दिया है। उसी का लाभ उठाते हुए मैं 'मेरे कॉलेज की परंपरा' विषय पर व्याख्यान देने जा रहा हूँ, लेकिन व्याख्यान से पहले मैं आज के छात्रों से दो शब्द कहना चाहता हूँ। 1937 से मेरा छात्रों से संपर्क टूट गया। तब से मैंने प्रोफेसर की नौकरी छोड़ दी और अब राजनीति को चुना है। मुझे कई कॉलेजों में व्याख्यान देने के लिए निमंत्रण मिलते हैं, लेकिन मैंने निमंत्रण स्वीकार नहीं करने का फैसला किया है। सिद्धार्थ कॉलेज इसका अपवाद है। सिद्धार्थ कॉलेज को अपनी परंपरा कैसे स्थापित करनी है, मैं आपको वह बताता हूँ।

हमारे कॉलेज का नाम सिद्धार्थ कॉलेज है। ऐसा नाम क्यों रखा गया है ? अगर मैंने किसी करोड़पति से बात की होती तो मुझे आसानी से कुछ लाख रुपए मिल सकते थे। अगर मैंने ऐसा किया होता तो मुझे कॉलेज को उस करोड़पति का नाम देना पड़ता, लेकिन मैंने ऐसा करने के बजाय कॉलेज का नाम 'सिद्धार्थ कॉलेज' रख दिया। आप सभी बुद्ध का नाम जानते हैं। सिद्धार्थ कॉलेज ने अभी तक अपनी परंपरा स्थापित नहीं की है। यह मुझे बिल्कुल भी हैरान नहीं करता। आपको यह नहीं सोचना चाहिए कि हमारे इस छोटे से सिद्धार्थ कॉलेज का इन बातों से कोई उद्देश्य नहीं है। कॉलेज का नाम किसी कारण से ही सिद्धार्थ कॉलेज रखा गया है। सावधान रहो, बुद्ध के नाम पर महाविद्यालय की स्थापना की गई है। बुद्ध ने इस लक्ष्य को ब्रह्मजाल सूत्र में बताया गया है। उस सूत्र में बताया गया है कि भारत में ब्रह्म दर्शन का प्रसार हुआ। इन दार्शनिकों की ब्रह्म में आस्था है। उनके शिष्यों ने गौतम बुद्ध को बताया कि ब्रह्मवादी दार्शनिक उनसे मिलने आए हैं। उन्होंने एक नया तत्त्वज्ञान (दर्शन) स्थापित किया है और उस दर्शन के मुख्य देवता ब्रह्म हैं। शास्ता, आप इस संबंध में क्या बताना चाहते हैं ? हम सभी यह जानना चाहते हैं।

मुझे लगता है कि गौतम बुद्ध द्वारा दिया गया उत्तर विचार करने योग्य है। उन्होंने ब्रह्मवादियों से पूछा, 'क्या आपने ब्रह्म को देखा है ?' जवाब मिला, 'नहीं।' अगला सवाल था—'क्या आपने ब्रह्म के बारे में कुछ सुना है ?' जवाब था—'नहीं।' तब प्रश्न था, 'क्या आपने ब्रह्म का स्वाद चखा है ?' उत्तर 'नहीं' था, तो आप किस आधार पर कहते हैं कि ब्रह्म का अस्तित्व है ? इसका कोई जवाब ब्रह्मवादी नहीं दे सके।

अब मैं आपको गौतम बुद्ध के दूसरे व्याख्यान के बारे में बताता हूँ। इसकी

व्याख्या 'महापरिनिब्बाणसुत्त' में मिलती है। गौतम कुशीनार में मृत्यु के कगार पर थे। उनके शिष्य भी थे। प्रमुख शिष्य ने उनसे पूछा—शास्ता, आप इतनी जल्दी महापरिनिर्वाण नहीं ले पाएँगे। अभी बहुत सी चीजें करनी बाकी हैं। आपने उस संबंध में कुछ भी नहीं बताया है और न ही आपने हमें निर्देशित किया है। तथागत द्वारा दिया गया उत्तर बहुत विचारणीय है। उन्होंने कहा कि मैं आपके बीच चालीस वर्ष तक रहा। इस समय मेरी उम्र अस्सी वर्ष है। मैं इतने वर्षों से आपके साथ हूँ, फिर भी आपको मुझसे उचित मार्गदर्शन नहीं मिला, इस बात से मैं बहुत हैरान हूँ। हो सकता है, मेरी तरफ से सारे जवाब न मिले हों, मुझे यह नामुमकिन लगता है। इन चालीस सालों में मेरी तरफ से कुछ बताना बाकी रह गया होगा, मुझे ऐसा भी नहीं लगता। मुझे आपके प्रश्न से लगता है कि आपके मन में कुछ उथल-पुथल है। जो मैंने आपको सिखाया है, उसे आप पूरी तरह से समझ नहीं पाए हैं, मुझे भी ऐसा ही लगता है। आप एक ही बात ध्यान में रखें और फिर उसके अनुसार कार्य करें, तो आपको अपने प्रश्न का उत्तर अपने आप मिल जाएगा।

मैं आपसे कुछ कह रहा हूँ तो वह सत्य ही होगा, उस पर बिल्कुल भी विश्वास मत करो। जब आपकी सोचने-समझने की शक्ति, आपकी तर्क-शक्ति को वह वस्तु योग्य लगे, तभी उस पर विश्वास करें, अन्यथा उसे अमान्य कर दें। यह मेरी शिक्षा है।

गौतम बुद्ध के इस कथन के क्या मायने हैं? इसका मतलब यह है कि हर इनसान को सोचने की आजादी होनी चाहिए, लेकिन स्वतंत्रता का यह प्रयोग सत्य की खोज में होना चाहिए और आखिर सत्य है क्या? सच तो यह है कि ज्ञान की पाँचों इंद्रियाँ और पाँच कर्मों की इंद्रियाँ सत्य को स्वीकार करें। इसका अर्थ यह है कि उसे देखने, सुनने, सूँघने, चखने और उसके होने का प्रमाण लेने आना चाहिए, तभी वह सत्य अर्थात् ईश्वर होगा।

गौतम बुद्ध ने अपने शिष्यों के सामने यह लक्ष्य रखा था। सिद्धार्थ कॉलेज इस लक्ष्य का पालन करने जा रहा है—1. सत्य का पता लगाना और 2. उस धर्म का पालन करना, जो स्वयं को मानवता सिखाएगा।

आधुनिक विचार प्रणाली किस दिशा में बह रही है, यह मुझे ज्ञात है। मैं आपको बता दूँ कि मैं कार्ल मार्क्स के दर्शन से अपरिचित नहीं हूँ। उनके धार्मिक विचार भी मेरे लिए अज्ञात नहीं हैं। उनका कहना है कि धर्म एक अफीम है, लेकिन उनका बयान मुझे मंजूर नहीं है। मुझे लगता है कि सत्य का पता लगाना ही सत्यधर्म है। सत्य और शक्ति विपरीत चीजें हैं। शास्त्र भी किसी भी दृष्टि से पूर्णता को स्वीकार नहीं करते, इसलिए संसार में पूर्ण रूप से शुद्ध कुछ भी नहीं है।

धर्म का अर्थ है सत्य, हमें यह समझना चाहिए कि 'नहि सत्यात् परो धर्मः' (सत्य से बड़ा कोई धर्म नहीं है) हमारा लक्ष्य होना चाहिए। हमें कभी भी दूसरों को दुःखी नहीं करना चाहिए। यही हमारे धर्म की सच्ची सीख होनी चाहिए। सत्यशोधन के कार्य में मनुष्य को पूर्ण स्वतंत्रता होनी चाहिए। यही हमारे कॉलेज का उद्देश्य भी है।

मिलिंद कॉलेज

मिलिंद (मेनेंडर) एक यूनानी राजा थे। उन्हें अपनी विद्वत्ता पर गर्व था। ग्रीक जैसे विद्वान् विश्व में कहीं नहीं मिलेंगे। एक बार उन्हें लगा कि मुझे एक बौद्ध भिक्षु से शास्त्रार्थ करना चाहिए, लेकिन मिलिंद से बहस करने को कोई तैयार नहीं था। बड़ी कोशिशों के बाद नागसेन साधु तैयार हुए। साधु ने मिलिंद का निमंत्रण स्वीकार कर लिया।

नागसेन एक ब्राह्मण थे। उन्होंने सात साल की उम्र में अपने माता-पिता का घर छोड़ दिया। बाद में वे बौद्ध भिक्षु बन गए। इसी नागसेन और मिलिंद के बीच बहस हुई, जिसमें मिलिंद की हार हुई। इस संवाद पर एक पुस्तक प्रकाशित हुई है। पालि भाषा में इस पुस्तक का नाम 'मिलिंदपन्ह' है। इस पुस्तक का अनुवाद 'मिलिंद प्रश्न' नाम से किया गया है। मेरी इच्छा है कि शिक्षक और विद्यार्थी इस पुस्तक का अध्ययन करें। इस पुस्तक में बताया गया है कि एक शिक्षक में क्या-क्या गुण होने चाहिए? इसलिए मैंने और पीपुल्स एजुकेशन सोसाइटी ने इस कॉलेज का नाम 'मिलिंद महाविद्यालय' और कॉलेज परिसर का नाम 'नागसेन' रखा है। मिलिंद हार गया और बाद में बौद्ध बन गया, इसलिए मैंने उसका नाम रखा है। मुझे लगता है कि यह एक आदर्श नाम है।

किसी अमीर व्यापारी ने किसी शिक्षण संस्थान को आर्थिक मदद दी, इस कारण उनका नाम देना सर्वथा अनुचित है। कॉलेज को यह नाम देने का एक अन्य कारण यह भी है कि भोजन की तरह शिक्षा भी हर मनुष्य के लिए आवश्यक है। इसका लाभ सभी को मिलना चाहिए। इस उदारवादी विचार का सर्वप्रथम उद्घोष किसी ने किया था तो वह गौतम बुद्ध हैं। उस समय असंख्य लोगों को सैकड़ों वर्षों तक अज्ञान के अंधकार में रखा गया था। तथागत बुद्ध और उनके शिष्यों ने उन्हें शिक्षित करना शुरू किया। आज उनका स्मरण आना स्वाभाविक है।

बंबई के सिद्धार्थ कॉलेज में 2100 और इस कॉलेज में 600 छात्र पढ़ते हैं। मैंने इस कॉलेज का बहुत बोझ उठाया है। श्री शंकरराव देव ने कॉलेज का

नामकरण 'लिंद' करने पर धम्मपद के एक श्लोक को उद्धृत किया है। वह यह है—"अम्होधेन जयेत क्रोधं"। अक्रोध से क्रोध को जीतना चाहिए। मैं बहुत गुस्सा करता हूँ, यह सब जानते हैं। श्री देव कहते हैं, "मनुष्य को क्रोध को निगल लेना चाहिए।" मुझे लगता है कि देवा का अध्ययन अधूरा है। तथागत ने आवेश पर व्याख्यान दिया है। यदि देवा ने उसे पढ़ा होता, तो वे यह नहीं कहते। मनुष्य क्रोधित है, फिर भी उस पर टिप्पणी नहीं करनी चाहिए। राग दो प्रकार के होते हैं—1. द्वेषपूर्ण, 2. प्रेममय। कसाई कुल्हाड़ी ले जाता है, उसका राग द्वेषपूर्ण होता है, जबकि एक माँ अपने बच्चे को थप्पड़ मारती है तो इसे क्या कहेंगे? उसका राग प्रेमपूर्ण है। बेटा! गुणी बने, इसलिए माँ बेटे को मारती है। मेरा राग भी प्रेमपूर्ण है। आपको भी समता का व्यवहार करना चाहिए। मुझे आलोचकों की परवाह नहीं है। जो कुछ मिलाया है, लड़कर ही मिलाया है।

पहले केवल ब्राह्मण जाति ही शिक्षा ग्रहण करती थी। तब हमें नहीं पता था कि शिक्षा कैसे प्राप्त की जाए। हमें ज्ञान प्राप्त करने की बड़ी इच्छा थी, लेकिन ब्राह्मणों ने हमें शिक्षा ग्रहण नहीं करने दी। लेकिन तथागत ने उस बंधन को तोड़ दिया। एक बार लोहित ब्राह्मण ने बुद्ध से पूछा कि आप सबको ज्ञान की शिक्षा क्यों देते हैं? तब गौतम बुद्ध ने उत्तर दिया, "जिस प्रकार मनुष्य को भोजन की आवश्यकता होती है, उसी प्रकार सभी को ज्ञान की आवश्यकता होती है।" इस कार्य की शुरुआत सबसे पहले गौतम बुद्ध ने की थी। ज्ञान एक तरह से तलवार की तरह होता है। तलवार दोधारी है। वह तलवार से दुष्टों को मारता चला जाता है और दुष्टों से अपनी रक्षा भी करता है। इसलिए कहा गया है—'स्वदेशे पूज्यते राजा, विद्वान् सर्वत्र पूज्यते।' (विद्वान् और राजा की कभी तुनता नहीं हो सकती, क्योंकि राजा अपने राज्य में ही मान और सत्कार पाता है और विद्वान् सर्वत्र मान और प्रतिष्ठा को प्राप्त होता है)

आप सभी ज्ञान प्राप्त करने आए हैं, लेकिन मेरे विचार से केवल ज्ञान ही शुद्ध नहीं हो सकता। तथागत ने ज्ञान के साथ-साथ ज्ञान के बारे में भी बताया है। प्रज्ञा का अर्थ है, मानवजाति के प्रति प्रेम और मित्रता का अर्थ है—सभी जीवों के प्रति अपनेपन का भाव। तभी ज्ञान उपयोगी हो सकता है।

मिलिंद महाविद्यालय के प्रत्येक छात्र को अपने चरित्र का निर्माण विद्या, प्रज्ञा, करुणा, विनय और मित्रता के पाँच सिद्धांतों के अनुसार करना चाहिए। यदि इस रास्ते से अकेले ही जाना हो तो धैर्य और भक्ति से करना चाहिए। हमें अपने विवेक के अनुसार जो योग्य लगे, उस मार्ग पर आगे बढ़ना चाहिए।

शिक्षा का महत्त्व

डॉ. बाबासाहेब आंबेडकर ने 1950 में पीपुल्स एजुकेशन सोसाइटी के माध्यम से औरंगाबाद में मिलिंद महाविद्यालय की स्थापना की। कॉलेज भवन का भूमिपूजन 1 सितंबर, 1951 को भारत के प्रथम राष्ट्रपति डॉ. राजेंद्र प्रसाद के हाथों किया गया था। राष्ट्रपति के स्वागत भाषण पर बाबासाहेब आंबेडकर ने शिक्षा के महत्त्व को समझाया और कहा, "हिंदू समाज के निम्न वर्ग से होने के नाते मैं शिक्षा के महत्त्व को जानता हूँ। निम्न वर्ग के लोगों को सुधारने के लिए क्या किया जाना चाहिए? यह विचार करते हुए अकसर अनेक आर्थिक प्रश्नों का ही उल्लेख किया जाता है। प्राय: यह माना जाता है कि उनकी प्रगति आर्थिक प्रश्नों को हल करने में ही निहित है, परंतु यह मानना भारी भूल होगी। भारतवर्ष में निम्न वर्गों के उत्थान और मुक्ति के लिए प्राचीनकाल की भाँति उन्हें भोजन, पेय, वस्त्र आदि की नि:शुल्क व्यवस्था करके सवर्णों की सेवा में व्यस्त नहीं रखना चाहिए, बल्कि हमें मनुष्य-मनुष्य के ऊँच-नीच के भेद को मिटाकर विषैली परंपरा से मुक्त कर उनका उत्थान करना है। इसके लिए निम्न स्तर के लोगों के मन में विवेक का संचार करके उन्हें व्यक्तिगत और राष्ट्रीय जीवन का महत्त्व बताना होगा। वे आज तक जिस सामाजिक व्यवस्था में रह रहे थे, उसमें उन्हें कैसे ठगा गया है? यह सब समझाना पड़ेगा। यह काम इस देश में बिना उच्च शिक्षा के संभव नहीं है। मेरे विचार से भारत की सभी सामाजिक समस्याओं का एकमात्र और सर्वोत्तम समाधान शिक्षा का प्रसार है।"

□

49

डॉक्टरेट की उपाधि

मैंने अमेरिका जाने का फैसला किया है। मैं अपनी एल.एल.डी. की डिग्री प्राप्त करने के लिए कोलंबिया विश्वविद्यालय जाना पसंद नहीं करता। बंबई से आने के बाद मेरी तबीयत और बिगड़ गई। इलाज कराने के बाद भी कोई फायदा नहीं हो रहा है। इसलिए मेरा स्वास्थ्य आपकी चिंता और दुःख का कारण बन गया है, लेकिन अब मैंने चिंता करना बंद कर दिया है। मुझे नहीं लगता कि मेरी सेहत में पहले की तरह सुधार होगा। तथागत बुद्ध ने कहा है, "जो कुछ भी जन्म लेता है, उसका नाश निश्चित है।" इसलिए आपको चिंता नहीं करनी चाहिए। आप लोग मेरे स्वास्थ्य की चिंता करने के बजाय मेरे सिर पर रखे सामाजिक कार्यों की जिम्मेदारी उठाने के लिए शीघ्र तैयार हो जाइए। मुझे विश्वास है कि मैं अधिक समय तक जीवित नहीं रह पाऊँगा।

5 जून, 1952 को मेरा अमेरिका जाना बहुत करीब आ रहा है। मेरा स्वभाव गुस्सैल है। सत्ता में बैठे लोगों के साथ कई मुद्दों पर तीखी बहस हो चुकी है। हालाँकि, कोई यह न सोचे कि मैं विदेशों में भारत के बारे में कठोर बोलूँगा। मैंने कभी देश के खिलाफ विद्रोह नहीं किया। मैंने अपने दिल में केवल अपने देश की भलाई के बारे में सोचा है। गोलमेज सम्मेलन के समय मैं राष्ट्रहित में गांधीजी से 200 मील आगे था।

□

50

बंबई महाराष्ट्र से संबंधित है

बंबई शहर के औद्योगिक क्षेत्र में अधिकांश कर्मचारी और सभी कार्यालयों में अधिकांश कर्मचारी महाराष्ट्रियन हैं। यह वर्ग शहर के विकास के लिए हमेशा मेहनत करता है। कपड़ा मिलों में काम करने वाले श्रमिकों और कार्यालय में काम करने वाले पारसियों की संख्या बहुत कम है। महाराष्ट्रियन लोगों के बिना बंबई का विकास नहीं हो पाएगा, यह मेरी स्पष्ट राय है। महाराष्ट्र राज्य गठन की त्रिपक्षीय योजना पश्चिम महाराष्ट्र, मध्य महाराष्ट्र और पूर्वी महाराष्ट्र के रूप में है। उनकी संबंधित राजधानियाँ बंबई, औरंगाबाद और नागपुर होंगी। पूर्व महाराष्ट्र राज्य पुनर्गठन बोर्ड के सुझाव के अनुसार, विदर्भ के हिस्से में नागपुर, भंडारा, वर्धा, यवतमाल, अकोला, अमरावती, बुलढाणा और चाँदा जिले शामिल होंगे। मध्य महाराष्ट्र में औरंगाबाद, परभणी, नांदेड़, बीड, उस्मानाबाद, नासिक, सोलापुर जिले के डाँग, अहमदनगर, पूर्व और पश्चिम खानदेश और कर्नाटक से सटे मराठी क्षेत्र शामिल होंगे। शेष हिस्सा पश्चिम महाराष्ट्र में जाएगा, जिसमें ठाणे, कोलाबा, रत्नागिरी, पुणे, उत्तर और दक्षिण सतारा, कोल्हापुर, बेलगावी और कारवार जिले शामिल होंगे। आर्थिक और सांस्कृतिक दृष्टि से तीन भाग संभाव्य होंगे और इस योजना के फलस्वरूप इन विभागों के लोगों की आशाओं और आकांक्षाओं की पूर्ति होगी।

मेरे विचार से अखंड महाराष्ट्र की माँग अनुचित है। कारण यह है कि संयुक्त महाराष्ट्र में मराठवाड़ा के पिछड़े जिले आगे नहीं बढ़ पाएँगे, जिससे संयुक्त महाराष्ट्र में फिर से अराजकता की स्थिति उत्पन्न हो सकती है। यदि पिछड़े मराठवाड़ा का विकास करना है, ऐसी इच्छा है तो मराठवाड़ा को स्वतंत्र बनाना उचित होगा। मेरी ट्राइग्रुप योजना के अनुसार, यदि महाराष्ट्र में तीन राज्य

हैं तो वे राज्य व्यवसाय की दृष्टि से कुशल सिद्ध होंगे। साथ ही जनता को भी तरक्की के मौके मिलेंगे।

शैक्षिक रूप से पिछड़े होने के कारण मराठवाड़ा में एक स्वतंत्र विश्वविद्यालय की बहुत आवश्यकता है।

□

51

महाराष्ट्र में संतों के कार्य

एक वर्ग की दूसरे वर्ग पर प्रधानता, यही चातुर्वर्ण्य का मूल है। चातुर्वर्ण्य व्यवस्था के विरुद्ध अनेक विद्रोह हुए, जिनमें महाराष्ट्र के भागवत धर्म के संतों द्वारा किया गया विद्रोह प्रमुख है। यह विद्रोह बिल्कुल अलग था। दूसरे मनुष्यों की तरह मनुष्य कहलाने वाला ब्राह्मण श्रेष्ठ या ईश्वर श्रेष्ठ? यह ऐसा विद्रोह था। ब्राह्मण पुरुष श्रेष्ठ या शूद्र पुरुष श्रेष्ठ? इस प्रश्न को हल करने की जहमत साधु-संतों ने नहीं उठाई। इस विद्रोह में साधु-संत विजयी हुए और ब्राह्मणों ने भक्तों की श्रेष्ठता को पहचाना।

हालाँकि, चातुर्वर्ण व्यवस्था को नष्ट करने की दृष्टि से इस विद्रोह का कोई लाभ नहीं हुआ। ऐसा नहीं है कि भक्ति के आवरण से मानवता को अर्थ मिलता है। मानवता का मूल्य स्वयं स्पष्ट है। संतों ने इस उद्देश्य के लिए संघर्ष नहीं किया। परिणामस्वरूप चातुर्वर्ण्य का दबाव बना रहा। संतों के विद्रोह का दुष्प्रभाव हुआ। आप चोखामेला जैसे भक्त बन जाइए, तब हम आपको स्वीकार करेंगे। दलित वर्ग के शोषण की यह नई युक्ति ब्राह्मणों के हाथ लग गई। दलितों के बीच बगावत करने वालों के हाथ ढीले पड़ गए। ब्राह्मणों का यही अनुभव है।

सांप्रदायिक लोग साधु-संतों की चमत्कारी दंतकथाओं को बढ़ा-चढ़ाकर पेश करते हैं। ये लोग साधु-संतों के करुणामय, न्यायप्रिय, समतामूलक और उदार विचारों का उपहास उड़ाते हैं। कारण यह है कि उनमें जाति का अहंकार हावी हो गया है। रामदासी संप्रदाय के लोग पहले से ही जाति के प्रति जागरूक हैं। इस पंथ के संस्थापक वर्ण वर्चस्व के अभिमान से पीड़ित हैं।

मैं युवावस्था में ही महाराष्ट्र के संत साहित्य की ओर आकर्षित हो गया था। मनुष्य की नैतिकता को मजबूत करने में साहित्य कितना सहायक है, यह मैं बहुत अच्छे से बता सकता हूँ। □

52

क्या आपको लगता है कि मैं साहित्यकार हूँ?

विदर्भ लिटरेचर एसोसिएशन, नागपुर
मई 1954
साहित्यकारो और विद्वानो!

आज आपकी साहित्यिक संस्था में आने का अवसर मिला। वह अवसर दो साहित्यकारों के आग्रह से प्राप्त हुआ है। एक आपका है और एक हमारा है। गजाननराव मडखोलकर आपके हैं और नारायणराव शेंडे हमारे हैं। यह फर्क महसूस किया जाता है, लेकिन जिंदगी में यह फर्क आपने पैदा किया है, हमने नहीं। हम इस भेदभाव को खत्म करने के लिए लड़ रहे हैं, आप नहीं। मैंने महान् और महार को पाया, मुझे यह मिलन शुभ लगा। इसलिए मैं इस साहित्यिक संस्थान का दौरा करने के लिए तैयार हो गया हूँ। मैं कुछ भी हलके में नहीं लेता। मैं अच्छी तरह जाँच करता हूँ। मुझे पता है कि सिक्का असली है या नकली। नहीं तो ठगे जाने का भय है। हमारे साथ कई बार ऐसा धोखा हुआ है, लेकिन अब हमारे साथ ऐसा नहीं होगा, क्योंकि हम अब सावधान हो गए हैं।

इसलिए जीवन में कोई भेद नहीं होना चाहिए। सदैव जागरूक और कुशल रहकर ही कल्याण की प्राप्ति हो सकती है, ऐसा साहित्य रचा जाना चाहिए। साहित्य किसी भी प्रकार का हो, उसे शब्दामृत का सिंचन करना चाहिए। तभी वह साहित्य कहलाएगा, रक्षक साहित्य माना जाएगा। संत ज्ञानेश्वर कहते हैं—"शब्द में इतनी शक्ति होनी चाहिए कि वह अमृत को भी जीत सके।"

साहित्यकार को दहम (दसवाँ) और शतम (सौ) का अर्थ अच्छी तरह समझना चाहिए। दहम को जलाना नहीं चाहिए और शतम को शरण और मृत्यु नहीं देनी चाहिए। लेकिन अहंकार यह सब करवा देता है। साहित्य में अहंकार बहुत

खतरनाक है। उसमें सहनशीलता की कमी है। साहित्यिक साधना की गति और उदार हृदय के स्पर्श से ही जीवन का विकास और उन्नयन होना चाहिए। तभी वह वाचस्पति, साहित्यकार बनता है। आज का साहित्यकार दहम के कदम को आगे बढ़ाने की भरसक कोशिश करता है तो शतम को सौ कदम पीछे खींच लेता है। वह कभी बगीचे के सुंदर फूलों को तोड़ता है और कभी उन्हें चुराकर ले जाता है, लेकिन उन फूलों को देवता के चरणों में नहीं चढ़ाया जाता। जो सुंदर बगीचा बनाता है, वह कुशल माली नहीं बनता।

लेकिन मैं माली हूँ। मुझे ज्ञानेश्वर की 'ज्ञानेश्वरी', तुकाराम की 'गाथा', लोकमान्य तिलक का 'गीता रहस्य', हरिभाऊ आप्टे का 'पण लक्षात कोण घेतो?' उपन्यास, सावरकर का 'कालापानी', वामन मल्हार जोशी का 'सुशीलेना देव', साने गुरुजी का 'श्यामची आई', फड़के की 'दौलत', खांडेकर का 'हृदयाची हाक', मडखोलकर का 'भंगलेले देउल', केशवसुत की 'तुतारी', यशवंत की 'आई' और गडकरी की 'फुटकं नसीब' समझ सकता हूँ, लेकिन आज की कहानी, कविता, नाटक मुझे समझ में नहीं आता।

आज समाज और राष्ट्र के जीवन का विकास करने वाला साहित्य नहीं रचा जा रहा है। हमारे आजाद देश को एकता और बंधुत्व की सख्त जरूरत है। एकता और भाईचारा हमारे राष्ट्र का केंद्रबिंदु है। उसके बिना प्रबल संघ शक्ति का निर्माण नहीं होगा। इसलिए साहित्य और कला से मानवतावादी विज्ञान का निर्माण करना नितांत आवश्यक है। उसके लिए साहित्य के क्षेत्र में राष्ट्रीय उपयोगिता क्रांति की लहर चलनी चाहिए। वर्तमान में हम देख रहे हैं कि साहित्य की दीवार कमजोर होती नजर आ रही है। फसल अधिक है, लेकिन सारहीन है। आज हम ज्ञान के भूखे हैं, हमें उसे पूरा करना चाहिए। कवि कीट्स कहते हैं—"सुनी हुई धुन मधुर होती है, लेकिन जो अनसुनी होती है, वह मधुरतम होती है।" इस प्रकार अनुभव आना चाहिए। 'पसायदान' में संत ज्ञानेश्वर ने कहा है—"साहित्य के यज्ञ से समस्त विश्व का कल्याण हो, समस्त मानवजाति सुखी हो, आनंदमय हो और सबका समाधान हो।" लेखकों को भी इस संकेत का पालन करना चाहिए।

हम अपने जीवन, अपने कर्तव्य और अपनी संस्कृति की उपेक्षा करते हैं। यदि हम अंतर्मुखी होकर विचार करें तो ज्ञात होगा कि हमारे जीवन मूल्य एवं सांस्कृतिक मूल्य क्षीण होते जा रहे हैं, जिससे एक भद्दी तसवीर दिखाई दे रही है। कारण कुछ भी हो, लेकिन हम अधोगति के मार्ग से जा रहे हैं, वही दिखाई देने लगेगा। इसलिए

साहित्यकारों को तत्परता से सावधान रहते हुए जीवन और सांस्कृतिक मूल्यों को बचाए रखना है।

आपके कहानी-उपन्यास की सीता अब लक्ष्मण रेखा पार कर रही है। दुर्योधन के दरबार में द्रौपदी को निर्वस्त्र किया जा रहा है और शकुंतला को दुष्यंत की परवाह नहीं है। वह निर्वासन में है। इसलिए मैं लेखकों को बताना चाहता हूँ—

अपने साहित्य में उदार जीवन-मूल्यों और सांस्कृतिक-मूल्यों का आविष्कार करें। अपने लक्ष्य को छोटा न रखें, उसे बड़ा बनाएँ। अपने सिक्कों को चार दीवारों में कैद रखने के बजाय दूर के गाँवों में ले जाएँ, जिससे वहाँ का अँधेरा दूर हो। हमारे देश में उपेक्षित, दलित और दु:खी लोगों की दुनिया भी है, इसे कभी न भूलें। उनकी व्यथा और पीड़ा को अच्छी तरह से समझें और अपने साहित्य के माध्यम से उनके जीवन को बेहतर बनाने का प्रयास करें, यही सच्ची मानव सेवा होगी।

□

53
कुत्ता और बाबासाहेब

एक दिन क्या हुआ कि बाबासाहेब के बँगले का पालतू कुत्ता न तो कुछ खा रहा था और न ही पी रहा था। यह देखकर वे बहुत चिंतित हुए। उसका बहुत इलाज कराया गया। बाबा ने उसे गले से लगा लिया और करुणा से बोले, "तुझे क्या हो गया है? यह सत्याग्रह क्यों है? यह उपवास क्यों है? कुछ तो बता!" बाबासाहेब की आँखें नम हो गई थीं। उनका प्यारा और भरोसे का कुत्ता न कुछ खा रहा था और न पी रहा था, जिसके कारण बाबासाहेब भी दो दिन तक भूखे रहे। तीसरे दिन सुबह जब कुत्ते ने दूध के साथ ब्रेड खाई तो बाबासाहेब बहुत खुश हुए। ऐसा था बाबासाहेब आंबेडकर का सभी जीवों के प्रति प्रेम!

□

54

मेरा व्यक्तित्व इससे बना है

आज मैं जिस मुकाम पर पहुँचा हूँ, उसके लिए मुझमें कुछ जन्मजात गुण होने चाहिए, किसी को ऐसा नहीं सोचना चाहिए। दरअसल मैंने अपने प्रयासों से यह ऊँचाई हासिल की है।

पहले शिक्षक बुद्ध

मेरे तीन गुरु हैं, उन्हीं की वजह से मेरे जीवन में क्रांति आई है। मेरी तरक्की का श्रेय उन्हें ही जाता है। मेरे पहले गुरु गौतम बुद्ध हैं। दादा केलुस्कर मेरे पिता के विद्वान् मित्र थे। उन्होंने गौतम बुद्ध का चरित्र लिखा था। एक समारोह में केलुस्कर गुरुजी ने मुझे 'बुद्धचरित' भेंट किया। उस पुस्तक को पढ़ने के बाद मुझे एक अलग अनुभव हुआ। बौद्ध धर्म में ऊँच-नीच का कोई स्थान नहीं है। बुद्ध का चरित्र पढ़कर मेरा रामायण, महाभारत, ज्ञानेश्वरी आदि ग्रंथों से विश्वास उठ गया। मैं बौद्ध धर्म का अनुयायी हो गया। दुनिया में बौद्ध धर्म जैसा कोई धर्म नहीं है। यदि भारत को जीवित रहना है तो उसे बौद्ध धर्म स्वीकार करना होगा।

दूसरे गुरु कबीर

मेरे दूसरे गुरु संत कबीर हैं। उनमें रत्ती भर भी भेदभाव नहीं था। वे सच्चे अर्थों में महात्मा थे। मैं गांधी को मिस्टर गांधी कहता हूँ। मेरे पास कई पत्र आते हैं, जिनमें यह अनुरोध किया जाता है कि मैं गांधीजी को महात्मा गांधी ही कहूँ। लेकिन मैंने उनके अनुरोध को महत्त्व नहीं दिया। मैं इन लोगों के सामने संत कबीर की शिक्षा रखना चाहता हूँ।

तीसरे गुरु फुले

"मनुष्य होना कठिन है तो साधु कहाँ से होय?"

मेरे तीसरे गुरु महात्मा ज्योतिबा फुले हैं। मुझे उनका मार्गदर्शन मिला। उन्हीं के प्रयासों से इस देश में पहला कन्या विद्यालय खुला। मेरे जीवन को तथागत गौतम बुद्ध, संत कबीर और महात्मा ज्योतिबा फुले की शिक्षाओं ने आकार दिया है।

तीन पूज्य देवता

तीन गुरुओं की तरह, मेरे पास पूजा करने के लिए तीन देवता हैं। मेरी प्रथम पूज्य देवी विद्या हैं। बिना ज्ञान के कुछ भी संभव नहीं है। इस देश में बहुसंख्यक समाज निरक्षर है। बुद्ध को ब्राह्मणों द्वारा शूद्र कहा गया, लेकिन बौद्ध धर्म में कोई जाति नहीं है और शिक्षा अर्जित करने का कोई निषेध नहीं है। मनुष्य को भोजन की तरह ज्ञान की आवश्यकता होती है। ब्राह्मणों ने दूसरों के ज्ञान ग्रहण करने पर रोक लगा दी। उन्होंने शिक्षार्थियों की जुबान काट दी। इसी का परिणाम है कि आज देश में 50 प्रतिशत लोग निरक्षर हैं। ब्रह्मदेश में बौद्ध धर्म है, वहाँ 90 प्रतिशत लोग शिक्षित हैं। हिंदू धर्म और बौद्ध धर्म के बीच यही अंतर है।

जिस तड़प से सच्चा प्रेमी अपनी प्रेयसी से प्रेम करता है, उसी तड़प से मैं पुस्तकों से प्यार करता हूँ। शत्रु को भी ग्रहण कर लेना चाहिए, ऐसा ज्ञान संपादित करना चाहिए। यदि आप मेरे दिल्ली आवास पर आएँगे तो आपको मेरी 20,000 चयनित पुस्तकों का संग्रह दिखाई देगा। मैं विनम्रतापूर्वक पूछना चाहता हूँ कि क्या ऐसा धन किसी और के पास दिखाई देगा?

स्वाभिमान मेरा दूसरा देवता है। यह सच है कि मैं हमेशा विनम्र रहता हूँ। विनम्रता का अर्थ लाचारी नहीं है। मैं मजबूरी को बहाना समझता हूँ। मनुष्य को स्वाभिमान से जीना चाहिए। मैंने अपनी आँखों के सामने सामाजिक कार्यों का लक्ष्य रखा है, लेकिन अपने किरदार को चलाने के लिए दूसरों पर निर्भर रहने की बात मेरे दिमाग में कभी आई ही नहीं। मैं सामाजिक कार्यों के लिए नौकरी के झाँसे में नहीं आया। मैंने परेल-बंबई में 10 गुणा 10 के कमरे में कई साल बिताए। मैंने कनकी की रोटी और कनकी के चावल खाए, पर अपने लिए कभी किसी से थैली नहीं ली। इस देश के वायसरॉय और गवर्नरों के साथ मेरे स्नेहपूर्ण संबंध थे, लेकिन मैंने कभी उनसे अपने लिए अपील नहीं की। दूसरों की मदद हो, मैंने उनसे वो काम करवाए।

मेरा तीसरा पूज्य देवता शील है। मैंने कभी किसी को नुकसान नहीं पहुँचाया या गलत नहीं किया। ऐसा एक भी उदाहरण आपको नहीं दिखेगा। मैं सुप्रीम कोर्ट का जस्टिस हो सकता था, लेकिन क्या वहाँ अटककर सामाजिक कार्य किया जा सकता है ? मैं अपने विवेक के अनुसार कार्य करता हूँ। दूसरों को कैसा लगेगा, मैंने इस बारे में कभी नहीं सोचा। मैं भगवान् में विश्वास नहीं करता। मैं शीलाचरण को अपना देवता मानता हूँ।

□

55

सदाचार मायने रखता है

मैं उच्च कोटि का एक सदाचारी और नैतिक व्यक्ति हूँ। मेरा पूरा सार्वजनिक जीवन इसी प्रतिष्ठा पर टिका है। मेरे पवित्र चरित्र के कारण शत्रु मुझसे डरते हैं। मेरे बारे में उनके दिल और दिमाग में डर है। मैं इस शुभ प्रतिष्ठा को धूमिल करने के लिए कभी तैयार नहीं हो सकता। यदि मेरी प्रतिष्ठा नष्ट हो जाती है तो मेरे जीवन का सारा उद्द्देश्य नष्ट हो जाएगा। मेरे लोग, जिनके लिए मैंने अपना सबकुछ न्योछावर कर दिया है, जो लोग मुझे देवता मानते हैं, वे सभी मुझ पर विश्वास खो देंगे।

मैं बहुत कठोर व्यक्ति हूँ। फिर भी मैं पानी की तरह शांत और घास की तरह कोमल हूँ, लेकिन जब मैं गुस्से में होता हूँ तो मुझे काबू करना बहुत मुश्किल हो जाता है। मैं मौन का पालन करने वाला व्यक्ति हूँ। अकसर मुझ पर आरोप लगाया जाता है कि मैं महिलाओं से बात नहीं करता। लेकिन मैं अकसर पुरुषों से भी बात नहीं करता। मैं एक आत्म-अवशोषित व्यक्ति हूँ। कभी-कभी मैं लगातार बोलता रहता हूँ, कभी-कभी मैं एक शब्द भी नहीं बोलता। कभी-कभी मैं बहुत गंभीर होता हूँ, कभी-कभी मैं खुश होता हूँ। मैं व्यंग्यात्मक व्यक्ति नहीं हूँ। जीवन की विलासिता मुझे लुभाती नहीं है। मेरे साथियों को मेरे दृढ़ आचरण, कठोरता और वैराग्य को सहन करना होगा। पुस्तकें मेरी पसंदीदा चीज हैं। मुझे अपनी पत्नी और बच्चों से ज्यादा पुस्तकों से प्यार है।

मैं महिलाओं की प्रगति और उनकी मुक्ति के लिए लड़ने वाला एक महान् सेनानी हूँ। मैंने महिलाओं की स्थिति को ऊपर उठाने और इसे प्राप्त करने के लिए संघर्ष किया है। मुझे इस पर बहुत गर्व है।

साहित्य से मेरा विशेष लगाव है, विशेषकर जीवन साहित्य से। हर स्त्री और

पुरुष का जीवन संक्षिप्त होता है। जिस रास्ते से वे अपना जीवन-चक्र पूरा करते हैं, वह सँकरा होता है। इसलिए सभी का अनुभव सीमित है। यह सीमित अनुभव संकीर्णता और संकुचन को जन्म देता है। जीवन में कई ऐसे लोग मिलते हैं, जिनका अनुभव दूसरे व्यक्ति से अलग होता है। जब तक व्यक्ति अपने अनुभव से परिचित नहीं होता, तब तक वह अपने जीवन का विकास नहीं कर सकता। टॉलस्टॉय मेरे हीरो नहीं हैं या कोई भी लेखक मेरा हीरो नहीं है। मेरी विचारधारा बहुत गंभीर है। मैं किसी भी लेखक का कथन उचित हो, तभी लेता हूँ, उसे स्वीकार करता हूँ और अपने व्यक्तित्व का निर्माण करता हूँ, लेकिन कोई कितना भी महान् क्यों न हो, मैं उसका अनुसरण नहीं करता, यह मेरी मौलिक सोच है।

□

56
विभिन्न धर्म

ईसाई धर्म में ईसा मसीह कहते हैं—"मुझे ईश्वर का पुत्र समझो, तब मैं तुम्हें ईश्वर के पास ले जाऊँगा। अगर आप इस बात को मानने को तैयार नहीं हैं तो आप भगवान् के पास नहीं जा पाएँगे।" कुछ ईसाई कहते हैं कि यदि यहोवा तुम्हारा परमेश्वर है तो उसने तुम्हें विवाह करने के लिए नहीं कहा है और यदि यह सत्य है तो यह कैसे माना जा सकता है कि ईसा मसीह परमेश्वर के पुत्र हैं? मुसलिम धर्म में पैगंबर मुहम्मद सिखाते हैं कि मैं ईश्वर का एकमात्र दूत हूँ, साथ ही मैं पहला और आखिरी दूत हूँ। आपको पहले यह स्वीकार करना होगा, तभी मैं आपको भगवान् के पास ले जा सकता हूँ, लेकिन जो इस बात को मानने को तैयार नहीं होंगे, वे द्रोही माने जाएँगे।

हिंदू धर्म में जब धर्म की हानि होती है, जब धर्म का नाश होता है या अधर्म का राज्य होता है, तब भगवान् विष्णु अवतार लेकर धर्म की स्थापना करते हैं। ऐसा मानकर क्या कोई आदमी हाथ जोड़कर चुपचाप बैठेगा? एक ओर कहा जाता है कि यदि नर अच्छी करनी करता है तो वह नर का नारायण बन जाता है। दूसरी ओर नर को कुछ नहीं करना है, सबकुछ नारायण ही करेंगे। आखिर उनका कहना क्या है? इस प्रकार की अतार्किक विचारधारा से मनुष्य अपने कर्तव्य का पालन नहीं कर सकता।

इसके विपरीत बुद्ध की शिक्षा है। बुद्ध का धर्म ही सच्चा मानव धर्म है। बुद्ध ने कभी नहीं कहा कि वे ईश्वर के अवतार हैं, कि वे ईश्वर के दूत हैं या कि वे ईश्वर के इकलौते पुत्र हैं, इसलिए मानवी धर्म बनकर मानव के संपूर्ण विकास के लिए बौद्ध धर्म की रचना की गई है। यह धर्म प्रत्येक व्यक्ति के लिए कल्याणकारी है। इस धर्म में प्रत्येक व्यक्ति को पूर्ण स्वतंत्रता प्राप्त है और केवल वही स्वीकार्य माना जाता है, जो मानवता और विवेक को स्वीकार्य हो।

जैसे संसद् के कार्य संचालन के नियम होते थे, वैसे ही बौद्ध संघ में भी नियमों का पालन होता था। यदि कोई व्यक्ति बौद्ध संघ में शामिल होना चाहता है तो उसे पहले एक गुरु (बुद्ध) का शिष्य बनना होगा। भिक्षु आगंतुक उम्मीदवार के व्यवहार और आचरण पर कड़ी नजर रखते थे और यदि वे आश्वस्त हो जाते थे तो उसकी सिफारिश कर दी जाती थी। तभी आगंतुक का संघ में नामांकन होता था। बाद में उसके बारे में पेटी में मत डालकर गुप्त मतदान (ताड़पत्र पर लिखकर) कराया जाता था। अगर उसके खिलाफ एक मत भी नहीं पड़ता तो ही उम्मीदवार को संघ में प्रवेश दिया जाता था।

□

57

बुद्ध और ईसा मसीह की शिक्षाओं में समानता

प्रो. अनासाकी और मिस्टर एडमंड्स नामक विद्वानों ने बुद्ध और ईसा मसीह की शिक्षाओं के तुलनात्मक अध्ययन वाला एक महत्त्वपूर्ण ग्रंथ तैयार किया है। इससे यह देखा जा सकता है कि ईसा मसीह की शिक्षाएँ बुद्ध की शिक्षाएँ हैं। उन्होंने एक तरफ बुद्ध की दृष्टि और दूसरी तरफ ईसा मसीह की दृष्टि की समानता दिखाई है। मेरे मन में कई वर्षों से यह विचार था कि इस पुस्तक का मराठी में अनुवाद करके जनता के सामने लाया जाए। मैंने इस पुस्तक को बहुत सँभालकर रखा है। मैं यह पुस्तक किसी को नहीं देता। लेकिन कुछ लोगों के अत्यधिक आग्रह के कारण मैंने पुस्तक का एक भाग अपने एक मित्र को पढ़ने के लिए दे दिया। लेकिन वह उस भाग को गुमा बैठे। मेरी इस पसंदीदा और दुर्लभ पुस्तक के साथ जो बुरा हुआ, उसके लिए मुझे बहुत असहज लग रहा है। आखिर मुझे पुस्तक का वह हिस्सा तो खरीदना ही था। एक पुस्तक विक्रेता के पास संयोग से वह भाग मिल गया।

□

58

बौद्ध धर्म का पुनरुद्धार

संसद् में रहने के दौरान मैंने बौद्ध धर्म के पुनरुत्थान के लिए कुछ कार्य किए हैं। मैं भारत के संविधान का शिल्पकार हूँ। मैंने पालि भाषा के उत्थान की योजना को संविधान में शामिल किया है। दूसरे, मैंने राष्ट्रपति भवन में गौतम बुद्ध की शिक्षाओं के प्रथम चरण 'धम्म चक्र प्रवर्तन' को अंकित कराया है। मैंने यह बात ब्रह्मदेश के अध्यक्ष डॉ. जी.पी. मलसेकर को बताई। यह देखकर उन्हें बड़ा आश्चर्य हुआ। तीसरी बात—मैंने भारतीय संसद् द्वारा 'अशोक चक्र' को भारत सरकार के प्रतीक के रूप में संविधान में मान्यता दिलवाई है। यह सब करते हुए मुझे हिंदुओं, मुसलमानों, ईसाइयों और संसद् के अन्य सदस्यों के अधिक विरोध का सामना नहीं करना पड़ा। इस संबंध में मैंने संसद् में बिंदुवार चर्चा की है।

क्या इस तीसरे अंतरराष्ट्रीय बौद्ध सम्मेलन में शामिल 28 देशों में से किसी एक ने ऐसा कुछ किया है ? मैंने ऐसा करना नहीं छोड़ा, इसलिए मैंने बंबई शहर में 'सिद्धार्थ' नाम का एक बड़ा कॉलेज स्थापित किया है। इसी तरह, अंजता-एलोरा के रास्ते में औरंगाबाद शहर में एक और कॉलेज स्थापित किया है। बंबई के कॉलेज में 2100 और औरंगाबाद के कॉलेज में 500 छात्र शिक्षा ग्रहण कर रहे हैं।

□

59

बुद्ध और उनका धम्म

मार्च 1956 में शनिवार के दिन बाबासाहेब ने नानकचंद रत्तू से कहा, "कल सुबह जल्दी आना।" रत्तू रविवार की सुबह जल्दी आ गया, जब बाबा इस महान् ग्रंथ की प्रस्तावना लिख रहे थे। पाँच मिनट बीत गए, फिर भी बाबासाहेब का ध्यान रत्तू की ओर नहीं गया। यह देख रत्तू ने जानबूझकर दोनों पुस्तकें दूसरी तरफ टेबल पर रख दीं। फिर बाबासाहेब ने ऊपर देखा और कहा, "आप अभी तक घर नहीं गए?" रत्तू ने कहा, "मैं आधी रात को घर गया था और आज सुबह फिर आया हूँ।" तब बाबासाहेब ने आश्चर्यचकित होकर कहा, "मैंने सोचा, तुम घर ही नहीं गए। यहाँ दिन बीत गया और मैं लिखता ही गया। मैं यहाँ से हिला भी नहीं।" यह सुनकर नानकचंद का हृदय भर आया।

बाबासाहेब आंबेडकर ने सुबह तथागत बुद्ध की मूर्ति की पूजा की और फिर से लिखने बैठ गए। 15 मार्च, 1956 को उन्होंने अपने हस्ताक्षर से प्रसिद्ध पुस्तक 'बुद्ध और उनका धम्म' की प्रस्तावना लिखी और नानकचंद रत्तू को टाइपिंग के लिए दे दी।

□

60

बुद्ध जयंती

आज हम सभी बुद्ध जयंती के अवसर पर एकत्र हुए हैं। इस जयंती का विशेष महत्त्व है। मैं 1942 से सरकार से माँग कर रहा था कि बुद्ध जयंती मनाई जाए। बीच में मैं कैबिनेट में था, तब कोशिश कर रहा था कि बुद्ध जयंती पर छुट्टी मिल जाए, लेकिन मेरी इच्छा पूरी नहीं हो सकी। तत्कालीन गृहमंत्री मैक्सवेल की भी इच्छा थी कि बुद्ध जयंती पर अवकाश दिया जाए, लेकिन महायुद्ध के कारण वह इच्छा भी सफल नहीं हो सकी। यदि बुद्ध जयंती को अवकाश घोषित कर दिया जाए तो मुसलमानों से हमें युद्ध के लिए जो सहायता मिलती है, वह बंद हो जाएगी, वे उसी दुविधा में थे।

बाद में मैं कांग्रेस मंत्रिमंडल में शामिल हो गया। मैंने तब भी यही माँग की थी। इसके लिए मैं पं. जवाहरलाल नेहरू के पीछे पड़ा रहा। महाबोधि सोसाइटी के अध्यक्ष डॉ. श्यामाप्रसाद मुखर्जी ने भी मेरी माँग का समर्थन किया। 33 कोटि हिंदू देवी-देवताओं के जन्मदिवस पर अवकाश होता है तो बुद्ध जयंती पर क्यों नहीं? मैंने श्री नेहरू से माँग की कि इन सभी छुट्टियों में से एक छुट्टी कम की जानी चाहिए या एक छुट्टी बढ़ा दी जानी चाहिए। पं. नेहरू बुद्ध के प्रति बहुत सम्मान रखते हैं। संयोगवश नेहरू सरकार ने इस वर्ष से ही बुद्ध जयंती पर अवकाश घोषित कर दिया है, लेकिन हमारी बंबई सरकार ने यह अच्छा काम नहीं किया है। बंबई सरकार बहुत संस्कारी है। ऐसी सरकार द्वारा छुट्टी न देने के कारण शाम पाँच बजे का समारोह शाम साढ़े सात बजे आयोजित किया जा रहा है।

□

61
बुद्ध शरणं गच्छामि

जब मैं दस वर्ष का था, तब मेरे पिता कबीरपंथी साधु थे। मेरे पिता के घर को 'धर्मासन' कहा जा सकता है, वैसे ही 'विद्यासन' कहा जा सकता है। मेरे पिता जिस प्रकार विद्या के भक्त थे, उसी प्रकार वे धर्म के प्रेमी थे। बचपन में रामायण—महाभारत पढ़ने का मेरे मन पर बहुत प्रभाव पड़ा। पिता कहा करते थे, "हम गरीब हैं, इसलिए डरने की कोई बात नहीं है। तुम विद्वान् क्यों नहीं हो सकते?"

मैंने मैट्रिक की परीक्षा पास की, तब चॉल के लोगों ने दादा केलुस्कर की मदद से मेरा स्वागत करने का फैसला किया। पिता इसके खिलाफ थे। उन्होंने कहा, "स्वागत-सत्कार की आवश्यकता नहीं है। बच्चों का सत्कार करने पर उन्हें लगता है कि वह नेता बन गया है।" अंत में सत्कार किया गया और सत्कार में दादा केलुस्कर ने 'बुद्धचरित' नामक पुस्तक भेंट की। इस पुस्तक को पढ़कर एक अलग ही अनुभूति हुई। मेरे मन में प्रकाश भर आया। राम, सीता, लक्ष्मण वनवास में गए! धोबी के कहने पर सीता का परित्याग! कृष्ण की सोलह हजार पत्नियाँ! ये बातें भयानक लगती हैं। ये बातें मेरी अंतरात्मा को सच नहीं लगीं। लेकिन बौद्ध धर्म के अध्ययन से मैं और अधिक अध्ययन के लिए प्रेरित हुआ। आज भी मेरे दिमाग पर बौद्ध धर्म का प्रभाव है। मेरा मानना है कि केवल बौद्ध धर्म ही दुनिया का भला कर सकता है।

मेरे पिता कहते थे कि हम गरीब हैं, लेकिन हमारी महत्त्वाकांक्षा बड़ी होनी चाहिए। महाभारत के द्रोणाचार्य गरीब थे। द्रोणाचार्य की पत्नी पानी में बाजरे का आटा मिलाकर अपने बच्चों को दूध के रूप में पिलाती थी। कर्ण गरीबी से बाहर आए। महापुरुष प्रायः गरीबी में ही जन्म लेते हैं। गौतम बुद्ध का चरित्र पढ़कर मेरा मन फूल की तरह खिलने लगा है।

मैं उच्च शिक्षा के लिए अमेरिका गया था। मैंने वहाँ बौद्ध धर्म का काफी अध्ययन किया। बौद्ध धर्म क्या है? इसे समझने के लिए और 'बुद्धचरित' के कारण मन में उठने वाले तूफान को शांत करने के लिए मैंने वहाँ बहुत अध्ययन किया। काफी सोचने के बाद मुझे हिंदू धर्म और बौद्ध धर्म के बीच का अंतर समझ में आया। बौद्ध धर्म से मेरा लगाव बहुत पुराना है।

बौद्ध धर्म क्या है?

गौतम बुद्ध को पहले पाँच शिष्य मिले। ये पंचकोटि के साधु कहलाते हैं। कुल साठ शिष्य होने के बाद बुद्ध को लगा कि उन्हें शिष्यों को धर्म प्रचार के लिए दूर-दूर तक जाने का आदेश देना चाहिए। उन्होंने शिष्यों से कहा, "आप बहुजन के हित के लिए, बहुजन के सुख के लिए उन पर दया कीजिए। देवताओं और मनुष्यों के कल्याण के लिए धम्म बताइए। कौन सा धम्म आदि, मध्य और अंत में कल्याणकारी है।"

यह धर्म प्रत्येक मनुष्य के जीवन के लिए अत्यंत आवश्यक है। अन्य धर्मों की तरह आत्मा क्या है? वह कहाँ रहती है? यह मुझे ज्ञात नहीं है। क्या वह अँगूठे जितनी है या दिल के पास, यह किसी को पता नहीं है। भगवान् मुझे आज तक नहीं दिखे। हिंदू धर्म में ईश्वर, आत्मा के लिए जगह है, लेकिन मनुष्य के लिए जगह कहाँ है?

बौद्ध धर्म की स्थापना

बौद्ध धर्म में कोई भेदभाव नहीं है, हर जगह समानता है। बौद्ध धर्म में ईश्वर और आत्मा पर विचार किए बिना मनुष्य को मनुष्य के साथ कैसा व्यवहार करना चाहिए, इस बारे में विचार किया गया है। इस धर्म में नैतिकता ही सबकुछ है। यह सद्धर्म है। बाकी सब धर्म झूठे हैं। ब्राह्मणों और पुजारियों ने हिंदू धर्म का निर्माण किया है। बौद्ध धर्म में निर्वाण प्राप्त करने के लिए ईसाई धर्म जैसा कोई पुजारी नहीं है और निश्चित रूप से ऐसे ब्राह्मण नहीं हैं, जो आत्मा को मुक्ति दिलाने के लिए कर्मकांड तथा बलिदान करते हैं। इस धर्म में मनुष्य के कल्याण के लिए आचरण अनिवार्य है। इसलिए यह धर्म लोक-कल्याणकारी धर्म है।

धर्म का गुरु कौन है?

गौतम बुद्ध की मृत्यु को 2500 वर्ष हो चुके हैं, फिर भी यह धर्म तेजी से

फैल रहा है, जबकि इसका कोई शासक नहीं है, प्रमुख नहीं है। महापरिनिर्वाण के समय शिष्य ने तथागत से पूछा, "आपके बाद इस धर्म का क्या होगा? आप किसी को भी धर्म का शिष्य बना सकते हैं।" तब उन्होंने उत्तर दिया, "मेरी अनुपस्थिति में धर्म आपका दंड होगा। यदि आप धर्म का पालन नहीं करते हैं तो धर्म का क्या उपयोग है? शुद्ध मन से अभ्यास करने वाला धर्म आपका दंड होगा।"

कब परिवर्तित करें?

आज नहीं तो कल हमें धर्म परिवर्तन करना ही पड़ेगा। मैंने परिवर्तन की नाव तैयार की है। हमारे सात करोड़ लोग इस नाव में बैठकर उस किनारे जाने वाले हैं। उस नाव के धागे मेरे हाथ में हैं। इसलिए मैं इन सब बातों पर गंभीरता से विचार कर रहा हूँ, ताकि लोगों से भरी नाव आँधी में न फँस जाए, चट्टान से न टकराए, कमजोर न हो जाए और दूसरे किनारे पर सकुशल पहुँच जाए। जब तक मुझे कोई पक्का रास्ता नहीं मिल जाता, मैं यह काम शुरू नहीं करूँगा।

सिख धर्म के प्रति मेरे झुकाव को देखकर ईसाई और मुसलिम समुदाय मेरे पीछे पड़ रहे हैं। यदि मैं इस समय उनका धर्म स्वीकार कर लूँ तो वे मुझे सात करोड़ रुपए देने को तैयार हैं, लेकिन मुझे सात करोड़ रुपए मिल रहे हैं, इस वजह से मैं अपने भाइयों को गड्ढे में नहीं धकेलने वाला हूँ। जो धर्म मेरे अंत:करण को ठीक जान पड़ेगा और जब मुझे पूर्ण विश्वास होगा, तभी मैं धर्मांतरण की नाव पर बैठकर अपने सात करोड़ भाइयों को सुरक्षित उस तट पर पहुँचाऊँगा और उनका जीवन स्थिर करूँगा। मुझे अपने गरीब, हीन, पददलित अस्पृश्य भाइयों का स्तर इतना ऊँचा उठाना है कि हर कोई पटियाला और हैदराबाद जैसी रियासतों का शासक बन सके।

धर्मग्रंथ

अब बौद्ध धर्म का प्रसार कैसे जारी रखेंगे? हमें इस पर विचार करना होगा। धर्म के प्रसार के लिए तीन चीजों की आवश्यकता होती है—

1. ईसाई धर्म की बाइबल की तरह जनता के लिए बौद्ध धर्म का ग्रंथ बनाना, यह पहली आवश्यकता है।

2. दूसरी आवश्यकता भिक्षु संघ के नियमों, लक्ष्यों और लक्ष्यों को प्राप्त करने के मार्ग में आवश्यक परिवर्तन करना है।

3. तीसरी जरूरत विश्व बुद्ध सेवा संघ बनाने की है।

मैंने ऊपर बताया है कि बौद्ध धर्म के ग्रंथों को तैयार करना पहली सबसे बड़ी जरूरत है। जनता को आसानी से अपने साथ रखने के लिए बाइबल, कुरान, गीता जैसे बौद्ध धर्मग्रंथों की बहुत आवश्यकता है। इस प्रकार के ग्रंथ के अभाव में बौद्ध धर्म के अनुयायियों को काफी असुविधा का सामना करना पड़ रहा है। हिंदी धम्मपद ने इस कमी को पूरा नहीं किया। प्रत्येक धर्म की रचना आस्था पर आधारित है। हिंदी धम्मपद की रचना किसी आधार पर नहीं हुई है, अपितु शुष्क धार्मिक चर्चा द्वारा ही आस्था उत्पन्न करने का प्रयास किया गया है। नव बौद्ध धर्म की बाइबल की रचना करते समय इसमें बुद्धचरित, चीनी धम्मपद, बुद्ध के संवाद और जन्म, विवाह, मृत्यु जैसी घटनाओं की विधियों और संस्कारों को शामिल किया जाना चाहिए। ऐसी पुस्तक की रचना करते समय भाषा की उपेक्षा नहीं करनी चाहिए। पुस्तक की भाषा नारियल पानी की तरह सजीव और मधुर होनी चाहिए। इस ग्रंथ को पढ़ने से मनुष्य की नींद उड़नी चाहिए और उसकी विचार शक्ति जाग्रत होनी चाहिए। इस पुस्तक की लेखन शैली सहज, सरल, रोचक होनी चाहिए, जिससे पाठक में पढ़ने की जिज्ञासा पैदा हो।

मैं पिछले पाँच वर्षों से बौद्ध धर्म पर एक पुस्तक लिखने में व्यस्त था। वह पुस्तक वैशाख मास में मेरे धम्म दीक्षा से पूर्व प्रकाशित हो जानी चाहिए। इसी मकसद से मैं बंबई आया हूँ, लेकिन एक अजीबोगरीब बीमारी से ग्रसित होने के कारण मैं इस पुस्तक को शीघ्र लिखकर पूरा नहीं कर पाया। पुस्तक अंग्रेजी भाषा में लिखी गई है, जिसमें 700 पृष्ठ हैं। परिणामस्वरूप, हमारे बहुत से लोगों को समझने में कठिनाई होगी। इसलिए मैं बहुत जल्द इसका मराठी में अनुवाद करवाऊँगा। इस काम की वजह से मैं रंगून नहीं जा सका।

मैं आने वाले अक्तूबर में बंबई में अपना धर्म परिवर्तन करने जा रहा हूँ। इससे पहले मैं बौद्ध धर्म पर एक पुस्तक प्रकाशित करवा रहा हूँ। तथागत के धर्म में जो कुछ कमी रह गई है, उसे मैं इस ग्रंथ में विस्तार से लिखने जा रहा हूँ। बौद्ध धर्म में भक्त को दीक्षा नहीं दी जाती है। इसका विपरीत प्रभाव संघ की दीक्षा पर पड़ता है। भक्त के मन की पूरी तैयारी नहीं होती, लेकिन मेरे बौद्ध धर्म में उपासकों को धम्म दीक्षा दी जाएगी। मैं धम्म दीक्षा से पहले एक पुस्तक का लेखक हूँ। सभी को यह पुस्तक अवश्य खरीदनी चाहिए। इस पुस्तक में सभी को कुछ सवालों के जवाब देने होंगे, तभी वह बौद्ध धर्म में प्रवेश कर पाएगा। बौद्ध धर्म में प्रवेश करते समय सभी को श्वेत वस्त्र धारण करने होते हैं।

दीक्षा स्थान परिवर्तन

मुझे इस बात का पूरा आभास है कि अगर बौद्ध धर्म की दीक्षा का स्थान बदलकर नागपुर कर दिया जाए तो बंबई के लोगों को बहुत बुरा लगेगा। इसके उलट अगर धर्मांतरण समारोह बंबई में होता तो बाहर के लोग हमारी कितनी आलोचना करते? हमें इस पर भी विचार करना चाहिए। यानी सभी लोग अपने हैं, यह भाव हमें रखना चाहिए। हमें बाहर वालों की इच्छाओं का सम्मान करना चाहिए, ऐसा समय आ गया है। एक बात का हमें ध्यान रखना चाहिए कि बौद्ध दीक्षा का पहला समारोह नागपुर में होगा और दूसरा समारोह बंबई में होगा। इसलिए बंबई के लोगों के दु:खी होने का कोई कारण नहीं है। इसी तरह अन्य जगहों पर भी दीक्षा कार्यक्रम होंगे।

जहाँ बड़ी संख्या में धम्म दीक्षा लेने वाले लोग होंगे, वहाँ दीक्षा समारोह होगा। इस तरह के धर्मांतरण समारोह अलग-अलग जगहों पर होंगे। मैं व्यक्तिगत रूप से इन कार्यक्रमों में उपस्थित रहूँगा। मैं 'प्रेस ट्रस्ट ऑफ इंडिया' के माध्यम से सार्वजनिक रूप से धम्म दीक्षा की तिथि सार्वजनिक करने जा रहा हूँ, अर्थात् यह सार्वजनिक घोषणा 'प्रबुद्ध भारत' में भी प्रकाशित की जाएगी।

मेरा पुनर्जन्म हुआ है

बौद्ध दीक्षा लेने और देने के लिए नागपुर की धरती पर कल धम्म दीक्षा समारोह आयोजित हुआ, आज दीक्षा समारोह को लेकर ऐतिहासिक भाषण हो रहा है। विचारशील लोगों को कुछ अजीब लग रहा होगा कि मैंने यह काम अपने सिर पर क्यों ले लिया? इसकी जरूरत क्या है और इससे क्या होगा? लेकिन इसकी जाँच जरूरी है। इसे समझने के बाद ही आपके काम की नींव मजबूत होगी।

कई लोग मुझसे पूछते हैं कि आपने इस काम के लिए नागपुर शहर को ही क्यों चुना? लेकिन इस जगह को चुनने की वजह बिल्कुल अलग है। नाग लोगों ने भारत में बौद्ध धर्म का प्रसार किया। इन नाग लोगों को जलाने के प्रमाण पुराणों में मिलते हैं। इस अग्नि से अगस्त्य मुनि केवल एक सर्प को ही बचा सके। हम एक ही नाग के वंशज हैं। नाग लोगों की बस्ती नागपुर और उसके आसपास थी। इसलिए इस शहर को 'नागपुर' कहा जाता है, जिसका अर्थ है—'साँपों का गाँव'। नागों के निवास से होकर बहने वाली नदी का नाम भी 'नाग नदी' है। यह इस जगह को चुनने का मुख्य कारण है।

गरीबों को धर्म चाहिए। पीड़ितों को धर्म की जरूरत है। गरीब आशा पर जीता है और जीवन की जड़ आशा में है। आशा के नष्ट होने पर क्या हो सकता है? धर्म व्यक्ति को आशावादी बनाता है। वह पीड़ितों को संदेश देते हैं कि घबराएँ नहीं, आपका जीवन आशामय होगा। इसलिए गरीब और पीड़ित व्यक्ति धर्म से जुड़ा रहता है।

मनुष्य को लाभ से अधिक मान प्रिय होता है, लाभ प्रिय नहीं होता। हम सम्मान के लिए लड़ते हैं। हम इनसान को पूर्णता तक ले जाने की कोशिश कर रहे हैं। मनुष्य की उन्नति के लिए धर्म का बहुत महत्त्व है। मैं जानता हूँ कि कार्ल मार्क्स के ग्रंथ से एक पंथ का उदय हुआ है। उनके अनुसार धर्म का कोई अर्थ नहीं है। उन्हें धर्म की परवाह नहीं है। उन्हें सुबह का नाश्ता चाहिए, उसमें उन्हें पाव, क्रीम, चिकन लेग आदि चाहिए। फिल्म देखने को मिले और रात को अच्छी नींद चाहिए तो सबकुछ खत्म। यही उनका दर्शन है। मैं इन विचारों का नहीं हूँ, मेरे पिता गरीब थे। इसलिए मुझे ऐसा कोई सुख नहीं मिला। मेरी जितनी दर्दनाक जिंदगी किसी ने नहीं काटी होगी, इसलिए अभाव में मनुष्य का जीवन कितना कष्टमय होता है, मुझे यह अच्छे से पता है। मुझे लगता है कि आर्थिक प्रगति बहुत महत्त्वपूर्ण है।

आदमी और बैल में फर्क होता है। बैल को रोज चारा मिलता है, वैसे ही आदमी भी खाना खाता है। फिर भी दोनों में अंतर है। मनुष्य के पास शरीर भी है और मन भी इसलिए तन और मन दोनों का विकास करना चाहिए। मन संस्कारी होना चाहिए।

जिस देश के खान-पान और सुसंस्कृत मन का संबंध न हो, वहाँ के लोग ऐसा कहते हैं। मेरा उस देश के लोगों से संबंध रखने का कोई इरादा नहीं है। दूसरों के साथ संबंध बनाते समय जैसे मनुष्य का शरीर स्वस्थ होना चाहिए, वैसे ही मन भी संस्कारी होना चाहिए। अन्यथा, यह कहना संभव नहीं होगा कि मानवजाति को बचा लिया गया था।

बौद्ध धर्म का मूल आधार क्या है? तथागत बुद्ध ने बताया है कि संसार में सर्वत्र दुःख है। नब्बे प्रतिशत लोग दुःख से पीड़ित हैं। दुःख में फँसे हुए दरिद्र को दुःख से मुक्त करना बौद्ध धर्म का प्रमुख कार्य है।

हम अपने रास्ते चलेंगे, तुम अपने रास्ते जाओ। हमें एक अच्छा रास्ता मिल गया है। यह आशा और समृद्धि का मार्ग है। यह रास्ता नया नहीं है। यह रास्ता बाहर से नहीं लाया गया है, बल्कि यह भारत का ही रास्ता है। तथागत बुद्ध द्वारा बताए

गए तत्त्व अमर हैं, लेकिन बुद्ध ने ऐसा कोई दावा नहीं किया है। ऐसी उदारता किसी धर्म में नहीं मिलती।

भदंत नागसेन ने धर्म के नाश के तीन कारण बताए हैं। पहला कारण यह है कि कुछ धर्म कच्चे होते हैं, उस धर्म के मूल दर्शन में गंभीरता नहीं होती। वह धर्म अस्थायी है। दूसरा कारण है—धर्म प्रचार करने वाले विद्वान् न हों तो धर्म नष्ट हो जाता है। ज्ञानी लोग धर्म बताएँ। विरोधियों से वाद-विवाद करते समय धर्मज्ञ न होने पर धर्म की बदनामी होती है। तीसरा कारण है—धर्म का दर्शन विद्वानों तक ही सीमित रहता है। आम लोगों के लिए केवल मंदिर और विहार हैं।

भले ही हम बौद्ध हो गए हों, मैं राजनीतिक अधिकारों पर अडिग रहूँगा। मुझे इस पर पूरा विश्वास है। मेरे मरने के बाद क्या होगा, मैं यह नहीं बता सकता। इस आंदोलन के लिए बहुत काम करना होगा। अगर हम बौद्ध धर्म को स्वीकार कर लें तो क्या होगा? विघ्न आएँगे तो कैसे हटेंगे? उसके लिए क्या प्रयास करने होंगे? मैंने इस सब पर गहनता से विचार किया है। मेरी गठरी में सबकुछ भरा है। मुझे इस बात की पूरी जानकारी है। मैंने जो भी अधिकार दिए हैं, वह मैंने अपने लोगों के लिए ही दिए हैं। जिसने इन अधिकारों को मिला दिया, वह उन अधिकारों को भी जोड़ देगा। मैं ही इन अधिकारों और सुविधाओं को देने वाला हूँ तो आपको मुझ पर विश्वास करना चाहिए। विरोधियों के दुष्प्रचार में कोई तथ्य नहीं है। मैं इसे साबित करके बताऊँगा।

□

62
साम्यवाद और बौद्ध धर्म

अध्यक्ष महोदय और बौद्ध प्रतिनिधियो,

बौद्ध धर्म सभी के लिए जीवन का सच्चा मार्ग है, इसी प्रकार साम्यवाद को भी जीवन का मार्ग कहा जा सकता है। इन दोनों में से कौन सा मार्ग बेहतर है? बौद्धों के लिए इसे अच्छी तरह समझना बहुत जरूरी है। खासकर साम्यवाद जिस जीवन पद्धति को बताता है, बौद्ध धर्म की जीवन शैली उससे कहीं अधिक योग्य है। बौद्धों के लिए, विशेषकर युवाओं को यह भली-भाँति जानना आवश्यक है। नहीं तो बुद्धि नष्ट हुए बिना नहीं रहेगी। इसलिए बौद्ध धर्म में आस्था रखने वालों को अपनी नई युवा बौद्ध पीढ़ी को जगाना चाहिए। इतना ही नहीं, फिर बौद्ध धर्म साम्यवाद से बेहतर कैसे है? यह बात उन्हें समझानी चाहिए। यदि ऐसा होता है तो ही बौद्ध धर्म जीवित रह सकता है।

एशिया के युवाओं की मनोदशा पर विचार करने पर क्या सामने आता है? वे सोचते हैं कि कार्ल मार्क्स ही एकमात्र द्रष्टा हैं, वे मानव जीवन को आलोकित करने वाले महापुरुष हैं इसलिए उन्हें सबसे पहले नमन करना चाहिए। हमें यह ध्यान रखना होगा कि ये युवा बौद्ध भिक्षु के बारे में क्या सोचते हैं? मैं इस विषय पर अधिक नहीं बोलूँगा। हालाँकि वे क्या सोचते हैं, इस विषय पर मैं कुछ प्रकाश डालता हूँ। दरअसल इन युवाओं को बौद्ध भिक्षु यानी पीले रंग के कपड़े पहनने पर खतरा महसूस होता है। उनके इस रवैए के क्या मायने हैं, भिक्षुओं को इसे पहचानना चाहिए। इसी तरह उन्हें साधु जीवन की भूमिका को अच्छी तरह समझना चाहिए। इसी तरह, हमारा बौद्ध धर्म साम्यवाद से बेहतर कैसे हो सकता है, इसके लिए सुधारवादी योजना तैयार की जानी चाहिए।

इसके लिए बौद्ध धर्म और साम्यवाद के लक्ष्य में अंतर कहाँ है, इस पर

विचार किया जाना चाहिए। अंततः यह जानना आवश्यक है कि बौद्ध धर्म का मार्ग शाश्वत है या साम्यवाद का मार्ग शाश्वत है। जो रास्ता शाश्वत नहीं है, वह रास्ता आपको जंगल की ओर ले जाएगा। यह आपको सिद्धि की ओर नहीं, बल्कि अराजकता की ओर ले जाएगा, इसलिए उस रास्ते से जाना ठीक नहीं है, लेकिन जो मार्ग आपको बताया गया है, वह धीमा और लंबा है, फिर भी यह एक विश्वसनीय और सुरक्षित मार्ग है। मुझे लगता है कि आपने अपने सामने जो उद्देश्य रखा है उसे पूर्णता की ओर ले जाने के लिए ही इस रास्ते से गुजरना उचित होगा। क्या छोटा और जटिल मार्ग बेहतर है या थोड़ा लंबा सीधा मार्ग बेहतर है? यह प्रश्न आपके सामने उपस्थित होगा। जीवन में छोटे और कम दूरी के रास्ते अकसर धोखेबाज साबित होते हैं।

साम्यवाद क्या है?

साम्यवाद का वास्तविक सिद्धांत क्या है? इसके मूल तत्त्व क्या हैं? सामान्य रूप से संसार के मानवी जीवन पर विचार करने पर यह दृष्टिगोचर होता है कि संसार में सर्वत्र शोषण ही है। साम्यवाद की शुरुआत इसी मूल सिद्धांत से हुई है। धनी वर्ग के पास अपार संपत्ति है, जिसके बल पर पूँजीपति गरीबों का शोषण करते हैं, उन्हें दयनीय स्थिति में रखते हैं। यह कार्ल मार्क्स का प्रारंभिक बिंदु है। मार्क्स ने शोषण शब्द का प्रयोग किया है। एक वर्ग की गरीबी और दुःख को समाप्त करने के लिए निजी संपत्ति पर प्रतिबंध लगाना होगा। मार्क्स का कहना है कि किसी भी व्यक्ति को अपने पास निजी संपत्ति नहीं रखनी चाहिए। मार्क्स की तकनीकी भाषा में कहें तो निजी संपत्ति का मालिक मजदूरों की श्रम शक्ति के उत्पादन का अधिकृत मालिक होता है और स्वामित्व पर कब्जा कर लेता है। इसी तरह वह मजदूरों से ज्यादा श्रम लेकर ज्यादा पैसा कमाता है, लेकिन मजदूर को कुछ नहीं मिलता। इस तरह मालिक को सारा पैसा मिल जाता है। इस संदर्भ में मार्क्स का विचार है कि स्वामी को श्रमिक के श्रम द्वारा सृजित अधिक धन क्यों रखना चाहिए? इतना पैसा किसे लेना चाहिए? इस संबंध में मार्क्स का उत्तर है कि अतिरिक्त धन का स्वामी केवल राज्य होता है। इसलिए राज्य को इसे अपने पास रखना चाहिए। इस विचारधारा के संबंध में मार्क्स ने श्रमशक्ति के अधिनायकत्व सिद्धांत को प्रतिपादित किया है। तात्पर्य यह है कि यदि राज्य को चलाना है तो वह शोषित वर्ग द्वारा ही चलाया जाना चाहिए, शोषक वर्ग द्वारा नहीं। यह रूस में साम्यवाद के प्रचार का मूल सिद्धांत है।

साम्यवाद और बौद्ध धर्म

बौद्ध धर्म की कार्यप्रणाली का परीक्षण करने पर ऐसा प्रतीत होता है कि मार्क्स द्वारा उठाए गए मुद्दों को तथागत बुद्ध ने बहुत पहले ही बता दिया था। मार्क्स ने गरीबों के 'शोषण' से शुरुआत की है। इसी प्रकार तथागत बुद्ध ने भी 2500 वर्ष पूर्व गरीबों के कष्टों पर अपना धर्म आधारित किया। बुद्ध ने कहा है कि संसार में दुःख है, उन्होंने शोषण शब्द का प्रयोग नहीं किया। यह बात कितनी सत्य है कि बुद्ध ने अपने धर्म की नींव दुःख पर ही रखी है। दुःख शब्द का अर्थ कई तरह से लगाया जाता है। कुछ लोग पुनर्जन्म या पुनर्जन्म के चक्र को दुःख कहते हैं। मैं इस मत से सहमत नहीं हूँ। बौद्ध शास्त्रों में ऐसे कई स्थान हैं, जहाँ दुःख का अर्थ दरिद्रता से लगाया गया है। फिर बौद्ध धर्म और साम्यवाद का आधार एक ही है। दोनों में कोई अंतर नहीं है। इसलिए, आधारभूत आधार के लिए बौद्ध भाइयों को मार्क्स की ओर जाने की कोई आवश्यकता नहीं है। बौद्ध धर्म में तथागत ने सैकड़ों वर्ष पूर्व इस आधार की स्थापना की है। उन्होंने गरीबी की मजबूत नींव पर 'धम्म चक्र प्रवर्तन' नामक बौद्ध धर्म का पहला प्रवचन दिया है।

इसलिए मैं कहता हूँ कि कार्ल मार्क्स की ओर आकर्षित होने वालों को धम्म चक्र प्रवर्तन का प्रवचन सुत्त अवश्य पढ़ना चाहिए और तथागत ने क्या कहा, इसे अवश्य देखा जाना चाहिए। यदि कोई इस सुत्त का अध्ययन करेगा तो वह निश्चित रूप से समझेगा कि मैं क्या कह रहा हूँ। बुद्ध ने ईश्वर, आत्मा और चमत्कारी चीजों को अपने धर्म का आधार नहीं बनाया है। उन्होंने जीवन की सच्चाई को रेखांकित किया है। यह एक सच्चाई है कि लोग दुःखी हैं। इस प्रकार साम्यवाद के सभी मूल सिद्धांत बौद्ध धर्म में हैं। विशेषकर तथागत ने जो बताया है, वह मार्क्स के जन्म से दो हजार वर्ष पूर्व बताया है।

निजी संपत्ति के संदर्भ में बुद्ध और मार्क्स के दर्शन के बीच घनिष्ठ संबंध है। निजी संपत्ति उत्पादन का एक साधन होने के नाते, शोषण को रोकने के लिए संपत्ति का स्वामित्व राज्य के पास होना चाहिए। परिणामस्वरूप मालिक वर्ग निजी संपत्ति के बल पर मजदूरों का शोषण नहीं कर पाएगा। यह मार्क्स का दर्शन है। आइए, अब देखें कि बुद्ध ने संघ के बारे में क्या कहा है। तथागत ने भिक्षु संघ के लिए क्या नियम बनाए हैं। उन्होंने कहा है कि किसी साधु को निजी संपत्ति नहीं रखनी चाहिए। इस संबंध में अवश्य ही कुछ साधु-संतों से कोई भूल हुई होगी। लेकिन यह सच है कि ज्यादातर साधु निजी संपत्ति रखते ही नहीं हैं। इतना ही नहीं, निजी संपत्ति के संबंध में संघ के कानून इतने सख्त हैं कि वे रूस में भी नहीं हैं। इस बिंदु पर आज तक चर्चा नहीं हुई है।

भिक्षु संघ की स्थापना क्यों की गई?

तथागत का संघ की स्थापना का उद्देश्य क्या था? उन्होंने इस संघ को ऐसे ही क्यों स्थापित किया? इस संबंध में प्राचीन इतिहास का थोड़ा अवलोकन करना होगा। तथागत बुद्ध जिस समय बौद्ध धर्म का प्रचार कर रहे थे, उस समय वे भी 'परिव्राजक' थे। परिव्राजक एक निर्वासित व्यक्ति को संदर्भित करता है, जिसने अपना घर त्याग दिया है। आर्यों के समय में विभिन्न वनवासी कबीले आपस में लड़ते थे।

कुछ वन्य प्रजातियों की हार हुई और उनके जीवन का आधार नष्ट हो गया, जिसके कारण कुछ लोगों को निर्वासित कर दिया गया। इन सभी वनवासियों का जीवन अस्थिर था, ये खानाबदोश थे, इसलिए ये 'परिव्राजक' थे। गौतम बुद्ध ने उन्हें संगठित करने का महान् कार्य किया। बुद्ध ने उनके लिए नियम बनाए, वही नियम 'विनयपिटक' में हैं। इस नियम के अनुसार साधु अपनी निजी संपत्ति नहीं रख सकता। वह केवल सात चीजें रख सकता है (शेविंग के लिए उस्तुरा, पानी की बोतल, भिक्षा के लिए भिक्षा का कटोरा, शरीर पर तीन कपड़े और सिलाई के लिए सूई)। साम्यवाद का महत्त्व निजी संपत्ति को दूर रखना भी है। तथागत ने 'विनयपिटक' में जो नियम दिए हैं, उनसे अधिक कठोर नियम और कहाँ हैं? ऐसे नियम कहीं नहीं मिलेंगे। यदि किसी व्यक्ति या बौद्ध युवक को साम्यवाद निजी संपत्ति को समाप्त करने के लिए प्रलोभित करता है तो यह बात तथागत के 'विनयपिटक' में सर्वत्र है। इस संबंध में प्रश्न उठता है कि 'विनयपिटक' के नियम किस सीमा तक संपूर्ण समाज पर लागू हो सकते हैं? अर्थात् मानव का कितना काल, परिस्थिति और सामाजिक विकास हुआ है? यह सब इसी पर निर्भर करता है, लेकिन बौद्धिकता निजी संपत्ति को खत्म करने में बाधक नहीं बनती। इसके विपरीत तथागत ने ये नियम हजारों वर्ष पूर्व बौद्ध संघ में बनाए थे।

अब हम उपर्युक्त विषय के दूसरे पक्ष पर विचार करते हैं। कार्ल मार्क्स या साम्यवाद के लक्ष्य को प्राप्त करने के लिए कौन सा मार्ग और कौन सा साधन प्रयुक्त होता है, यह देखना बहुत जरूरी है। साम्यवाद की स्थापना के लिए विरोधियों को मारते समय पल भर के लिए भी नहीं सोचा जाता है। यह बौद्ध धर्म और साम्यवाद के बीच मूलभूत अंतर है। तथागत बुद्ध का मार्ग अत्यंत सरल और प्रामाणिक है। वह लोगों को गलत रास्ते पर नहीं जाने देता। वे तर्क, नैतिकता और करुणा के माध्यम से किसी भी विवादास्पद मुद्दे को सुलझाने में विश्वास करते हैं। तथागत ने अपने विरोधियों को भी अपने धर्म की ओर आकर्षित किया है। वे

किसी व्यक्ति को बलपूर्वक जीतने में विश्वास नहीं करते, बल्कि प्रेम और करुणा से उसका दिल जीतने में विश्वास रखते हैं। साम्यवाद और बौद्ध धर्म के बीच यही अंतर है। बौद्ध धर्म कभी भी हिंसा नहीं सिखाता, जबकि साम्यवाद अराजक है, उन्हें हिंसा का मार्ग प्रिय है। आप सोच सकते हैं कि बुद्ध का मार्ग लंबा और सुनसान है, लेकिन यह पूर्ण, सच्चा और विश्वास योग्य है, इसमें कोई संदेह नहीं है।

मेरे कुछ मित्र कम्युनिस्ट हैं। मैं हमेशा उनसे कुछ सवाल पूछता हूँ, लेकिन उन्होंने आज तक मेरे सवालों का संतोषजनक जवाब नहीं दिया। सच कहें तो वे हिंसा के रास्ते से शोषित वर्ग की तानाशाही स्थापित करते हैं। जिनके पास संपत्ति है, वे उनका मालिकाना हक खत्म कर देते हैं। जब मैं अपने साम्यवादी मित्रों से पूछता हूँ, "क्या तानाशाही राजकीय व्यवसाय करने का एक अच्छा तरीका है?" उनका उत्तर 'नहीं' है। वे कहते हैं कि हमें तानाशाही पसंद नहीं है। "फिर आप तानाशाही को राज्य का व्यवसाय करने की अनुमति क्यों देते हैं?" वे कहते हैं, "ऐसी तानाशाही अल्पकालिक होती है, कुछ समय के लिए।" मैं और आगे जाता हूँ और पूछता हूँ, "यह छोटी अवधि कितनी लंबी होगी? बीस, तीस, चालीस, पचास या सौ वर्ष?" इसका उनके पास कोई जवाब नहीं है। उनका कहना है कि भविष्य में तानाशाही अपने आप खत्म हो जाएगी। फिर मैं उनसे पूछता हूँ कि अगर तानाशाही खत्म हो गई तो क्या होगा? तानाशाही की जगह कौन लेगा? मनुष्य को किसी सरकार की आवश्यकता होगी या नहीं? इस सवाल का जवाब वे नहीं दे पाए हैं।

अब हम तथागत के धर्म पर विचार करते हैं। गौतम बुद्ध दुनिया का सबसे अच्छा अगर कोई तत्त्व बताते हैं तो वह है मन को स्वच्छ रखना। मन के सुधार के बिना मानव और संसार का सुधार नहीं होगा। जब मनुष्य बौद्ध धर्म को स्वीकार करता है और बौद्ध सिद्धांतों का निष्ठापूर्वक पालन करता है तो उसके अच्छे आचरण के लिए पुलिस या सैनिक की क्या आवश्यकता है? इसका उत्तर यह है कि तथागत बुद्ध की अच्छी शिक्षा आपके विवेक को इतना सक्रिय कर देती है कि आप अपने पथ से विचलित नहीं होते। इसके लिए विवेक पहरेदार का काम करता है। जब मन शुद्ध होता है तो न कोई अशांति हो सकती है और न ही कोई दंगे हो सकते हैं।

तर्कवाद और लोकतंत्र

बौद्ध धर्म में लोकतांत्रिक तत्त्व का समर्थन किया गया है। बौद्ध धर्म का अर्थ है—शुद्ध लोकतंत्र। एक बार राजा अजातशत्रु के महामंत्री तथागत बुद्ध के पास

गए और कहा, "राजा को वज्जियों को जीतना है।" तब बुद्ध ने कहा, "जब तक वज्जिगण सही रास्ते पर अपना कारोबार करते रहेंगे, तब तक वज्जियों को कोई नहीं हरा सकता।" इसका कारण यह है कि गौतम बुद्ध ने अपने संदेश में लोकतंत्र और वज्जियों के लोकतांत्रिक राज्य व्यवसाय का उल्लेख किया था। तात्पर्य यह है कि तथागत बुद्ध लोकतंत्र के बड़े समर्थक थे। जिस प्रणाली का वर्णन किया गया है, वह बहुत ही सुरक्षित और लाभकारी है। मैं सभी बौद्धों को सलाह देता हूँ कि यदि वे दुनिया में सम्मान के साथ रहना चाहते हैं तो उन्हें तथागत की शिक्षाओं का अधिक-से-अधिक अध्ययन और अभ्यास करना चाहिए। बौद्ध धर्म पर संकट आ गया तो मैं भिक्षुओं को इसके लिए अधिक-से-अधिक दोषी ठहराऊँगा। कारण यह है कि भिक्षु अपना कर्तव्य ठीक से नहीं निभाते। यह उनका निष्कर्ष है।

मुझे यह बहुत स्पष्ट रूप से कहना चाहिए कि अगर प्रचार का काम करना है तो शिक्षा हमेशा गरीबों के कानों और दिमाग पर प्रतिबिंबित होनी चाहिए। बच्चों को स्कूल में शिक्षा प्राप्त करने में कितने वर्ष लगते हैं?

किसी बच्चे को एक दिन के लिए स्कूल भेजकर आप उसे स्कूल से नहीं निकाल देते। नहीं तो बच्चे शिक्षा कैसे प्राप्त कर पाएँगे? बच्चों को प्रतिदिन स्कूल भेजना चाहिए। उन्हें रोज पाँच घंटे स्कूल में बैठना चाहिए और लगातार पढ़ाई करनी चाहिए। ऐसा होने पर ही बच्चों का मन पढ़ाई में लगेगा और उनके ज्ञान में वृद्धि होगी। सार्वजनिक शिक्षा के लिए भिक्षुओं को भी ऐसा ही करना चाहिए, उन्हें नैतिक शिक्षा पर विशेष बल देना चाहिए।

यदि तथागत गौतम बुद्ध जितने बुद्धिमान थे, हम उनका दसवाँ अंश भी हो जाएँ तो हम करुणा, न्याय और सद्भावना से जन-कल्याण का कार्य कर सकेंगे। □

63
अंतिम भाषण

भाइयो और बहनो,

जनता को अब गंभीरता से सोचना चाहिए। क्या हमारे धार्मिक ग्रंथों में वर्णित जीवन और हमारे द्वारा तैयार किए गए संविधान में कोई समानता है? यदि समानता नहीं होगी, तो उसका क्या कारण है? हमारा धर्म और संविधान हमें इन दोनों में से किसी एक को स्वीकार करना चाहिए। या तो हमें धर्म को जीवित रखना चाहिए या संविधान को जीवित रखना चाहिए। दोनों चीजें एक जगह नहीं रह सकतीं, दोनों का मेल नहीं हो सकता।

हिंदू धर्म में कई संप्रदाय हैं। इन सबके बीच शंकराचार्य की राय बहुत अच्छी मानी जाती है। शंकराचार्य का सिद्धांत 'ब्रह्म सत्यं, जगत् मिथ्या' सबसे महत्त्वपूर्ण माना जाता है, लेकिन बौद्ध धर्म के उच्च सिद्धांत के सामने यह बिल्कुल तुच्छ और अर्थहीन लगता है।

नव-परिवर्तित बौद्धों का यह परम कर्तव्य है कि वे प्रत्येक रविवार को बौद्ध मठ जाएँ। यदि ऐसा नहीं होता है तो नए बौद्ध धर्म से परिचित नहीं हो पाएँगे। इसके लिए जगह-जगह बौद्ध विहार बनवाए जाएँ। विहार में मिलने का स्थान होना चाहिए। लंका, बर्मा, तिब्बत, चीन आदि देशों के बौद्ध भिक्षुओं को आगे आकर धन संग्रह करना चाहिए और भारत के लोगों की मदद करनी चाहिए।

उत्तर प्रदेश के पूर्व अध्यक्ष श्री द्वारका प्रसाद आज सुबह मुझसे मिले। उन्होंने मुझसे दिसंबर में जौनपुर आने का आग्रह किया। मैंने उन्हें आने का आश्वासन दिया है, लेकिन तारीख तय नहीं हुई है। जौनपुर में विशाल सामुदायिक धर्मांतरण के कार्यक्रम की तैयारी जोरों पर है। इस अवसर पर उत्तर प्रदेश के पूर्वी जिलों के लाखों पिछड़े वर्ग दीक्षा लेंगे। सवर्ण हिंदू आज भी इन दलितों का शोषण कर रहे

हैं। बौद्ध धर्म की दीक्षा लेकर वे अपने पूर्वजों के बताए रास्ते को फिर से अपनाने जा रहे हैं।

बौद्ध धर्म मानव धर्म है

बौद्ध धर्म की शुरुआत एक मजबूत नींव पर हुई थी। यह धर्म मानव धर्म है। इस धर्म के अतिरिक्त अन्य कोई धर्म मानव कल्याण के लिए उपयुक्त नहीं है। हमें भारत के प्राचीन इतिहास को जानना चाहिए। भारत में पहली बार आर्यों और नागों के बीच युद्ध हुआ। आर्यों के पास घोड़े थे, जिसके बल पर उन्होंने नागों पर विजय प्राप्त की, वही नाग आज हिंदू हैं। नाग लोगों ने सबसे पहले बौद्ध धर्म स्वीकार किया था। वह बौद्ध धर्म के प्रसार में सफल रहे, लेकिन आर्यों ने कई बार नागों को खत्म करने की कोशिश की। इसका प्रमाण महाभारत में अनेक स्थानों पर मिलता है। बाद में आर्यों ने ब्राह्मण धर्म को व्यापक बनाया। उसमें अनेक दोष उत्पन्न हो गए। चातुर्वर्ण्य व्यवस्था का उदय ब्राह्मणों ने ही किया था। तथागत बुद्ध ने चातुर्वर्ण्य का पुरजोर विरोध किया और चातुर्वर्ण्य का विनाश कर समानता का प्रचार किया। इसी आधार पर बुद्ध ने धर्म की स्थापना की। उन्होंने ब्राह्मणों के यज्ञों को अमान्य कर दिया और उन्हें तिलांजलिदे दी। ब्राह्मणों ने हिंसा शुरू की, लेकिन गौतम बुद्ध ने उस प्रथा को नष्ट कर दिया और अहिंसा का प्रचार किया। तथागत कहते हैं कि बौद्ध धर्म समुद्र के समान है, इसमें कोई भेद नहीं है। उन्होंने करुणा का उपदेश दिया और उस समय के दलितों को आकर्षित किया और उन्हें सही रास्ता दिखाया।

अस्पृश्यता का कलंक

हिंदू धर्म एक लाइलाज बीमारी बन गया है, इसलिए हमें अलग धर्म अपनाना चाहिए। मेरी बुद्धि के अनुसार बौद्ध धर्म ही एकमात्र योग्य धर्म है, इसमें ऊँच-नीच, जाति-पाँति, अमीर-गरीब का भाव नहीं है। बौद्ध धर्म को स्वीकार करने से ही अस्पृश्यों का कल्याण हो सकता है। बौद्ध धर्म को स्वीकार कर ही हिंदू समाज में व्याप्त असमानता, भेदभाव, अन्याय और कुरीतियों को दूर किया जा सकता है।

भारत के अस्पृश्यों द्वारा बौद्ध धर्म स्वीकार करने से बर्मा, चीन, जापान, लंका आदि बौद्ध देशों की सहानुभूति प्राप्त होगी और हम सदा के लिए हिंदू धर्म के शोषण से मुक्त हो जाएँगे। इन देशों ने आज तक हमारे अन्याय के खिलाफ आवाज क्यों नहीं उठाई? इसका कारण यह है कि उन्हें लगा कि यह हिंदुओं का आपसी झगड़ा है। यदि हम बौद्ध धर्म को स्वीकार भी कर लें, यदि हिंदू लोग हमें समानता,

स्वाधीनता और बंधुत्व से दूर रखते हैं तो उक्त बौद्ध राष्ट्रों के सहयोग से हम इन बातों को प्राप्त कर लेंगे।

अस्पृश्यता का भयानक कलंक हिंदू धर्म के सिर पर लगा हुआ है, इस कारण हिंदू जाति के हृदय में यह दुष्टता दृष्टिगोचर होती है। अछूत पवित्र और शुद्ध होकर देवताओं के दर्शन के लिए जाते हैं, फिर भी उनके लिए मंदिरों के द्वार बंद कर दिए जाते हैं। अस्पृश्यता, भेदभाव और जाति व्यवस्था को खत्म करना उच्च जाति के हिंदुओं का कर्तव्य है। हम उनकी लाश को अपने कंधों पर क्यों ढोएँ?

मैं आज अस्पृश्यों से अपील करना चाहता हूँ कि वे ऐसे धर्म को स्वीकार करें, जहाँ मनुष्य-मनुष्य में कोई भेद न हो, समानता हो। वे मित्रता के कारण एक स्थान पर एकत्र हो सकते हैं, बौद्ध धर्म में यही उच्च आदर्श है। जिस प्रकार अनेक नदियाँ समुद्र में मिलकर अपना अस्तित्व भूल जाती हैं, इसी प्रकार बौद्ध धर्म ग्रहण करने के बाद सभी समान हो जाते हैं, फिर असमानता नहीं रहती। बौद्ध धर्म न केवल अछूतों के लिए, बल्कि संपूर्ण मानव समाज के लिए लाभदायक है। सवर्ण हिंदुओं को भी इस धर्म को स्वीकार करना चाहिए।

अन्य धर्मों में ईश्वर को सृष्टि का रचयिता माना गया है, बौद्ध धर्म में ऐसी कोई विचारधारा नहीं है। बौद्ध धर्म में कहा गया है कि संसार में दुःख है, उस दुःख का निवारण हो सकता है। रोकथाम के लिए उन मार्गों पर विचार किया गया है। हिंदू धर्म में विचारधारा रीति-रिवाजों और परंपराओं पर ही आधारित है। रूढ़ि का जन्म चातुर्वर्ण व्यवस्था से हुआ है। बौद्ध धर्म में कई भिक्षु और भिक्षुणियाँ हुई हैं, उनकी जानकारी 'थेरगाथा' और 'थेरीगाथा' में मिलती है।

न्याय करने का अधिकार हिंदुओं को था, लेकिन उन्होंने आज तक अछूतों के साथ अन्याय किया है। अछूतों को खुद को हिंदुओं से अलग करना चाहिए और तथागत बुद्ध के चरणों में झुकना चाहिए। मुझे काठमांडू के पशुपतिनाथ मंदिर में जाने की अनुमति नहीं दी गई, ऐसी असत्य सूचना समाचार-पत्रों में प्रकाशित की गई है। मैं किसी हिंदू मंदिर में नहीं जाता। अगर मुझसे सौ बार भी प्रार्थना की जाती तो भी मेरे लिए उस मंदिर में जाना असंभव होता। नेपाल के महाराजा ने एक दिन पहले मेरे निजी सचिव को फोन किया और उन्हें सूचित किया कि डॉ. साहब को मंदिर नहीं जाना चाहिए और उन्होंने कहा था कि आज यहाँ ऐसी स्थिति नहीं है कि बौद्ध हिंदू मंदिरों में जा सकें। मंदिर में नेपाल, श्रीलंका और भारत के भिक्षु आते थे, लेकिन उन्हें मना किया गया है। जो व्यक्ति ईश्वर को नहीं मानता, उसका ऐसा करना अपने ही मन को सताना होगा। साथ ही, हिंदू देवी-देवताओं का भी अपमान

करना पड़ेगा। बौद्धों को कभी भी हिंदू मंदिरों में नहीं जाना चाहिए। बौद्ध मठों में सब बराबर हैं, यहाँ किसी को कोई नहीं रोकता।

जो अछूत हिंदू धर्म में रहकर मंदिर में प्रवेश करना चाहते हैं, यह उनकी रूढ़िवादिता ही है। यदि वे अपना अपमान और अन्याय करवाना चाहते हैं तो इस संबंध में मुझे कुछ नहीं कहना है। बौद्धों को इस विवाद में नहीं पड़ना चाहिए। हम अपनी दैनिक प्रार्थना में कहते हैं, "नत्थि में शरणं अज्ज, बुद्ध में शरणं वरम्" जिसका अर्थ है कि मैं बुद्ध के अलावा किसी की शरण नहीं लूँगा। ऐसा कहने वालों को हिंदू मंदिर जाने की इच्छा क्यों होनी चाहिए? काशी में मंदिर में प्रवेश एक राजनीतिक नौटंकी है। इससे दलितों को कोई लाभ नहीं होने वाला है। अत: तुम बौद्ध धर्म को स्वीकार कर भ्रातृत्व और समानता की स्थापना करो, यही तुम्हारा मुख्य कर्तव्य है।

□

64

अंतिम संदेश

डॉ. बाबासाहेब आंबेडकर ने कहा, "ऐसे देश में जन्म लेना महापाप है, जहाँ लोगों का मन पूर्वग्रह से दूषित है। मुझे हर तरफ से भला-बुरा कहा गया, फिर भी मैंने जो काम किया है, वह बहुत बड़ा है। मैं अपना काम जारी रखूँगा।" मरते दम तक काम करो।

एक दिन बाबासाहेब ने नानकचंद रत्तू से कहा, "तुम जाकर मेरे लोगों को बताओ कि मैंने जो कुछ भी किया है, वह बहुत दर्द के साथ किया है। मैंने जीवन भर कष्ट सहकर और अपने विरोधियों से लड़कर यह सब हासिल किया है। बहुत मेहनत की है। इस काफिले को यहाँ तक लाया गया है। रास्ते में कितनी भी मुश्किलें और संकट आएँ, यह काफिला पीछे नहीं हटना चाहिए। अगर मेरे साथियों ने इस काफिले को आगे नहीं बढ़ाया तो काफिले को वहीं रहने दें, लेकिन जो कुछ भी हुआ है, उसे वापस नहीं लिया जाना चाहिए। यह मेरा मेरे लोगों के लिए अंतिम संदेश है।"

□

उपसंहार

जैसा कि हम डॉ. बी.आर. आंबेडकर की आत्मकथा के अंत में आते हैं, हम खुद को एक ऐसे व्यक्ति की अविश्वसनीय यात्रा से विस्मय में पाते हैं, जिसने सभी बाधाओं को चुनौती दी और लाखों लोगों के लिए आशा और मुक्ति के प्रतीक बन् गए। डॉ. भीमराव रामजी आंबेडकर की जीवनगाथा केवल एक व्यक्तिगत विवरण नहीं है, बल्कि दृढ़ संकल्प, लचीलेपन और दूरदर्शी की अदम्य भावना की शक्ति का एक अविस्मरणीय दस्तावेज है।

इन अध्यायों में हमने डॉ. आंबेडकर के जीवन में शिक्षा की परिवर्तनकारी शक्ति देखी। अपनी बौद्धिक खोज के माध्यम से वे जातिगत उत्पीड़न की जंजीरों से मुक्त हो गए और उन बाधाओं को तोड़ दिया, जो समाज ने उन पर थोपी थीं। ज्ञान और सत्य की उनकी अथक खोज ने उन्हें कई डिग्रियाँ हासिल करने के लिए प्रेरित किया, जिसकी परिणति विदेश में उनकी प्रतिष्ठित शैक्षिक यात्रा में हुई। उनके जीवन में शिक्षा के महत्त्व को कम करके नहीं आँका जा सकता, क्योंकि इसने उन्हें यथास्थिति को चुनौती देने, दमनकारी जाति-व्यवस्था पर सवाल उठाने और वंचितों के अधिकारों की वकालत करने का अधिकार दिया।

सामाजिक अन्याय और जातिगत भेदभाव के खिलाफ डॉ. आंबेडकर का संघर्ष आज भी अत्यावश्यकता की गहन भावना के साथ प्रतिध्वनित होता है। उनकी आत्मकथा के माध्यम से हम दलित समुदाय द्वारा सामना की जाने वाली कठोर वास्तविकताओं और उनके जीवन के हर पहलू में भेदभाव की व्यापक प्रकृति से अवगत हुए। उत्पीड़ित समुदायों के अधिकारों और सम्मान के लिए लड़ने की उनकी अटूट प्रतिबद्धता एक मार्गदर्शक प्रकाश के रूप में कार्य करती है, जो हमें याद दिलाती है कि सामाजिक न्याय के लिए संघर्ष अभी खत्म नहीं हुआ है।

डॉ. आंबेडकर के योगदान का शिखर भारतीय संविधान का मसौदा तैयार करने में उनकी महत्त्वपूर्ण भूमिका में निहित है। मसौदा समिति के अध्यक्ष के रूप में उन्होंने दुनिया के सबसे बड़े लोकतंत्र का मार्गदर्शन करने वाले मूलभूत दस्तावेज को आकार देने में महत्त्वपूर्ण भूमिका निभाई। एक समतावादी समाज के लिए उनकी दृष्टि, संविधान में प्रतिष्ठापित, ने एक ऐसे राष्ट्र के लिए आधार तैयार किया, जहाँ प्रत्येक व्यक्ति कानून के समक्ष समान है तथा उसे सम्मान और न्याय का अधिकार है। अस्पृश्यता के उन्मूलन, आरक्षण नीतियों और सामाजिक सुधार के लिए उनकी निरंतर वकालत आधुनिक भारत के ताने-बाने को आकार देने के लिए जारी है।

उनकी राजनीतिक और सामाजिक उपलब्धियों से परे डॉ. आंबेडकर की विरासत उनकी शिक्षाओं और दर्शन तक फैली हुई है। उन्होंने सामाजिक उत्थान के साधनों के रूप में शिक्षा, सशक्तीकरण और आत्मनिर्भरता के महत्त्व पर जोर दिया। उनके शब्द पीढ़ियों को प्रेरित करते हैं, हमें याद दिलाते हैं कि सच्ची मुक्ति न केवल राजनीतिक स्वतंत्रता में है, बल्कि मन की मुक्ति में भी है। जाति को खत्म करने और स्वतंत्रता, समानता और बंधुत्व के सिद्धांतों के आधार पर समाज का निर्माण करने का उनका आह्वान उनकी आत्मकथा के पन्नों के माध्यम से प्रतिध्वनित होता है, जो राष्ट्र की सामूहिक चेतना पर एक अमिट छाप छोड़ता है।

जैसा कि हम डॉ. बी.आर. आंबेडकर की आत्मकथा के माध्यम से इस यात्रा का समापन करते हैं, हम उनके जीवन और विचारों की स्थायी प्रासंगिकता पर विचार करने के लिए मजबूर हैं। उनके संघर्ष, उपलब्धियाँ और सामाजिक न्याय के प्रति अटूट प्रतिबद्धता एक मार्मिक अनुस्मारक के रूप में काम करती है कि भेदभाव और असमानता के खिलाफ लड़ाई एक सतत प्रयास है। हमें उनके जीवन और कार्यों से प्रेरणा लेते रहना चाहिए, उनकी सहानुभूति, लचीलापन और अटूट दृढ़ संकल्प की भावना को मूर्त रूप देना चाहिए।

आइए, हम एक ऐसा समाज बनाने का प्रयास करें, जहाँ प्रत्येक व्यक्ति को उसकी जाति, पंथ या लिंग की परवाह किए बिना समान अवसर और शिक्षा, स्वास्थ्य देखभाल और सामाजिक-राजनीतिक सशक्तीकरण तक पहुँच प्राप्त हो। आइए, हम उन दमनकारी व्यवस्थाओं को चुनौती दें, जो भेदभाव को कायम रखती हैं और एक अधिक समावेशी और न्यायपूर्ण समाज की दिशा में काम करती हैं।

डॉ. बी.आर. आंबेडकर की आत्मकथा मानव भावना की शक्ति और

व्यक्तिगत कारवाई की परिवर्तनकारी क्षमता के लिए एक अभिलेख के रूप में है। यह विपरीत परिस्थितियों से ऊपर उठने का साहस, ज्ञान और न्याय की खोज तथा मानवता की बेहतरी के लिए अटूट प्रतिबद्धता का प्रतीक है। कामना है कि यह आत्मकथा प्रेरणा के निरंतर स्रोत के रूप में काम करे, जो हमें एक ऐसे समाज के निर्माण के अधूरे कार्य की याद दिलाए, जो सभी के लिए समानता, न्याय और सम्मान के मूल्यों को कायम रखे।

□□□